Frédéric Bardeau & Nicloas Danet

Anonymous

UNRAST

Frédéric Bardeau (Twitter/ Skype: @fbardeau) studierte Politikwissenschaft und Intelligence Économique (Wirtschaftsspionage und -spionageabwehr) in Paris und Toulouse. Er arbeitet seit 15 Jahren im Bereich der institutionellen Kommunikation. 2008 gründete Bardeau die Agentur Limite, die NGOs und Bürgerinitiativen Dienstleistungen in den Bereichen PR und Kommunikation anbietet. Er engagiert sich insbesondere für die Rechte von Migrant_innen und für nicht-kommerzielle Organisationen.

Bardeau ist ein erfahrener Analyst der Cyberkultur und der sozialen Netzwerke; er hält regelmäßig Vorträge beim CELSA [Centre d'études littéraires et scientifiques appliquées, Zentrum für angewandte literarische und wissenschaftliche Studien] und bei der Association française des fundraisers [Französische Vereinigung der Fundraiser]. Er ist verheiratet und Vater von drei Kindern.

Nicolas Danet (Twitter: @Ntenad) hat Informatik und Kommunikationswissenschaften studiert und traf Bardeau an der CELSA. 2009 schloss sich Danet vor dem Hintergrund der Demonstrationen zum Klimagipfel in Kopenhagen der Agentur Limite an, für die er seitdem arbeitet. Danet hat sich auf die Analyse des ›Hacktivismus‹ und der NGOs spezialisiert.

Frédéric Bardeau & Nicloas Danet

Anonymous

Von der Spaßbewegung zur Medienguerilla

Aus dem Französischen von Bernhard Schmid

UNRAST

Bibliografische Information der Deutschen Bibliothek
Die Deutsche Bibliothek verzeichnet diese Publikation in der Deutschen Nationalbibliografie; detaillierte bibliografische Daten sind im Internet über http://dnb.ddb.de abrufbar.

Übersetzt aus der frz. Originalausgabe:
Anonymous. Pirates informatiques ou altermondialistes numériques?
FYP éditions, Limoges, Frankreich

Frédéric Bardeau & Nicloas Danet: Anonymous
1. Auflage, Oktober 2012
ISBN 978-3-89771-531-8

Postfach 8020 | 48043 Münster | Tel. (0251) 66 62 93
info@unrast-verlag.de | www.unrast-verlag.de

Mitglied in der assoziation Linker Verlage (aLiVe)

Übersetzung: Bernhard, Schmid, Paris
Umschlag: UNRAST-Verlag, Münster
Satz: UNRAST-Verlag, Münster
Druck: CPI – Ebner & Spiegel, Ulm

MIX
Papier aus verantwortungsvollen Quellen
FSC® C006701

Inhalt

Teil I
Die Entstehung von *Anonymous*

Kein Internet ohne Hacker	8
Der Hacktivismus 1.0: Wenn die HackerInnen sich in die Politik einmischen	28
Anonymous, die Herausbildung des Online-Aktivismus	71

Teil II
Wenn der *Anonymous*-Hacktivismus sich zur Welt hin öffnet

Der Wendepunkt WikiLeaks: die Information hacken	76
Der Kampf für die Transparenz	84
Als WikiLeaks *Anonymous* traf	87
Anonymous, eine vielfältige und vielgestaltige Bewegung	97
Typologie des Hacktivismus, durch das *Anonymous*-Prisma betrachtet	132
Anonymous, die Grundlagen für eine neue Welt?	145

Teil III
Welche Zukunft haben die ›Empörten des Web‹?

Anonymous: ein Konzept, ein Label, eine Kultur?	150
Die Grenzen des Phänomens *Anonymous*	154
Drei Szenarien für die Zukunft von *Anonymous*	159
Ein (notwendigerweise) unvollständiges Fazit: Kann *Anonymous* die Welt verändern?	167

»Der Mensch ist am wenigsten er selbst, wenn er für sich selbst spricht. Gib ihm eine Maske und er wird dir die Wahrheit sagen.«

Oscar Wilde

Teil I
Die Entstehung von *Anonymous*

Kein Internet ohne Hacker

Um die ersten Spuren von *Anonymous* zu finden und ihr Aufkommen zu verstehen, ist es notwendig, in die Verästelungen der Entstehungsgeschichte des ›Netzes der Netze‹ – dem Internet – und seiner Grundlage, der Informatik, einzutauchen.

Die Informatik in ihren Anfängen ähnelt nicht den gepflegten Erscheinungsbildern von Windows oder Mac, die wir heute kennen. Es gab keine Benutzeroberfläche, sondern ausschließlich Zeilen in Programmiersprache. Keinen Personal Computer, sondern große Anlagen, die man gemeinschaftlich nutzte. Keine Surfer, sondern eine Handvoll Pioniere, die nach Mitteln und Wegen suchten, um sich zu vernetzen, zu programmieren, auszuprobieren.

Zwei verschiedene soziale Gruppen standen am Ausgangspunkt der Entwicklung des Internet in den USA der 1960er Jahre. Einerseits waren da, an der Ostküste, HochschullehrerInnen und AkademikerInnen[1] wie jene des MIT[2], die 1961 einen PDP-1-Computer erwarben und sofort darüber nachdachten, ein Netz zum Informationsaustausch zu schaffen und dafür finanzielle Hilfen von der öffentlichen Hand in den USA erhielten. Ab 1969 arbeiteten sie am ARPAnet, dem Vorfahren des Internet. Auf der anderen Seite entstand an der Westküste, im Raum um San Francisco, eine Gegenkultur, die sich auf die Informatik stützte, um sich eine neue Utopie auszumalen, welche auf Autonomie, Kybernetik[3] und Gemeinschaftsbildung beruhte. In beiden Fällen ist, von heute aus gesehen, eine aufblühende, zahlreiche Formen annehmende und unterschiedliche Disziplinen aufgreifende Such- und Forschungstätigkeit zu beobachten. Rund um diese Menschen schlossen sich Gruppen aus unterschiedlichen Welten zusammen, um das Internet, so wie wir es heute kennen, und die damit einhergehende Kultur zu erschaffen.

---

1 An dieser und an anderen Stellen wurden alle weiblichen Formen vom Übersetzer eingefügt; der Originaltext weist überwiegend nur die männliche Form auf. Anm. B.S.

2 Das *Massachuttes Institut of Technology* (MIT), mit Sitz in Boston, ist eines der innovativsten Hochschul-Forschungszentren in den USA.

3 Kybernetik: Wissenschaft, die aus der Gesamtheit der Theorien besteht, die sich auf Fragen der Kontrolle, der Regulierung und der Kommunikation bei Lebewesen und bei Maschinen beziehen (lt. französische Enzyklopädie ›Le Petit Robert‹, 2006).

Zu jener Zeit ging es nicht um Studierende, die in einer Nacht in ihrem Wohnheimzimmer ein revolutionäres soziales Netzwerk entwickelten. Die Rechner waren damals vielmehr seltene Objekte und wurden folglich gemeinschaftlich genutzt. Die Nutzungsbedingungen in den Laboren erzwangen einen begrenzten Zugang zu den Computern, und die Studenten oder Forscherinnen, die die Potenziale der Mikroinformatik erkundeten, neue Programme testeten oder experimentieren wollten, mussten es heimlich und an den Regeln vorbei tun. Dennoch waren sie es, die letztlich den Kreativitätsschwung mitbrachten, der das Internet bis heute auszeichnet. Die ersten NutzerInnen der Informatik – die auch ihre SchöpferInnen waren – betrieben keine wirklich klassische Rechnernutzung. Sie zogen es vor, die ursprüngliche Bestimmung der Computer abzuwandeln, um Neues zu schaffen. Anders ausgedrückt, sie waren bereits ›Piraten‹, im Sinne des griechischen Begriffs *Peiraô*, der so viel bedeutet wie ›probieren‹, ›sein Glück im Abenteuer suchen‹.

Was wäre logischer, als dass die HackerInnen – jene Informatikspezia-listInnen, die die Nutzung der Computer zweckentfremden und neu erfinden und von denen *Anonymous* eine der neuesten Erscheinungsformen bildet – im Milieu der 1960er Protestbewegung entstanden?

Die Cyberkultur, digitale Tochter der US-amerikanischen Gegenkultur

Internet wurde nicht nur durch die Vernetzung von Maschinen untereinander aufgebaut, sondern eben auch unter dem Einfluss von menschlichen Individuen, die ein neues Universum erkundeten – die Informatik, von der sie eine ganz eigene Sicht hatten. Aus diesem Schmelztiegel, in dem Menschen und Maschinen, Technologien und Methoden, Entdeckungsversuche und Veränderungswünsche zusammenkamen, entstand eine wahrhafte, durch Idealismus gekennzeichnete Kultur, die später als ›Cyberkultur‹ bezeichnet werden würde.

Um die Cyberkultur zu verstehen, muss man sich die US-amerikanischen sechziger Jahre genauer ansehen. Jene Zeit, in der eine tiefgreifende Protestwelle die USA erfasste und eine ganze Generation prägte. Ausgehend von den Demonstrationen gegen den Vietnamkrieg zeichnete sich damals eine umfassende Infragestellung der US-amerikanischen Gesellschaft ab. Beendigung des Krieges, sexuelle Befreiung, Frauenrechte, Bürgerrechtsbewegung: Die Gegenkultur war geboren, und brachte neue

AktivistInnen mit sich. Die VertreterInnen von *Peace and Lov*e lehnten den Konformismus und die Regeln, die von den älteren Generationen vorgegeben wurden, ab. Man strebte nach neuen Formen des Zusammenlebens, in Gemeinschaften, die auf dem Austausch statt der Konsumgesellschaft beruhten, mit unbegrenzter Gedankenfreiheit und Möglichkeiten, über die Grenzen hinauszugehen. Es waren die *Sixties*, irgendwo zwischen Popmusik und Hippie-Utopie.

Die gemeinsamen Demonstrationen nahmen ebenfalls andere Formen an, Strategien wie jene des zivilen Ungehorsams[4] wurden benutzt und Projekte des Informationsaustauschs entwickelt. Manche AktivistInnen riefen damals übrigens Parolen wie »Informations want to be free«, unter Anlehnung an Stewart Brand und seinen ›Katalog‹ der Gegenkultur, den *Whole Earth Catalog*. Diese Veröffentlichung spiegelt die Geisteshaltung, die zu jener Art in den USA und besonders in Kalifornien herrschte, wider. Dieses Werk, das zwischen 1968 und 1972 erschien, verfolgte das Ziel, die Unabhängigkeit der Individuen zu stärken und ihnen so Macht zurückzugeben. Man trifft hier auf die Prämissen des *Do it yourself*, ein Vorgehen, das auf Improvisation und Erfindungsreichtum beruht, um den Zwängen der Konsumgesellschaft zu entfliehen, indem man selbst schafft, was einem fehlt. Der Katalog listet eine Serie von Produkten auf und beschreibt sie, was es erlaubt, auf eigenständige Weise Dinge zu schaffen und die Grundbedürfnisse zu befriedigen. Man findet darin die Beschreibung von technischen Werkzeugen, aber auch Büchern und Karten, die man anschließend in ebendort aufgeführten Geschäften direkt bestellen kann. Die ›Fab Labs‹, diese Orte des Teilens von Kenntnissen, die heute durch die HackerInnen besucht werden, bieten nichts anderes an: eine Wiederaneignung der eigenen Werkzeuge durch den Nutzer und die Nutzerin.

Welche Verbindung besteht zwischen diesem Werk, das die Gegenkultur der sechziger Jahre verkörpert, und der Cyberkultur?

Im Jahr 2005 lieferte Steve Jobs den Ansatz einer Antwort darauf. Bei einer Rede an der Universität Stanford zitierte der frühere Apple-Chef den o.g. Katalog und erklärte, dass es sich seinerzeit um ein Pionierwerk gehandelt habe:

---

4 Der zivile Ungehorsam kann vereinfacht als eine Art öffentlicher Regelüberschreitung definiert werden, zu der man sich bekennt, die aber gewaltfrei bleibt und deren Ziel eine Änderung der bestehenden Regel im Namen höherer Prinzipien (wie z.B. der Menschenrechte) ist.

»Als ich jung war, gab es ein faszinierendes Buch, das Whole Earth Catalog hieß und eine der Bibeln meiner Generation war. Es war eine Art von Google im Taschenbuchformat, 35 Jahre bevor Google auftauchte. Es war idealistisch und quoll über von einfallsreichen Werkzeugen und genialen Ideen.«

Steve Jobs beleuchtete auf diese Weise die direkte Verbindungslinie zwischen der Gegenkultur der 1960er Jahre und der Cyberkultur der 1980er Jahre. Auf der Gitarre die Hits der *Beatles* zu spielen und seine ersten Zeilen in Programmiersprache zu verfassen, das waren keine in Gegensatz zueinander stehenden Tätigkeiten, im Gegenteil. Akademiker, Unternehmerinnen und AktivistInnen konnten sich so in einem Punkt treffen und von einer gemeinsamen Ausgangsplattform aus, die sehr stark an die Bedürfnisse angepasst werden konnte, schöpferisch tätig werden.

Wie Fred Turner[5], der sich ebenfalls positiv auf das Buch sowie auf den Werdegang von Stewart Brand bezieht, erklärt, wurde die Cyberkultur von der Gegenkultur inspiriert. Sie bildete sogar ihre auf Rechner gestützte Fortsetzung: mit Informatik und Internet fand die Gegenkultur einen fruchtbaren neuen Boden, um sich zu entwickeln. Es war also gerade diese Begegnung von Informatikkultur an den Hochschulen, Kybernetik und Gegenkultur, die am Ausgangspunkt dessen stand, was man Cyberkultur nennt.

Wie die AktivistInnen der US-amerikanischen Gegenkultur träumten auch die ersten VerfechterInnen und NutzerInnen der Informatik von einer Welt der Freiheit und Autonomie, die auf Austausch und Kreativität gegründet sein sollte, außerhalb oder am Rande der etablierten Gesellschaftsformen.

Die Hervorbringungen im Zusammenhang mit dem Internet waren und sind also ebenfalls oft in ihrer Entstehungsgeschichte mit solchen Utopien verbunden. Wikipedia, die berühmte interaktive Online-Enzyklopädie, ging z.B. daraus hervor. Im Gegensatz zu klassischen Lexika, die ExpertInnen das Wort erteilen, möchte Wikipedia offen für Beiträge von allen sein, ob sie nun Amateure oder SpezialistInnen sind – es ist im Übrigen nicht einmal nötig, sich anzumelden, um zu den Artikeln beizutragen. JedeR LeserIn ist also potenziell MitwirkendeR, jede und jeder

---

5 Fred Turner: *From Counterculture to Cyberculture: Stewart Brand, the Whole Earth Network, and the Rise of Digital Utopianism*, University of Chicago Press, 2006.

kann ein Stück beitragen. Dafür, dass das Ganze funktioniert, müssen die Benutzer autonom sein und sich die Freiheit der Meinungsäußerung herausnehmen. Der Inhalt von Wikipedia steht im Übrigen zur »freien Weiterverbreitung« zur Verfügung[6], nach den Prinzipien des Copyleft[7]: Wie in den 1960er Jahren darf die Information keine Barrieren kennen.

Vereinigungen zur Verteidigung der digitalen Bürgerrechte wurden im Zuge der Ausbreitung des Internet gegründet. Die *Electronic Frontier Foundation* (FFF) etwa verteidigt seit den 1990er Jahren die Grundrechte der Individuen im Netz, »vom Internet bis zum iPod«[8], dank der Mobilisierung von AnwältInnen und AktivistInnen. Die Verbindungslinie zum *Civil Rights Movement* 30 Jahre zuvor scheint hier noch deutlich durch, und die Verbindung zu den HackerInnen wird ebenfalls deutlich.

Ein anderes Beispiel ist jenes von *Wired*, des renommierten Magazins zu den neuen Technologien und ihren Auswirkungen auf die Gesellschaft, dessen erste Ausgabe im März 1993 erschien (und das zunächst *Millenium* heißen sollte). Richard Barbrook und Andy Cameron würden später, 1998, die GründerInnen und MitarbeiterInnen des Magazins als eine Mischung aus politisch Libertären, Gegenkultur-Ästheten und kalifornischen »Technik-Utopisten« bezeichnen. Die Vision der GründerInnen, die das Magazin in den neunziger Jahren lancierten, griff Forderungen der AktivistInnen aus den 1960er Jahren auf, die damals Hierarchien zugunsten von Zusammenarbeit und Austausch unter Gleichrangigen abgelehnt hatten.

> »Die Autoren und Herausgeber von *Wired* glaubten, ›dass sie die Hierarchien umwerfen und die Unternehmen sowie Regierungen, die sie hervorgebracht hatten, erschüttern‹ und sie ›durch eine auf Zusammenarbeit und Gleichrangigkeit basierende Gesellschaft, die durch unsichtbare Informations- und Energieflüsse verbunden wird‹, ersetzen könnten.«[9]

Die Austauschbeziehungen unter Gleichgestellten sollten im Übrigen eine der Revolutionen darstellen, die das Internet in den 1990er Jahren

6 Definition von Wikipedia bei fr.wikipedia.org; siehe auch das Buch von Marc Foglia: *Wikipédia. Quand le citoyen lambda devient encyclopédiste*, FYP éditions, 2008.
7 Französisch: *licence libre*, Definition bei fr.wikipedia.org.
8 Siehe *Selbstdarstellung* der EFF bei www.eff.org.
9 Auszugsweise zitiert aus dem Artikel von Edward Rothstein: *A Crunchy-Granola Path From Macramé and LSD to Wikipedia and Google*, in *New York Times* vom 25. September 2006 (online verfügbar), über das oben zitierte Buch von Fred Turner.

hervorbrachte. Mit Vorrichtungen wie Napster und später eMule konnten die InternetnutzerInnen Dateien direkt untereinander austauschen.

Die Cyberkultur der 1970er und 1980er Jahre wurzelte also in der mächtigen Gegenkultur der 1960er Jahre. Wie ihre Vorgängerin lehnte auch die Cyberkultur die bestehenden gesellschaftlichen Regeln ab und versuchte, auf der Suche nach einer aus Sicht ihrer Ideale besseren Welt, die Grenzen hinauszuschieben. Während manche neue Territorien durch den Gebrauch von Drogen wie LSD zu erschließen versuchten, fanden andere im Internet einen Ort der Emanzipation, wo die Kreativität auf zunächst einmal unbegrenzte Weise zum Ausdruck kommen konnte. Der gängige US-amerikanische Mythos von der neuen Grenze – ob es nun um den Wilden Westen oder die Eroberung des Weltraums ging – tauchte dieses Mal im virtuellen Raum wieder auf. Aber diese neue Welt ist kein risikoloser Zufluchtsraum, vor allem nicht für die ersten NutzerInnen des Netzes, jene, die ausprobierten und ›ihr Glück versuchten‹, indem sie ein weiteres Mal die Grenzen hinausschoben.

Das Hacker-Projekt: Die *Unabhängigkeitserklärung des Cyberspace*

Auch wenn die VerfechterInnen des Cyberspace ein digitales neues Territorium beanspruchen, existiert keinerlei offizielles, von irgendjemandem ratifiziertes Dokument, das die von den HackerInnen vertretenen Werte definieren würde. Dennoch haben einige schriftliche Beiträge von sich reden gemacht und wurden als Bezugspunkte betrachtet, zuerst in der Hacker-Community und dann außerhalb davon. Weil sie die Cyberkultur sowohl zugänglich machten als auch definierten, sind zwei Texte unumgänglich: *Das Hacker-Manifest*[10] von 1986 und zehn Jahre später die *Unabhängigkeitserklärung des Cyberspace*[11]. Der eine wie der andere Text haben den Vorzug, dass sie die über die HackerInnen – diese vermeintlich jungen, ohne Verantwortungsbewusstsein ausgestatteten und gesellschaftlich bindungslosen *Nerds*[12] – kursierenden Vorurteile zum Einsturz bringen.

10 Zuerst publiziert unter *www.phrack.org*.

11 Die *Unabhängigkeitserklärung des CyberSpace* steht bei https://projects.eff.org zur Verfügung; in französischer Sprache bei http://editions-hache.org.

12 Ein *Nerd* ist laut Wikipedia eine »einzelgängerische, leidenschaftliche und von wissenschaftlichen oder technikbezogenen Themen in Bann gezogene Person«.

Das Hacker-Manifest wurde von Loyd Blankenship unter dem Pseudonym *The Mentor* bei *Phrack*, einem wichtigen ›Hackerzine‹ – einem Onlinemagazin für HackerInnen –, veröffentlicht. Der Text, der kurz vor der Festnahme seines Autors durch die Polizei verfasst wurde, fasziniert, weil er einen Einblick in die Denkweise der HackerInnen gewährt. Die alternative Überschrift des Manifests ist übrigens bezeichnend, sie lautet »Das Bewusstsein eines Hackers«.

»Ich bin ein Hacker, willkommen in meiner Welt.«[13] Mit einer gewissen Ironie lädt *The Mentor* seine LeserInnen dazu ein, sein digitales Universum zu entdecken. Als Erstes führt er ein: Es existiert eine Welt der Computer, des Netzes und seiner NutzerInnen. Diese Welt wurde durch »Mittelstufen- oder Oberstufen-SchülerInnen« besetzt, die sie als Ausweg aus dem Schulalltag nutzten. Die Entdeckung eines Computers bei *The Mentor* erinnert an die imaginäre Welt bei Peter Pan: Er bildet den Schlüssel zu einem Universum, wo alles möglich wird, wo man nächtens lebt, ohne wirklich sein Zimmer zu verlassen, und wo man die durch die älteren Personen aufgestellten Regeln vergisst.

Dennoch ist dieser Hacker nicht Peter Pan. Es liegt nicht daran, dass er nicht wachsen will, wenn er die elektronischen Räume erkundet.

Die Stärke dieses Textes liegt auch darin, dass er – wie vor ihm die SprecherInnen der Gegenkultur in den 1960er Jahren – Räume fordert, in denen die neuen Regeln gelten sollen. Die Utopie des Netzes ist zur Wirklichkeit geworden. In diesem Sinne muss man im Übrigen die Überschrift des Textes verstehen: Das »Bewusstsein« drückt die Reife des Autors aus, der eine Vision von einer Welt vorschlägt und verteidigt, die sich von jener unterscheidet, die ihm beigebracht worden ist. Ein Standpunkt, der, nebenbei gesagt, unvereinbar ist mit jener ›realen Welt‹, in der staatliche Gesetze gelten, aufgrund derer er zum Kriminellen wird.

Das Ende des kurzen Manifestes stellt jene radikale Opposition zwischen dem Universum des Internet und der Welt ›offline‹ fest sowie das Unverständnis, das daraus resultiert:

> »Wir erkunden und Ihr nennt uns Verbrecher. Wir suchen nach Kenntnissen und Ihr nennt uns Verbrecher. Wir existieren ohne Hautfarbe, ohne Nationalität, ohne religiöse Dogmen und Ihr nennt uns Verbrecher. Ihr baut Atombomben, Ihr finanziert Kriege, Ihr tötet, betrügt, Ihr belügt Euch und versucht uns vorzumachen, es sei zu unserem Wohl.

13 Auszug aus dem Hacker-Manifest.

Und wiederum sind wir die Verbrecher. Ja, ich bin ein Verbrecher. Mein Verbrechen ist das der Neugier. Mein Verbrechen besteht darin, die Leute nach dem zu beurteilen, was sie sagen und denken, nicht nach ihrem Aussehen. Mein Verbrechen besteht darin, Euch zu übertreffen, etwas, was Ihr niemals vergeben werdet. Ich bin ein Hacker, und dies ist mein Manifest. Ihr könnt dieses Individuum festnehmen, aber Ihr könnt uns nicht alle festnehmen. Schließlich sind wir alle die Gleichen.«[14]

Wie sollte man hier nicht die Verbindungslinie zu *Anonymous* erkennen, deren AktivistInnen hinter ihren Masken alle gleich aussehehen? Für *The Mentor* sind es die Handlungen, die zählen, und nicht die Absichten oder das Aussehen. Diese Idee bildet eine der Grundlagen der Hackerkultur: Die Individuen werden nach dem, was sie konkret tun, beurteilt. Was man verwirklicht, gilt sogar als zentraler Wert, als Maßstab, der es erlaubt, den Wert von Personen zu ermessen. Eine Form der Beurteilung nach Verdiensten, die auch eine Ermutigung dazu darstellt, selbst die Initiative zu ergreifen – ohne Berücksichtigung von ›Rasse‹, sozialem Milieu oder Alter. Der Mythos vom Heranwachsenden, der dazu in der Lage ist, die Kontrolle über ein Computersystem von seinem Schlafzimmer aus zu übernehmen, wie man es in Filmen wie *Hackers*[15] zu sehen bekommt, beruht auf dieser Idee. Wenn die HackerInnen ›Tüftler‹ sind, dann deswegen, weil sie auf schöpferische Weise erkunden. Man ist nicht im Netz unterwegs, so wie man ein Buch liest, ohne Spuren zu hinterlassen, sondern eher so, wie man sich einen Weg durch den Dschungel schlägt: Man schafft sich die Route, die man entlanggehen will, und diese Schneise wird Bestandteil des Netzes.

Diese Bedeutung des ›Tuns‹ ist eines der sechs Prinzipien, die es Steven Levy erlauben, in seinem Buch von 1984[16] – das von erhellender Präzision und Aktualität bleibt – die Ethik des Hackers zu definieren. In seinem Buch arbeitet der Journalist heraus, was die HackerInnen zu ihren Handlungen antreibt, ihnen Grenzen setzt und sie miteinander verbindet. In anderen Worten, er untersucht, was die Cyberkultur in den 1980er Jahren geworden ist.

---

14 Auszug aus dem letzten Abschnitt des Hacker-Manifests.

15 US-amerikanischer Film, der im Jahr 1995 von Iain Softley gedreht wurde. Er ist von Interesse, um zu verstehen, wie die Gesellschaft die Cyberkultur betrachtet – aber nicht unbedingt von seinen filmischen Qualitäten her.

16 Steven Levy: *Hackers: Heroes of the Computer Revolution*, Doubleday 1984.

Für die HackerInnen bildet die Informatik nicht ein einfaches Werkzeug, sondern ein Mittel, das es erlaubt, die Welt zu revolutionieren, um sie besser zu machen. Die Technologie und die Kontrolle über sie sind also höchst politische Angelegenheiten, die die Freiheitsrechte und den Staat betreffen, und nicht einfache ›technische‹ Punkte. Die Computer und das Internet erlauben es nicht nur, zu ›tun‹, also mit Werkzeugen die Materie zu bearbeiten. Sie erlauben es, zu verstehen, Kenntnisse zu teilen. Und, erinnern wir uns daran, »die Information muss frei sein«, damit die Menschheit Fortschritte macht. Folgerichtig ist der Zugang zu den Computern ein Grundrecht. Die Rechner sind kein Luxus, sondern ein Gut, das mit der gesamten Menschheit geteilt werden muss.

> »Der Zugang zu Computern – und zu allem, was Ihnen hilft, die Welt besser zu verstehen – muss unbegrenzt und total sein. Sobald ein Hindernis auftaucht, muss man Anstrengungen unternehmen, um es zu beseitigen.«[17]

Wenn *The Mentor* dazu aufruft, die Individuen nach den Handlungen zu bewerten, die sie begehen, fordert er zwar sicherlich eine Form der Einstufung nach Verdienst, aber er stellt auch eine mit politischem Sinn ausgestattete Forderung auf: Man muss »den Autoritäten misstrauen und die Dezentralisierung (von Entscheidungsfindungen) fördern«[18]. Die HackerInnen sind ›Kriminelle‹ und verbergen es nicht, weil die Institutionen, die Bürokratie und die Großunternehmen Fallen sind, die man vermeiden muss und an denen man legitimerweise Kritik übt. In der Logik der technischen Realität des Netzes, die dezentralisiert ist, will der Hacker/die Hackerin eine dezentralisierte Macht. Das Vorgehen enthält ein anarchistisches Element: Das Individuum muss sich Entscheidungsmacht zurückholen. Die bestehenden Organisationen, und besonders die Staaten, werden hingegen als Hemmschuhe für die Ausdrucksfreiheit und die Kreativität betrachtet.

Für Steven Levy lauten die sechs Prinzipien, die die Ethik der HackerInnen ausmachen, wie folgt: freier Zugang zu Computern; die ihnen innewohnende Fähigkeit zur Verbesserung der Gesellschaft; die Freiheit der Information; die Beurteilung nach Verdienst und Misstrauen gegenüber jeglicher Form von Autorität. Es fehlt eines, das man oft vergisst,

17 Ebd.
18 Ebd.

nämlich die Möglichkeit, »Kunst und Schönheit mittels eines Computer zu schaffen«[19]. Der Text von *The Mentor* unterstreicht im Übrigen, dass die HackerInnen Poesie in der Programmiersprache erblicken: »Das ist nunmehr unsere Welt Die Welt des Elektrons und des Switch, der Schönheit der Übertragungseinheit.«

Die Übertragungseinheit ist »eine Messeinheit für die Geschwindigkeit der Umwandlung eines Signals«[20], die insbesondere dazu dient, die Übertragungsgeschwindigkeit eines Modems quantitativ zu erfassen. Nach dem Bild von *Neo*, des Helden in dem Film *Matrix*, der es vermag, in einer Menge von schnell vor ihm ablaufenden binären Zahlenfolgen Bilder zu sehen, erkennen die HackerInnen Schönheit im Code. Programmieren, in einer bestimmten Sprache zu kodieren, kann also mit Poesie verglichen werden. In beiden Fällen handelt es sich um eine Schreibübung, für die es immer unterschiedliche Weisen gibt, dasselbe auszudrücken, und von denen manche ›hübscher‹ sind als andere.

Der zweite grundlegende und repräsentative Text für die Hacker-Ethik ist übrigens mit poetischen Elementen versehen und steht in einer direkten Linie mit dem Manifest des Hackers. Im Jahr 1996 publizierte John Perry Barlow, als Reaktion auf die Verabschiedung des *Telecom Act of 1996*[21], einen Beitrag, der sich wie ein Lauffeuer im Internet verbreitete: die »Unabhängigkeitserklärung des Cyberspace«[22].

Mit dem *Hacker-Manifest* von *The Mentor* hatten die HackerInnen einen Text veröffentlicht, der die unüberbrückbare Differenz zwischen der »wirklichen Welt« und dem Universum des Internet festhielt. Barlow ging einen Schritt weiter. Auf dieselbe Art und Weise, in der Thomas Jefferson genau 220 Jahre zuvor die Unabhängigkeitserklärung der Vereinigten Staaten verfasst hatte, forderte er nun auch die Autonomie für einen Raum, der seine eigenen Grenzen geschaffen und sich auf diese Weise von der Vormundschaft des alten Kontinents gelöst hat. Die Welt ›offline‹ war für Barlow, was die britische Krone für Jefferson war. Sein Text ist ein Akt des politischen Aufbegehrens ebenso wie eine Reifedemonstration.

19 Ebd.

20 Definition von ›baud‹ im französischen Lexikon Le Petit Robert, 2006.

21 *Allgemeines Gesetz zur Organisierung der Medien in den Vereinigten Staaten*, das insbesondere für seine Bestrebung, die Diskussionen im Internet zu kontrollieren (und ggf. zu zensieren) – indem man ihnen denselben Status wie Beiträgen in den traditionellen Medien gibt – kritisiert wurde.

22 A.a.O.

Dort, wo *The Mentor* einen neuen Raum beschrieben hatte, der sich von der materiellen Welt unterschied, ging Barlow einen Schritt weiter und forderte vehement, dass die Vertreter der »alten Welt« jede Bestrebung zur Kontrolle und zur Regelung des Cyberspace aufgeben sollten, da sie ihm zufolge keinerlei legitime Herrschaft über ihn ausübten. Es ging ihm dabei um die Zukunft der Menschheit: Der Cyberspace ist bereits heute Wirklichkeit, und Internet ist das Mittel, um neue Grundlagen zu errichten, auf denen eine andere und bessere Welt aufgebaut werden könnte.

> »Ich komme aus dem Cyberspace, der neuen Heimat des Geistes. Im Namen der Zukunft verlange ich von Euch aus der Vergangenheit, uns in Ruhe zu lassen. Ihr seid nicht bei uns willkommen. (...) Ich erkläre den globalen sozialen Raum, den wir aufbauen, von Natur aus für unabhängig von den Tyranneien, die Ihr uns aufzuerlegen versucht. (...) Die Regierungen beziehen ihre rechtmäßige Macht von der Zustimmung derjenigen, die sie regieren. Ihr habt die unsrige weder gesucht noch erhalten. (...) Der Cyberspace befindet sich nicht innerhalb Eurer Grenzen.«

Der Text Barlows zeigt auch ein tieferes politisches Bewusstsein. Zwar prangert er auch die Verständnislosigkeit der staatlichen Machtträger gegenüber dem Internet an, doch seine Zurückweisung der Autoritäten ist stärker mit Argumenten untermauert als in dem Manifest von *The Mentor*. Er setzt im Übrigen die Argumentation fort, indem er die Frage nach der Organisierung des Cyberspace aufwirft. Es geht nicht darum, die Organisationsform der Staaten nachzuahmen und ›Regierungen‹ zu ›wählen‹, sondern darum, die Konturen einer neuen ›Zivilisation‹ zu definieren. Obwohl er manchmal in Schwarz-Weiß-Mustern argumentiert, was den immateriellen Charakter des Netzes betrifft, so verteidigt der Diskurs doch die Idee einer Cyberkultur, die sich in der Zeit verankern und eine Epoche prägen wird. Barlow stellt sich nicht mehr eine ›Subkultur‹[23] vor – eine marginale oder auf eine Gruppe von HackerInnen beschränkte Randgruppenkultur –, sondern ein neues Zivilisationsmodell, einen neuen »Gesellschaftsvertrag«, den alle annehmen können. »Wir werden eine Zivilisation im Geiste des Cyberspace schaffen. Auf dass sie humaner und gerechter sei als die Welt, die Eure Regierungen hervorbrachten.«

---

23 ›Subkultur‹ (im angelsächsischen Sinne des Wortes): die Kultur einer Gruppe von Individuen, die in Diskrepanz zu den Kulturvorstellungen einer Mehrheit der Bevölkerung steht.

Der wesentlichste Glaubenssatz der Cyberkultur findet sich in folgendem Satz: »Die Technologien sind nicht neutral.« Das ist der Ausgangspunkt für die *Technopower* der HackerInnen. Ihnen zufolge verfügen die Rechner und das Netzwerk, das sie bilden, aus sich selbst heraus über die Macht zu egalisieren, da sie per Definition für alle zugänglich sind und dazu dienen, Kenntnisse zu verbreiten.

Das Hacker-Manifest und die *Unabhängigkeitserklärung des Cyberspace* zeigen die ideologische Ausstattung des Universums der HackerInnen, zwischen Technopower und der Schönheit des Codes. Dennoch gibt es keinen Prototyp des Hackers/der Hackerin, und wenn denn eine gemeinsame Kultur ausgemacht werden kann, dann darf sie nicht die Unterschiedlichkeit der Verhaltensweisen und Positionen der HackerInnen verbergen.

»Sag' mir, wie Du programmierst, und ich sage Dir, wer Du bist«

Um die Denkstruktur der VertreterInnen der Cyberkultur zu verstehen, ist es mit Sicherheit am einfachsten, auf ihre Ethik des ›Tuns‹ abzustellen. Daten zu verarbeiten, zu kodieren oder dekodieren, dies kann man zu unterschiedlichen Zwecken und auf unterschiedliche Weise tun. EinE InformatikerIn ist nicht notwendigerweise einE HackerIn, und umgekehrt. Ebenso wenig ist ein Freund, der dir hilft, ein vergessenes Passwort wiederzufinden, ein *Cracker*: Er ist vielleicht einfach ein *White Hat* [24], der nicht auf die *›dunkle Seite der Macht‹* übergewechselt ist.

In der Geschichte hieß die erste große Figur des Hackings Captain Crunch. Allerdings hatte der Name keinerlei Bezug zu Matrosen oder Piraten. Captain Crunch war vielmehr in den 1970er Jahren eine Cornflakes-Marke, die ihren Packungen eine Trillerpfeife für Kinder beilegte. Und es war dieses gewöhnliche Instrument, das John Draper alias Captain Crunch auf wunderbare Weise zweckentfremdete und das ihm erlaubte, die Telefonleitungen des US-Konzerns AT&T zu ›hacken‹.

Mit dem *Hack* von Telefonleitungen tauchen wir erneut in die US-amerikanische Gegenkultur an der Westküste ein. John Draper wohnte damals in der Nähe von Cupertino[25], wo er übrigens in den Anfangszeiten von Apple zusammen mit Steve Wozniak und Steve Jobs arbeitete. Aber

---

24 gesetzestreuer Hacker im Unterschied zum *Black Hat*, B.S.

25 Cupertino ist eine Stadt in Kalifornien, im Silicon Valley, die mehrere große High-Tech-Unternehmen beherbergt, inbesondere den Firmensitz von Apple.

Captain Crunch ist ein Hacker, und sein wichtigstes Motiv besteht darin, die Computersysteme zu verstehen und ihren Zweck zu entfremden. Wir befinden uns in den Anfängen des Hackings, in seiner dunkelsten Version, seiner am meisten nach *Underground* wirkenden Version.

Im Jahr 1971 entdeckte John Draper, wie man das Telefon benutzt, ohne zu bezahlen. Dank der Trillerpfeife von Captain Crunch, die Signale produzierte, welche das System des Telefonanbieters störten, gelang es ihm, den Zentralserver des Telefonnetzes zu *hacken*. Indem er die Wahltöne nachahmte, konnte Draper mit dem Telefonrechner in Dialog treten und seine Anrufe tätigen, ohne dass die kleinste Rechnung anfiel und sogar ohne dass die Herkunft des Anrufs zurückverfolgt werden konnte. Ron Rosenbaum, ein Journalist, der ihn interviewt hat[26], erzählte, dass Captain Crunch in dem Augenblick, in dem er am Telefon mit ihm diskutierte, mit den Leitungen spielte und mit der Botschaft der USA in der UdSSR in Verbindung trat! Die Legende will, dass es Draper sogar gelang, das Weiße Haus anzurufen, und dass Präsident Richard Nixon ihm antwortete

Diese Technik des Hackings heißt *Phreaking*, ein Begriff, der aus *Phone* und *Freak* gebildet wurde. Es handelte sich um die erste Vorführung von Hacking, total illegal, aber ohne jegliche bösartige Absicht. Die Hauptsache war das Experimentieren. Wie John Draper seinem Interviewpartner anvertraute, wollte er in erster Linie »die Computer verstehen«[27]. Zwar war er tatsächlich von der Maschine – den Rechnern – fasziniert, doch das Ziel bestand darin, das Wissen, die Information und die Forschung, die dahin führten, zu erkennen. Das Telefon war damals ein unbekanntes Gebiet, das von Großunternehmen wie *Ma Bell*[28] beherrscht wurde, aber das die BenutzerInnen mit ein bisschen Fantasie entdecken und sich aneignen konnten, indem sie nebenbei die gewöhnlichen Methoden zweckentfremdeten. Die Kommerzialisierung von Rechnersystemen durch die Großunternehmen sorgte im Übrigen oftmals für Reaktionen der HackerInnen: Im Widerspruch zu ihrem Dezentralisierungsideal bilden die Großunternehmen ›Systeme‹, die man ebenso verstehen und zweckentfremden musste wie die Rechnersysteme.

---

26 Interview mit John Draper von Ron Rosenbaum, *Secrets of the Little Blue Box Version* veröffentlicht im Oktober 1971 in *Esquire Magazine*, online verfügbar unter: www.lospadres.info/thorg/lbb.html

27 Ebd.

28 So lautet der liebenswürdige Spitzname, der dem US-amerikanischen Telefonanbieter Bell gegeben wurde, dem späteren AT&T-Konzern.

Die Kommerzialisierung der Informatik hatte jedoch, trotz allem, auch ihre Demokratisierung zur Folge. In den 1980er Jahren wurden die Personen, die dazu in der Lage waren, die Computersysteme zu verstehen und für ihre Zwecke zu nutzen, immer zahlreicher, und die ersten Personal Computer tauchten (endlich) in den Haushalten auf. Die PC von IBM und der Apple II waren die neuen Schlüssel für den Zugang zum Netz, der durch eine starke Senkung der Herstellungskosten erleichtert wurde. Die *Tech Savvy*[29], kleine Informatikgenies, verstärkten in der Folgezeit die Reihen der HackerInnen und modelten die US-amerikanischen Ökonomie um. Man muss übrigens anmerken, dass die Hackerphilosophie nicht unbedingt in Widerspruch zum Prinzip des Unternehmertums trat. Die Geschichte des Silicon Valley ist sogar untrennbar verbunden mit jener dieser jungen HackerInnen, die damit begonnen hatten, in ihren Werkstätten herumzubasteln, bevor sie innovative Produkte hervorbrachten, welche einen starken kommerziellen Erfolg erzielten[30].

Der *Homebrew Computer Club*, der im Jahr 1975 gegründet wurde, bildet ein anderes gutes Anschauungsbeispiel für den Geist, der diese Schöpfer neuer Art antrieb. Homebrew – wörtlich »selbstgebrautes Bier«, aber der Bezug zu dem Getränk hört an dieser Stelle dann auch auf – steht für die Tendenz zum *Do it yourself*, wie beim *Whole Earth Catalog*, wird aber auf die Informatik übertragen. Das Ergebnis war eine Art Labor für Bastler, die Rezepte für Programmiersprachen und Tipps zum Computerbau und Programmentwicklung austauschten. Der Club, der von Gordon French und Fred Moore im soeben erst entstandenen Sillicon Valley gegründet worden war, trug wesentlich zur Verbreitung von Personal Computern bei. Sein Ziel war es – in der reinsten Tradition des Hackings –, die Informatik allen zugänglich zu machen. Unter den Gründern des Clubs befanden sich John Draper, Steve Jobs, Steve Wozniak und Jerry Lawson[31], einer der Erfinder der Video-Playstation, der seine ersten Schritte, noch als Heranwachsender, machte, als er die Fernseher seiner Nachbarn reparierte. Steve Wozniak wiederum verkörpert für sich allein bereits die offene, auf Zusammenarbeit ausgerichtete und gutmüti-

29 Anfänglich *High Tech Savvy*, siehe wiktionary.org

30 Das beste Beispiel ist zweifellos jenes von Apple, das in einer Werkstatt von zwei jungen – und genialen – bastelnden Hippies auf den Weg gebracht und einige Jahrzehnte später zu einem der weltweit größten Unternehmen wurde.

31 Siehe den Nachruf auf Jerry Lawson unter www.wired.com

ge Atmosphäre, die damals herrschte – wie auf einem Bazar, wo sich die Liebhaber einfinden, um zusammen neue Sachen zu bauen:

> »Die Idee des Clubs bestand darin, ›sich zur Hand zu gehen‹. Jede Sitzung begann mit einer Tischrunde, während derer die Leute einer nach dem anderen aufstanden und über ein Thema sprachen, das sie interessierte, über ein Gerücht, und dann wurde diskutiert. Jemand konnte sagen ›Ich habe ein neues Element‹, oder jemand anderes sagte, dass er neue Daten habe oder fragte, ob jemand einen Fernschreiber[32] von diesem oder jenem Typ besitze. (...) Der Apple I und II wurden aus Hobby entworfen, um sich zu amüsieren, nicht als Produkt für ein Unternehmen.«[33]

In dieser Atmosphäre tauchten das *Copyleft* und das Ideal der *Open Source*s auf, das es gleichermaßen erlaubte, die Funktionsweise der Rechnersysteme zu verstehen (wie einen Bauplan für ein Auto) und sie endlos abzuändern. Diese Bastler in Sachen Informatik waren perfekte Beispiele für den HackerInnen-Geist; sie bezogen ihre Energie aus dem erklärten Willen, alle Möglichkeiten zu erkunden, die die neuen Instrumente boten.

Dennoch ist die genaue Definition eines Hackers komplex, denn nicht alle verstehen dasselbe unter diesem Begriff, insbesondere hinsichtlich der ausgeübten Tätigkeiten. Auf der einen Seite stufen manche die HackerInnen grundsätzlich als Kriminelle ein, weil sie auf illegale Weise in Rechnersysteme und Computer eindringen, was auch immer ihr Motiv sein mag. Auf der anderen Seite verkörpert die Cyberkultur, so wie wir sie beschrieben haben, eine breitere – und ebenso politischere – Vision des Hackings, die darauf zielt, die technischen Objekte ihrem ursprünglichen Zweck zu entfremden. Aus unserer Sicht ist die zweite Definition die richtige, denn sie umfasst auch eine kulturelle Dimension und fußt nicht nur auf dem technischen Aspekt.

Die Anekdotengeschichte des Internet weist im Übrigen viele *Hacks* auf, die berühmt geworden sind, obwohl sie nichts mit Informatik zu tun hatten und nicht unbedingt sehr ernsthaft gemeint waren. Als Beispiel kann man das Hinzugeben von Menthol-Bonbons in Coca-Cola-Light-Flaschen nennen. Eine unerwartete ›Zweckentfremdung‹, die im Jahr

---

32 Ein Gerät, das die Erzeugung und den Empfang von schriftlichen Nachrichten durch elektrische Signale erlaubt.

33 Zeugnis von Steve Wozniak, Auszug aus seinem Artikel *Homebrew and how the Apple came to be*, erschienen in der *Digital Deli* im Jahr 1984, verfügbar unter www.atariarchives.org.

2006 ›auftauchte‹ und eine beeindruckende Schäumwirkung hervorrief, zum Wohlgefallen der InternetnutzerInnen, die es selbst ausprobieren konnten und ihre Erfahrungen dank Videos weiterverbreiteten.

Wenn man bei den *Hack*-Phänomenen bleibt, die im Internet stattfinden, so lassen sich einige Unterscheidungen zwischen größeren Kategorien von HackerInnen treffen. Das erste Kriterium ist ein Gesichtspunkt der Ethik: Zu welchen Zwecken werden die Informatikfähigkeiten genutzt? Die Mythologie der Filmserie *Star Wars*, die unter den VertreterInnen der Cyberkultur besonders beliebt ist, erlaubt es zu unterscheiden: EinE HackerIn kann auf der hellen oder dunklen Seite der Macht stehen. Aus diesem einfachen Dualismus ergeben sich zwei Kategorien von HackerInnen.

Auf der Seite der Jedi finden sich die *White Hats*, VertreterInnen der »weißen Magie in der Informatik«, die nur im Interesse des Gemeinwohls handeln, dem ursprünglichen Geist der Cyberkultur entsprechend. Ihre Erkundung der Informatik, ja ihr Eindringen in Systeme, die ihnen nicht gehören, hat ausschließlich zum Ziel, die Sicherheitslücken aufzuzeigen, um sie zu korrigieren. Manche HackerInnen zögern im Übrigen nicht, die Verantwortlichen von anfälligen Webseiten auf die Lücken, die sie enthalten, hinzuweisen. Auf die körperliche Welt übertragen, entspricht es in etwa einem indiskreten Nachbarn, der durch eine offen gelassene Hintertür in ihr Haus einträte, um darauf hinzuweisen, dass es unvorsichtig sei, eine Tür offen zu lassen Die Absicht ist löblich, ja altruistisch, aber die Handlung ruft dennoch nicht unbedingt Gefallen hervor.

Auf der Seite des Empire agieren die *Black Hats* hingegen mit dem Ziel, Schaden zuzufügen, sei es direkt aus Eigeninteresse oder für einen Dritten, der sie dafür bezahlt. Dieser letztgenannte Fall öffnet die Tür zu einem veritablen Markt der Cyberkriminalität, auf dem Informatikfähigkeiten außerhalb der Gesetze gegen Geld angeboten werden. Auf dem *Blackmarket*, wie er bezeichnet wird, ist es beispielsweise möglich, die Geheimnummern von gehackten Kreditkarten zu erwerben oder *Spam*kampagnen[34] zu kaufen, um auf illegale Weise Mailboxen zu überschwemmen.

Eric Raymond, Theoretiker des Open-Source-Prinzips[35], unterscheidet in seinem Buch den ›Hacker‹ – denjenigen, der aufbaut oder schafft

34 Spam: ein Nachricht mit Werbecharakter, die im Allgemeinen per E-Mail an eine große Zahl von NutzerInnen ohne ihre vorherige Einwilligung versandt wird.

35 Die Bezeichnung *Open Source* bezieht sich auf Programme, deren Lizenzen die vorab aufgestellten Kriterien des *Open Source Institute* respektieren, das heißt die

– vom ›Cracker‹, der zerstört, ausplündert oder stiehlt. Aber natürlich gibt es eine ganze Palette von Zwischenformen zwischen diesen beiden extremen Ausformungen des Hackings. Die Frage des Eindringens ist im Übrigen zentral. Für einige HackerInnen geht es nur darum, die Erkundung des Cyberspace bis zum Äußersten fortzuführen. Folglich ist das Hacken an sich eine positive Tätigkeit, da es den Idealen der Cyberkultur und ihrer anarchistischen Ursprünge entspringt. Die Information muss verbreitet werden, das Experimentieren wird ermutigt, und ein noch nicht dagewesenes und erfindungsreiches Eindringen wird zur unter den ›KollegInnen‹ anerkannten Leistung. In der Schule des Hackerwesens ersetzen die praktischen Übungen den theoretischen Unterricht, und gute Noten werden vergeben, wenn neue Lösungen für komplexe oder bislang unlösbare Probleme gefunden wurden.

Daher genügt das ungebetene Eindringen in ein Computersystem nicht, um sich Verdienste als HackerIn zu erwerben. Diejenigen, die zum Beispiel von anderen verschlüsselte Programme nutzen, welche es erlauben, automatische (Hacker-)Angriffe zu erzeugen, werden oft von den wahren HackerInnen nur belächelt. Letztere verstehen nämlich die Funktionsweise des Programms und des Netzwerks und sind selbst dazu fähig, diese Verschlüsselungsprogramme zu schreiben. Die Ersteren werden als *Script Kiddies* bezeichnet, also ungefähr ›Programmkinder‹, und die ›Älteren‹, die die Programmierpraxis beherrschen, machen oft Witze über sie.

Tim Jordan, Professor am King's College in London und ausgewiesener Kenner der Cyberkultur, des Hackerwesens und des ›Hacktivismus‹, hat versucht, eine sehr genaue Typologie der HackerInnen[36] vorzulegen, die aufzeigt, dass ›HackerIn‹ ein Sammelbegriff ist, der ebenso unzureichend ist, um das Hacker-Phänomen zu definieren, wie der Begriff *Anonymous* es ist, um die Unterschiedlichkeit der Leute zu erfassen, welche sich diesem Label zuordnen.

Eine der ersten Gruppen von ›echten‹ HackerInnen, denen, die tatsächlich das Programmieren beherrschen, ist – zusammen mit *L0pht*

---

freie Weiterverbreitung, den Zugang zu den Quellcodes und zu den nachfolgenden Arbeiten.

36 (Im Original:) *Novice, student, tourist, crasher, thief pirates, browsers, crackers elites, neophytes, cyberpunk, loosers & lamers, newbie, internal, coder, old guard hacker, professional, cyber-terrorist* usw.

Heavy Industries[37], eine Gruppe, die ebenfalls einen Pionierstatus hatte und deren Devise lautete: »Die Regierung kontrolliert, was in unsere Münder hinein kommt, lassen wir sie nicht kontrollieren, was heraus kommt« – der CCC (Chaos Computer Club). Dieses Kollektiv tauchte zu Anfang der 1980er Jahre in Westberlin auf. Es steht in der Abstammungslinie der Cyberkultur und bekennt sich klar zu den Werten der HackerInnen, so, wie Steven Levy sie definiert hat. Sie sind HackerInnen, die »ein Bewusstsein aufweisen«[38], wie man es auf den Webseiten der BBC lesen kann, auch wenn bestimmte Medien sie bisweilen in die Nähe der Cyberkriminalität gerückt haben[39]. Eines ihrer Kampffelder ist die Verteidigung der individuellen Bürger- und Freiheitsrechte, die durch Kontrollsysteme, welche Daten über die BürgerInnen sammeln, bedroht werden. Die ersten aufsehenerregenden Aktionen des CCC standen im Übrigen in einer Logik der *White Hats* oder *Grey Hats*. 1981 benutzte der Club Bildschirmtext, um eine Bank in Hamburg zu hacken. Er schaffte es auf diese Weise 134.000 DM – also über 70.000 Euro – zu entwenden, die am folgenden Tag zurückgegeben wurden. Das Ziel bestand darin, die Schwächen des Sicherheitssystems der Rechneranlagen zu beweisen, und die Aufmerksamkeit der Öffentlichkeit dafür zu wecken.

Wenn er nicht Rechnersysteme hackt, um ihre Schwächen aufzuzeigen, dann versucht der CCC, den Zugang dazu zu erleichtern. 1984 setzten seine Mitglieder sich dafür ein, leistungsfähigere Modems aus den USA einführen zu können, was damals illegal war. Um die Gesetze zu umgehen, bauten sie schließlich selbst effizientere Modems aus wiederverwertetem Material (etwa aus Spielzeugen). Ohne gegen das Gesetz zu verstoßen, erfanden die Bastler so *The Cat*[40], das Modem des CCC, dessen Bauplan sie so schnell wie möglich verbreiteten, ganz in der Tradition des *Do it yourself*.

---

37 *L0pht Heavy Industries* war eine renommierte Hackergruppe, die zwischen 1992 und 2000 in Boston/USA ansässig war.

38 Siehe *Chaos Computer Club hackers ›have a conscience‹*, Artikel vom 11.2.2011, bei news.bbc.co.uk

39 Vgl. besonders die Ausführungen zur Affäre um Karl Koch – einem Hacker, der beschuldigte wurde, US-amerikanische Rechnersysteme im Auftrag des sowjetischen KGB gehackt zu haben, und der im Laufe der Ermittlungen tot aufgefunden wurde – bei Wikipedia.

40 Siehe *Cats, Dataloos, and a BTX Bank Robbery – The CCC in 1984*, 4. Juli 2008, bei www.nycresistor.com

Der CCC ist auch heute noch eine der bekanntesten Hackerorganisationen, insbesondere durch seine Betätigungen außerhalb des Internets. Der Club organisiert jedes Jahr größere Treffen, die für die LiebhaberInnen der Cyberkultur zu unumgänglichen Terminen geworden sind. Der *Chaos Communication Congress* und später die *Chaos Communication Camps* wurden zu Orten des Austauschs zwischen HackerInnen, *Phreakers*, SpezialistInnen für Computersicherheit und für elektronisches Basteln. Solche Treffpunkte für HackerInnen nehmen inzwischen überall in der Welt zu. In San Francisco gibt es beispielsweise seit 2007 einen ständigen *Hackerspace* namens *Noisebridge*[41], der vom CCC und vom Hackerwesen im weiteren Sinne inspiriert wurde und der einen kostenlosen Raum für das Austauschen von Kenntnissen und für Basteleien aller Art anbietet, vom Kochen bis zur Biologie, und natürlich für Elektronik und Informatik.

Vor Kurzem hat der CCC sich gegen das Wählen per Computer ausgesprochen und Studien veröffentlicht, die zeigen, wie man die Kontrolle über die Wahlrechner übernehmen und so die Wahlergebnisse manipulieren kann. Der CCC interessiert sich auch für die neuartigsten Netzwerke, etwa jene der Mobiltelefone. Die Handys, die täglich benutzt werden und sich ständig in unseren Taschen befinden, werden durch die breite Öffentlichkeit nicht als angreifbare Objekte wahrgenommen. Und doch ist dies der Fall, und der Club hat während seines Kongresses von 2010 ein privates Mobiltelefonnetz eingerichtet, dessen Angreifbarkeit die HackerInnen zuvor ausgetestet hatten. Es geht immer darum, die Grenzen der Technologien aufzuzeigen, aber dieses Mal, indem man den Schwerpunkt auf die notwendige Bewusstmachung der Risiken im Bereich des Schutzes der Privatsphäre und der Überwachung legte.

Es überrascht nicht, dass das Verhältnis zwischen den staatlichen Behörden – die auch für die Regulierung des Netzes zuständig sind – und den HackerInnen, die sich freiheitsdurstig zeigen, schon immer angespannt war. *Das Hackermanifest* von 1986 wurde am Vorabend der Festnahme seines Autors verfasst, während die ›Unabhängigkeitserklärung‹ von Barlow vor allem eine scharfe Reaktion auf die Attacken der US-Administration gegen die Freiheit im Netz bildete. 1989 befragte z.B. das FBI Barlow im Rahmen von Ermittlungen gegen eine Hackergruppe namens *NuPrometheus*. Barlow war verblüfft über das Unwissen des Beamten Richard Baxter, dem er gegenübersaß, was die Kluft zwischen den staatlichen Behörden

41 Siehe www.noisebridge.net

und der Cyberkultur belegte. In der Folgezeit bestand einer der am stärksten in den Medien wahrgenommenen behördlichen Reaktionen auf die Hackerbewegung aus der *Operation Sundevil*, die am 8. Mai 1990 ausgelöst wurde. Bis dahin waren nur wenige *Phreakers* und HackerInnen von der Polizei bedrängt worden, doch die Telefon- und die Kreditkartenfirmen begannen, sich ernsthafte Sorgen wegen ihrer Aktionen zu machen. Die Operation spielte sich gleichzeitig in einem Dutzend US-amerikanischer Großstädte ab und führte zur Festnahme von drei Hackern sowie zur Beschlagnahmung zahlreicher Festplatten.

Die Auswirkungen dieser Operation fielen nicht so aus, wie die Regierung es erwartet hatte. Die Cyberkultur mag es nicht, wenn man versucht, ihr einen Maulkorb umzuhängen, und ihre VertreterInnen sind von Natur aus gegen Beschränkungen, ob sie nun die Rechner oder ihre Nutzerinnen und Nutzer betreffen. Zu jenem Zeitpunkt schrieb Barlow also den Text *Crime and Puzzlement*[42], den er am 8. Juni 1990 auf der Gruppen-Webseite *The WELL*[43] veröffentlichte und in dem er seine Vision vom Cyberspace genauer darlegte. Er erwähnte dort auch, dass er gemeinsam mit Mitch Kapor[44] beschlossen hatte, die *Computer Liberty Foundation* zu gründen, als Reaktion auf das, was sie als Aggression gegen den Cyberspace betrachteten, und um eine Gegenmacht zu begründen, die es erlaubte, die elektronischen Bürgerrechte zu verteidigen. Ihnen schlossen sich daraufhin Steve Wozniak von Apple und John Gilmore von Sun Microsystems an, die ihre ›Allianz aus ethischen Beweggründen‹ bei einem Diner mit Stewan Brand, Jaron Lanier, Chuck Blanchard und Paul Saffo besiegelten. Damals gründeten sie also die *Electronic Frontier Foundation*.

---

42 John Barlow: *Crime and Puzzlement,* verfügbar bei www.sjgames.com

43 *The WELL* (auch bekannt unter den Namen *WELL* und *Whole Earth 'Lectronic Link*) ist eine der ältesten Online-Gruppen und wurde im Jahr 1985 gegründet, im Geiste des *Whole Earth Catalog*.

44 Mitch Kapor ist der Gründer der Firma *Lotus Development*, die die ersten Programme für Büroanwendung entworfen hat.

Der Hacktivismus 1.0: Wenn die HackerInnen sich in die Politik einmischen

Eine Gruppe von HackerInnen ist noch nicht angesprochen worden: diejenigen, die ihre Fähigkeiten für politische Zwecken nutzen. Wir befinden uns in den 1990er Jahren: die Globalisierungskritik kam auf, und zwischen manchen sozialen Bewegungen und Organisationen in Nord und Süd wurden Brücken geschlagen. Die *Association pour la taxation des transactions financières et pour l'action citoyenne* (ungefähr: »Vereinigung für die Besteuerung der Finanzströme und für das Aktivwerden der BürgerInnen«), abgekürzt ATTAC[45], rief zu einer Reform der Weltwirtschaftsordnung in der Krise auf.

Die ersten ›HacktivistInnen‹ – ein Begriff, der 1995 von Jason Sack aufgebracht wurde – waren gleichzeitig HackerInnen und AktivistInnen, und sie fanden sich in Bewegungen wie dem *Adbusting*, die die Konsumgesellschaft, die Massenmedien und die im öffentlichen Raum allgegenwärtige Werbung kritisieren und angreifen. Die Verbindung mit der Welt des Internet war dabei selbstverständlich. Das Kollektiv *Indymedia*[46] wurde z.B. 1999 anlässlich der großen Demonstrationen gegen den Gipfel der Welthandelsorganisation WTO in Seattle gegründet, mit dem Ziel, den globalisierungskritischen Ideen Gehör zu verschaffen und ein Gegengewicht gegen die traditionellen Medien zu schaffen. Das Vorgehen steht in der Logik der Cyberkultur: Es geht darum, die Information zu verbreiten und den Einzelnen Ausdrucksfreiheit zu verleihen. Die *Indymedia*-Plattformen, in ihren jeweiligen lokalen Ausführungen, sind also bestrebt, alternative und von den herkömmlichen Pressekonzernen unabhängige Informationsquellen anzubieten. Wiederum geht es darum, dass die Information frei sein muss, und dieses Mal sind es die AktivistInnen, die sich des Netzes bemächtigen, um sie zu transportieren.

Die globalisierungskritische Bewegung war also einen Schritt auf die Cyberkultur zugegangen. Indem sie sich auf das Terrain der HackerInnen, das Internet, begaben, gerieten die politisch Aktiven notwendig mit der Cyberkultur in Berührung. Die Systeme auseinanderzunehmen, um sie zu verstehen, die vorgeschlagenen Nutzungsmöglichkeiten zweckent-

45 Vgl. www.attac.org
46 www.indymedia.org

fremden, um etwas Neues zu schaffen genau diese Prinzipien werden von den HackerInnen verteidigt und von den GlobalisierungskritikerInnen geteilt, sodass Politik und Technologie zusammenkommen. Auf allgemeine Weise ist es schwierig, die ›unpolitischen‹ HackerInnen von denen, die als ›engagiert‹ gelten, zu trennen. Erinnern wir uns an die Ethik der HackerInnen: Die Trennung zwischen Politik und Cyberkultur ist in weiten Teilen unlogisch – von ihrem Wesen her sind politische Werte dem Hacking nicht fremd.

Die Philosophen André Gorz[47] und Pekka Himanen[48] gehen noch weiter. Ihnen zufolge verfechten die HackerInnen mit ihren Aktionen eine neue Auffassung der Welt, die, wie bei den GlobalisierungskritikerInnen, gegen den Kapitalismus gerichtet ist. Die Ideologie von dem Teilen der Kenntnisse, auf der die Verbreitung von Open-Source-Software aufbaut – die frei benutzbar und kostenlos ist – führt zu einer Infragestellung des Wirtschaftssystems, das auf dem Privateigentum an Produktionsmitteln basiert. Wenn Letztere dank der Informatik frei zugänglich und verbreitbar werden, dann können die Individuen sich emanzipieren und nach ihrem Willen organisieren. Die Besonderheit an den HackerInnen liegt in dem Prozess, den sie auslösen: ein sozialer Prozess, der auf dem Internet und auf der kooperativen Produktion im Netzverbund sowie auf einem anderen Verhältnis zur Arbeit, zum Geld, zur Zeit beruht. Letzteres zeichnet eine Ethik aus, die Pekka Himanen der protestantischen Arbeitsethik von Max Weber entgegensetzt. Die Ethik der HackerInnen ist, folgt man diesem Gedanken, von ihrem Wesen her eine Kritik der kapitalistischen Ökonomie. Übrigens ist der materielle Ort, an dem die Unabhängigkeitserklärung des Cyberspace veröffentlicht wurde, in dieser Hinsicht symbolkräftig: es handelt sich um Davos, aus Anlass des 26. Jahrestreffens des *World Economic Forum* im Jahr 1996.

47 Siehe *La sortie du capitalisme a déjà commencé* (»Der Austritt aus dem Kapitalismus hat bereits begonnen«), Titel eines Artikels, den der französische Philosoph und Journalist André Gorz für die Zeitschrift *EcoRev'* – Nummer 28 vom 17. September 2007 – schrieb, eine Woche vor seinem Tod, und der nach seinem Ableben in dem Buch *Ecologica* (Editions Galilée, 2008) veröffentlicht wurde.

48 Pekka Himanen: *L'Ethique hacker et l'esprit de l'ère de l'information* (»Die Hacker-Ethik und der Geist des Informationszeitalters«), Vorwort von Linus Torvalds und Nachwort von Manuel Castells, ins Französische übertragen von Claude Leblanc, Exils, 2001.

Die ersten HacktivistInnen

Eine der ersten größeren Bewegungen, die BürgerInnen im Internet mobilisierte, fand im November 1999 statt, als der *Toywar* ausgelöst wurde. Wie wir sahen, ist Kunst nicht unvereinbar mit der Cyberkultur, und dieser ›Spielzeugkrieg‹ ist der Beweis dafür. Bei ihm standen sich mehrere Jahre hindurch ein Unternehmen des *E-Commerce*, mit Namen eToys, und ein Kollektiv von das Internet benutzenden AvantgardekünstlerInnen, *etoy*, gegenüber. Diese beiden Namen unterscheidet nur ein Buchstabe, das ›s‹, was laut Ansicht der Firma für Verwirrung unter den KonsumentInnen sorgte und drohte, ihrer Bekanntheit und den Zugriffszahlen auf ihrer Webseite Abbruch zu tun. Aus Sicht der Firmenleitung war es nicht legitim, dass eine Künstlergruppe einen Namen benutzte, der ihrem Markennamen so gefährlich ähnlich war. Nach Angeboten finanzieller Art, die abgelehnt worden waren, verfolgte die Firma eToys ihren Namensvetter vor Gericht und gewann alsbald einen ersten Prozess, was zur Schließung der Webseite des Künstlerkollektivs führte. Doch dessen Adresse ›etoy.com‹ war ein Jahr vor jener der Webseite der Firma, ›etoys.com‹, eingetragen worden.

Die KünstlerInnen riefen ›Skandal‹ und mobilisierten die Web-Community. Alle Zutaten kamen zusammen, um die VerteidigerInnen des Geistes der Cyberkultur reagieren zu lassen. Neben dem illegitimen Ansinnen der Firma kam hinzu, dass eToys sich wie die Karikatur eines Feinds des Cyberspace aufführte. Dieses Unternehmens kam, mit viel Verstärkung von Anwälten und Juristinnen, und drang in den Freiraum einer Gruppe von Personen ein, die die Cyberkultur verkörperten und bei ihren KollegInnen anerkannt waren. Die Parallelen zwischen dieser Situation und den Strafverfolgungen gegen die ersten HackerInnen, die einen autonomen und unabhängigen Raum im Internet forderten, lagen auf der Hand. Das Vorgehen von eToys wurde nicht nur als eine Ungerechtigkeit, sondern als eine Gebietsverletzung wahrgenommen und folglich wurden die Grundlagen der Cyberkultur in Erinnerung gerufen: Internet darf nicht denselben Regeln wie die Welt ›offline‹ unterworfen sein, vor allem, was die Freiheit der Meinungsäußerung betrifft. Das Abschalten einer Webseite zu fordern, ist also ein radikaler Angriff auf die Grundwerte der Cyberkultur.

Die InternetnutzerInnen eilten alsbald den KünstlerInnen zu Hilfe, die ihnen ihrerseits anboten, sie in diesem Einfluss‹krieg‹ zu engagieren, zu dessen Schlachtfeldern das Internet zählt. Eine der Schlüsselideen von *etoy* bestand darin, die ›Toywar-Agenten‹, die sie unterstützen, in AktionärInnen von *etoy.Corporation* zu verwandeln, einer gemeinnützigen Firma, die in avantgardistische Künstlerprojekte investiert. Wie bei einem Computerspiel gibt es Belohnungen für bestimmte Handlungen, wobei die Entscheidungsmacht unter alle TeilnehmerInnen aufgeteilt worden ist.

> »Indem sie ein Spiel im Internet, vor den Gerichten und an der Aktienbörse Nasdaq spielten, haben etoy.Corporation und ihre UnterstützerInnen die Firma eToys dazu gezwungen, ihre aggressiven Absichten zu zügeln. Der Grund ihres Erfolgs lag darin, dass alle möglichen unterschiedlichen Leute – KünstlerInnen, AnwältInnen, AktivistInnen, HochschullehrerInnen, Geschäftsleute, gesellschaftliche AußenseiterInnen usw. – einbezogen wurden.«[49]

Die Weiterverbreitung der Informationen funktionierte, und die Aufrufe zum Boykott sorgten schließlich dafür, dass das Unternehmen einen Rückzieher machte und sein Sprecher die Einstellung der gerichtlichen Verfolgung bekannt gab. »Während der letzten Wochen (hat eToys) enorm viele Anrufe erhalten, die uns aufforderten, einen Weg zu finden, um gemeinsam mit *etoy* zu existieren. Auf keinen Fall wollten wir die künstlerische Freiheit beeinträchtigen.«[50] Das Kollektiv *etoy* wurde zu seinem Erfolg beglückwünscht. Ihm zufolge hat es die Mobilisierung vermocht, »die von eToys ausgehende Aggression gegen die Firma selbst zu kehren – wie bei einer Kampfsportübung im Internet –, so lange, bis die Kunst schließlich die naive Macht des Geldes neutralisierte.«[51] Die KünstlerInnen haben es schließlich dank des Hacktivismus geschafft, ein lebendes, virtuelles, kollektives und engagiertes Kunstwerk zu schaffen.

Das, was *etoy* als »Kampfsportübung« bezeichnete, bildet zweifellos eines der besten Beispiele für das, was man allgemein als »Flamby-Effekt« bezeichnet [benannt nach der Puddingmarke ›Flamby‹, B.S.]. Was passiert, wenn man mit der flachen Hand auf einen Pudding schlägt? Die Stücke fliegen herum und verteilen sich im ganzen Zimmer. Im Ergebnis

---

49 Quelle: *Toywar. The most expensive performance in art history,* bei http://history.etoy.com

50 *Etoy Battling eToys Over Domain Name,* Artikel vom 3.1.2010 in der *New York Times*, übernommen beim *San Francisco Chronicles* und dort online verfügbar unter www.sfgate.com

51 Quelle: a.a.O., http://history.etoy.com

bedeutet das, wenn man jemanden oder etwas aus dem Internet verbannen möchte, dann setzt man sich der massiven und in alle Richtungen gehenden Verteilung unkontrollierter Informationen aus. Das bezeichnet man auch als »Streisand-Effekt«[52], und es ist einer der zentralen Mechanismen, die der Cyberkultur innewohnen, welche auf dem Grundsatz der Freiheit der Meinungsäußerung sowie der Informationsverbreitung beruht. Zwar schuf der ›Toywar‹ einen Präzedenzfall, doch erzeugte er kein allgemeines Bewusstsein für die Zensur im Internet und was dabei auf dem Spiel steht. Zahlreiche andere Fälle folgten. Manche, wie etwa Greenpeace, setzten dieses Verfahren später ein, um über eine größere mediale Reichweite zu verfügen[53].

1999, als der ›Toywar‹ auf dem Höhepunkt war, dienten die großen Demonstrationen in Seattle gegen den WTO-Gipfel einem anderen Kollektiv, das sich dem Hacktivismus verschrieben hatte, als Anregungen für ihre Aktionen: die *Electrohippies* oder *E-Hippies*. Die Gruppe, die in England mit ihren Aktivitäten startete, verfolgte ungefähr weitgehend dieselben Ziele wie *Indymedia* und lehnte die Gesetze der britischen Regierung zur Freiheit der Meinungsäußerung wie auch generell zu den individuellen Freiheiten im Internet ab. Die *Electrohippies* stellten fest, dass die Informationen und der Cyberspace einer Vermarktung unterlagen, was für sie gleichbedeutend war mit einer Verschlechterung ihrer Qualität und folglich eine Gefahr für die Demokratie nach sich zog.

> »Diese Gesetze treten in Konflikt mit unseren demokratischen Rechten. Es sollte keine Unterscheidung zwischen den Rechten im wirklichen Leben und im Cyberspace geben. Diese Gesetze schaffen eine Unterscheidung, und bedrohen die Entwicklung einer wirklichen Zivilgesellschaft in einem öffentlichen Raum, der durch die elektronische Kommunikation geschaffen wird.«[54]

---

52 Nach dem Namen der Schauspielerin Barbara Streisand, die einen Fotographen gerichtlich verfolgte, weil er online eine Aufnahme ihres Grundstücks veröffentlicht hatte, was vor allem zur Folge hatte, dass dieses Bild fortan massiv im Internet verbreitet wurde

53 Siehe insbesondere die Zweckentfremdung der KitKat-Werbung durch Greenpeace, unter: www.greenpeace.org/international/en/campaigns/climat-change/kitkat/

54 Siehe *Cyberlaw UK: Civil rights and protest on the Internet*, Kommuniqué des Kollektivs *Electrohippies*, Dezember 2000, verfügbar als PDF-Datei unter www.iwar.org.uk.hackers...

Das Kollektiv *Electrohippies* spricht in seinem Kommuniqué zahlreiche Ideen an. Zuerst stellen die HacktivistInnen zwei Eingangsgrundsätze auf: die Verteidigung der Volkssouveränität und die Fähigkeit des Cyberspace, eine »wahrhaftere« Demokratie als jene der »wirklichen Welt« zu beherbergen. Wie in den ersten Texten der HackerInnen wird der Cyberspace als ein Zufluchtsort dargestellt. Aber das Kollektiv stellt nicht auf radikale Weise das Leben offline und online gegeneinander. Im Gegenteil wirft es den Gesetzen der Regierung vor, Unterschiede zwischen den Rechten der Individuen herzustellen, je nachdem, ob sie sich im Cyberspace befinden oder nicht. Diese Kritik ist neu, und man kann sie als einen Beweis für die Annäherung zwischen HackerInnen und Organisationen der Zivilgesellschaft werten. Selbst wenn die HackerInnen immer schon ein politisches Bewusstsein hatten, scheinen die HackerInnen der 1990er Jahre es doch leichter mit breiter angelegten Kämpfen zu verbinden.

Anlässlich der Protestzüge in Seattle gingen viele AktivistInnen auf friedliche Weise auf die Straße, um den Gipfel der WTO zu blockieren. Die Vorgehensweise der *Electrohippies* versuchte dieselbe Wirkung zu entfalten, aber durch das Internet. Die situationsbezogene Koordinierung der elektronischen Kräfte war eine der großen Neuerungen der AktivistInnen von Seattle. Das Vorgehen machte Geschichte und zeigte, dass die Verbindung der »beiden Welten« untereinander in den Augen der AktivistInnen eine Selbstverständlichkeit geworden war.

Konkret haben die *E-Hippies* an der Aktion im Internet teilgenommen, indem sie sogenannte DDoS-Attacken durchführten. Diese rätselhafte Abkürzung – der Kleinbuchstabe beim »o« und die Dopplung des »D« sind Absicht – kommt vom englischen *»Distributed Denial of Service« (verteilte Dienstverweigerung)*, ein Vorgehen, das im Bereich der Computersicherheit sehr bekannt ist. Das Prinzip ist einfach: es geht darum, einen Online-Dienst oder einen Server zu verstopfen, indem man ihn durch eine große Zahl von Anfragen übersättigt, so dass er nicht mehr richtig auf die ›normalen‹ Anfragen, die ihm gesandt werden, antworten kann. Eine Webseite funktioniert auf dieselbe Weise: Sie kann gleichzeitig nur auf eine begrenzte Zahl von Verbindungsanfragen antworten, weil der Server, der sie beherbergt, so konfiguriert ist, dass er nur beispielsweise einhundert Besucher gleichzeitig empfangen kann; er kann also nicht mit tausend mal so vielen Anfragen umgehen. Aber wenn dies vorkommt, dann ist die Webseite für niemanden mehr erreichbar und hört auf, zu reagieren –

daher der Ausdruck »Dienstverweigerung«. Das Prinzip, nach dem die HackerInnen und besondere die *E-Hippies* vorgingen, bestand darin, die durchgeführten Attacken zu verteilen. Um die Schlagkraft gegen den zum Ziel gemachten Server zu erhöhen, versammelten die HacktivistInnen die größtmögliche Anzahl von online verbundenen Personen[55], deren Auftrag darin bestand, sich zur selben Zeit auf dieselbe Webseite zu begeben. Auch im Cyberspace macht Einigkeit stark, selbst wenn diese Einigkeit nur zeitweilig und virtuell über das Internet besteht.

Die Attacken der HacktivistInnen von Seattle, die durch die *Electrohippies* koordiniert wurden, schafften es, vorübergehend das Netz des WTO-Gipfels lahmzulegen und den Zugang zu den Webseiten des Internationalen Währungsfonds und der Weltbank zu verlangsamen. Diese ›Hacks‹, über die in den damaligen Medien berichtet wurde, jagten der britischen Staatsmacht einen gehörigen Schrecken ein, und sie verabschiedete daraufhin scharfe Gesetze wie den *Terrorism Act 2000.* Als Reaktion auf diese Gesetze versuchte das Kollektiv *Electrohippies*, die britischen BürgerInnen vor den Gefahren einer Kriminalisierung des Hacktivismus zu warnen.

An diesem Punkt ist es nötig, etwas klarzustellen: Ist eine DDoS-Attacke eigentlich illegal?

Ja, und die Gesetzgebung ist im Allgemeinen auf diesem Gebiet streng, unter Berufung auf die Verteidigung der freien Meinungsäußerung, die dann verletzt werde, wenn eine Webseite nicht mehr erreichbar ist. Dennoch stellt sich die Frage, ob eine DDoS-Attacke auch eine illegitime Aktionsform aus Sicht der AktivistInnen darstellt. Für manche HacktivistInnen wie die *E-Hippies* lautet die Antwort Nein. Ihre Argumentation lautet wie folgt: Eine DDoS-Attacke bedeutet kein Eindringen ins Innere eines fremden Servers und führt nicht zur Löschung von Daten. Ähnlich wie bei einem *Sit-in* geht es einfach darum, einen Raum zu besetzen, der aus technischen Gründen Grenzen hat (eine Webseite kann nur eine begrenzte Anzahl von BesucherInnen in einem bestimmten Augenblick erhalten). Eine DDoS-Attacke kann also als eine einfache Übertragung von gewaltlosen Protestformen, die von den Demonstrationen der 1960er Jahre übernommen wurden, ins Internet betrachtet werden. Kurz, eine virtuelle Blockade mit realen Auswirkungen.

55 Es geht tatsächlich um verbundene Personen, und nicht um Computer, die verbunden sind, weil etwa jemand durch einen Virus die Kontrolle über sie übernommen hat (sogenannte ›Zombies‹), eine Technik, die mitunter von Cyberkriminellen eingesetzt wird.

Gruppen wie *etoy* oder die *E-Hippies* bilden herausragende Beispiele für das Wesen des Hacktivismus, der seine Wurzeln in der Webkultur hat und in den 1990er Jahren eine neue Form sozialen Engagements ausbildete. Die Globalisierungskritik, die Bestandteil dieser Dynamik ist, trat ihrerseits ebenfalls in Interaktion mit den HacktivistInnen.

Die Globalisierungskritik geht online

Von den globalisierungskritischen Bewegungen ist die Zapatistische nationale Befreiungsarmee, kurz EZLN[56], vielleicht jene Organisation, die ihre Bekanntheit am meisten den Verbindungen verdankt, die sie zu UnterstützerInnen in der ganzen Welt unterhält. Diese revolutionäre Bewegung, die in den frühen 1990er Jahren in Chiapas – einer der ärmsten Regionen Mexikos – entstand, hat sich die Verteidigung der Rechte der *Indigenas* zum Ziel gesetzt und strebt dabei nach Unabhängigkeit gegenüber der Staatsmacht und Respekt vor der Natur. Der Neoliberalismus wird strikt abgelehnt. Obwohl sie ein militärisches Vokabular benutzen, setzen die KämpferInnen in der Regel keine Gewalt ein und sind in keiner Weise z. B. mit der kolumbianischen FARC (›Revolutionäre Streitkräfte Kolumbiens‹) vergleichbar. Vielmehr wenden sie im Allgemeinen gewaltlose Kampfformen an, die in hohem Maße auf dem Gebrauch von Kommunikationsmitteln beruhen. Ihr symbolträchtiger Sprecher, der *Subcomandante Marcos*, meldet sich in regelmäßigen Abständen in Videos zu Wort, in denen er stets maskiert auftritt. Wie *Anonymous* einige Jahre später kommunizieren die Zapatisten mit verdecktem Gesicht, um ihre Anonymität zu wahren; sie arbeiten an der Inszenierung und an den Texten ihrer Videos, um ihre Verbreitung zu fördern, und sie haben keinen wirklichen Chef, aber einen ›Subkommandanten‹ mit lediglich symbolischer Macht, der jegliche einseitige Machtkonzentration verhindert – so wie es bereits Pierre Clastres in seinem Schema[57] gut beschrieben hat.

Die Stärke der EZLN liegt darin, dass sie es geschafft hat, die weltweite Aufmerksamkeit auf einen sehr lokalen Konflikt zu fokussieren, der am Anfang nur sehr wenig in den Medien präsent war. Dank der Mobilisierung durch europäische und US-amerikanische AktivistInnen

56 Auf Spanisch *Ejercito Zapatista de Liberacion Nacional*, »Zapatistische Armee der nationalen Befreiung«.

57 Siehe Pierre Clastres: *La Société contre l'Etat* (»Die Gesellschaft gegen den Staat«), Editions de Minuit, 1974.

organisierte sich auch eine UnterstützerInnen-Gemeinschaft im Internet. Die Webseiten, die die sogenannte neo-zapatistische Sphäre im Internet bilden, sind fast alle in Ländern des Nordens angesiedelt. Die erste bedeutende und offizielle Webseite der EZLN[58] wurde etwa von einem US-amerikanischen Studenten auf dem Server einer Universität in Texas angelegt. Schnell erkannte die EZLN sie an und lieferte ihrem Urheber exklusive Nachrichten, die dazu bestimmt waren, in speziellen Foren oder Newslettern weiterverbreitet zu werden.

Die zapatistische Guerilla hatte also ein Aufnahmeland im Internet gefunden, was es ihr erlaubte, von Medien wahrgenommen zu werden, ohne sich an die traditionellen Medien wenden zu müssen, also ohne Risiko einer Zensur am Ausgangsort. Die EZLN agierte in ihrer Kommunikation entsprechend ihrem Organisationsaufbau, indem sie das Prinzip der Dezentralisierung verfolgte, was vollkommen der Cyberkultur entspricht. Der *Subcomandante Marcos* übertitelte übrigens einen seiner Texte wie folgt: »Weder Zentrum noch Peripherie« und entwickelte dort die Theorie auf allgemeinerer Ebene. Konkret wird die Arbeit der Übersetzung sowie der Verbreitung der Nachrichten von örtlichen UnterstützerInnen in dem jeweiligen Land durchgeführt und nicht auf zentraler Ebene von der Guerilla. Es ist in gewisser Weise das ›Netz‹, das diese Verbreitungstätigkeit übernimmt.

Daher »scheinen«, Grégory Destouche[59] zufolge, »die Verantwortlichen der EZLN keine bedeutende Rolle bei der Cyberpropaganda gespielt zu haben«. Die zapatistischen HacktivistInnen, die man als ›Cyberguerilleros‹ bezeichnen könnte, sind nicht die aufständischen Bauern in Chiapas, sondern ihre UnterstützerInnen online in den USA und in Europa, mit denen sie sich austauschen.

Das Internet transportiert auf diese Weise Kämpfe, die den Hacktivismus nutzen, um an Breite zu gewinnen oder überhaupt in Medien vertreten zu sein, wenn dies auf den herkömmlichen Wegen nicht möglich ist.

Das EDT (*Electronic Disturbance Theatre*, »Theater der elektronischen Störungen«), ein US-amerikanisches Kollektiv, das politisches

---

58 Siehe www.ezln.org, eine Webseite, die immer noch online steht, aber derzeit überarbeitet wird. [Die aktuelle offizielle Seite der EZLN findet man unter www.ezln.org.mx, B.S.]

59 Grégory Destouche: *Menace sur Internet. Des groupes subversifs et terroristes sur le Net* (»Bedrohung im Internet. Subversive und terroristische Gruppen im Netz«), Michalon 1999, vgl. darin besonders den Abschnitt zur EZLN.

Engagement, Internet und Kunst miteinander verbindet, mobilisierte etwa gegen die Repression der mexikanischen Regierung gegen die Zapatisten. Das EDT reagierte auf schärfere Weise als die AktivistInnen der neo-zapatistischen Websphäre und rief zum »elektronischen zivilen Ungehorsam« auf – eine Interpretation des zivilen Ungehorsams, die von der Cyberkultur inspiriert wurde. Wie die *Electrohippies* nutzten auch diese HacktivistInnen die Technik des ›Distributed Denial of Service‹, um Webseiten mexikanischer Behörden zu attackieren. Doch wer ›distributed‹ (verbreitet) sagt, hat notwendig viele Internet-NutzerInnen im Blick, die erfahren genug sind, um solche Angriffe selbst auszuführen. Im gegenteiligen Falle bleibt die Attacke unbemerkt, da die Menge der an den Server geschickten Daten zu gering bleibt, um ihn zu stören.

Damit die Attacke Erfolg hatte, entwarf EDT ein Programm, das den Hacktivismus massenkompatibel machte: ›Flood net‹, wörtlich ›Netzüberflutung‹. Es handelt sich um eine Java-Anwendung, die automatisch und in regelmäßigen Abständen Verbindungsanfragen an eine zur Zielscheibe gemachte Webseite richtet. Man brauchte nicht länger ein(e) erfahrene(r) Hacker(in) zu sein, um an ›virtuellen *Sit-in*-Aktionen‹ teilzunehmen. Es genügte, ein *Script-Kiddie* zu sein und das Programm zu starten, das den Server in Anspruch nahm, den alle attackierten. Im April 1998 nahmen so 18.000 Personen, die über die ganze Welt verteilt waren, an einer virtuellen Demonstration gegen ein Massaker, das Paramilitärs in einem Dorf in Chiapas [gemeint ist Acteal, B.S.] angerichtet hatten, teil.

Diese virtuelle Aktion enthielt im Übrigen symbolische Aspekte, die den Wunsch nach theatralischer Wirkung und nach Sinnsuche sichtbar machten. Das Programm war so angelegt, dass die TeilnehmerInnen an diesem »Hack« die mexikanischen Server belästigen, indem sie von ihnen verlangten, Seiten zu öffnen, die die Namen von getöteten Zapatisten und Opfern der mexikanischen Armee trugen. Selbstverständlich gab es diese Seiten nicht, aber die Anfragen blieben in den Logs gespeichert: in den Dateien, die die Tätigkeit des Servers abbilden. Mit diesem digitalen Werkzeug – eine Art virtueller Gedenkstätte zu Ehren der Opfer – wurden die Forderungen, die von den HacktivistInnen transportiert wurden, in die für die Attacke benutzten technischen Mittel eingeschrieben.

In jüngerer Zeit hat EDT ein anderes Programm entwickelt, zugunsten der MexikanerInnen, die illegal in die USA einreisen möchten. Diese Anwendung für Mobiltelefone unter dem Namen *Transborder Immigrant*

Tool, ›Werkzeug zur Grenzüberschreitung für Einwanderer‹, funktioniert nach demselben Prinzip wie *Foursquare*[60]: der Verortung des eigenen Standpunkts. Es geht hier natürlich nicht darum zu spielen, um Punkte zu sammeln oder seinen Freunden anzuzeigen, dass man sich jetzt zwei Schritte entfernt vom Kontrollposten an der Grenze zwischen den USA und Mexiko befindet.

Vielmehr soll das Programm helfen, Polizeistreifen zu vermeiden, und zu diesem Zweck hat man ein System der ›Überwachung der Überwacher‹ entwickelt, auch ›Unterwachung‹ genannt[61]. In lupenreiner Hacker-Tradition wird die Technologie von ihren herkömmlichen und kommerziellen Nutzungszielen zweckentfremdet, um den Individuen Macht zurückzugeben, indem man ihnen Informationen zukommen lässt, die den meisten Menschen normalerweise nicht zugänglich sind.

Auch in Europa wurden Gruppen von HacktivistInnen für die Rechte von MigrantInnen aktiv. Im Jahr 2001 wandte das deutsche Netzwerk *Kein Mensch ist illegal* sich gegen die Fluggesellschaft Lufthansa wegen der Abschiebungen, die in ihren Flugzeugen durchgeführt wurden. Auch wenn diese Fluggesellschaft nicht die einzige war, die ihre Flugzeuge dem deutschen Staat für solche Zwecke zur Verfügung stellte, sind diese Abschiebungen für das Bündnis moralisch unakzeptabel, und die Lufthansa darf sich dabei nicht zum Komplizen machen.

Die Hacktivismus-Operationen von *Kein Mensch ist illegal*, in Zusammenarbeit mit der Gruppe *Libertad!*, hatten zum Ziel, den Markennamen, der ein wichtiges Kapital für das Unternehmen darstellt, zum Kampagnengegenstand zu machen. Es ging darum, das Image der Lufthansa mit Abschiebungen in Verbindung zu bringen, mittels einer satirischen Werbekampagne für eine neue Sitzklasse, die *Deportation Class*. Eine Webseite[62] zeigte die Tarife für diese Flüge an und formulierte folgende ätzende und sarkastische Begründung:

---

60 *Foursquare* ist ein auf GPS basierendes soziales Netzwerk, dessen wichtigste Funktion darin besteht, die geographischen Positionen der Mitglieder des Netzwerks untereinander mitzuteilen, besonders durch ein System von Punkten, die je nach Anzahl der »*check-ins*« oder Ortsanzeigen vergeben werden. Im Jahr 2010 überstieg die Zahl der NutzerInnen weltweit die zehn Millionen.

61 Die »Unterwachung«, im Gegensatz zur Überwachung, ist eine »Beobachtung von unten«, die von der Basis, den Individuen vorgenommen wird, oft dank mobiler Technologien wie GPS, Handys usw.

62 Die Webseite zur Kampagne: www.rtmark.com/luft/

»Mit Lufthansa Deportation Class können Sie nunmehr ein Dutzend Ziele in der ganzen Welt erreichen: Tunis, Damaskus, Jakarta, Almaty, Harare, Lima, Quito Und das Ziel macht nur den halben Reiz aus! (...) Sie werden Ihre Reise in entspannten Atmosphäre genießen, dank der Verabreichung eines obligatorischen Beruhigungsmittels.«[63]

Parallel dazu nutzten die HacktivistInnen Attacken vom Typ DDoS, um die Aufmerksamkeit des Unternehmens und der Medien zu wecken. Aus Sicht der OrganisatorInnen sind diese Attacken vollkommen legitim und fallen unter die Rubrik zivilen Ungehorsams, da sie – wie auch bei EDT –bewusst unter Preisgabe der eigenen Identität, also öffentlich, durchgeführt wurden: Man bekannte sich dazu. So wurden die Online-Demonstrationen den staatlichen Stellen mitgeteilt, und die HacktivistInnen betrachteten die Webseite der Lufthansa als einen öffentlichen Raum, vergleichbar mit ihren Schalterräumen, wo im Übrigen weitere Demonstrationen stattfanden. Mit friedlichen Aktionen – denn es ging nicht darum zu zerstören, sondern die Webseiten zu blockieren – forderten die HacktivistInnen die Anerkennung höherwertiger Prinzipien wie der Menschenwürde ein. Historisch hatten die Akteure des zivilen Ungehorsams auf ähnliche Weise im Namen höherer Prinzipien mobilisiert.

Die Begegnung zwischen Globalisierungskritik und Cyberkultur stellte also eine Verbindung zwischen ortsbezogenen Forderungen und dem Internet her und schuf neue Mobilisierungsformen. Für die Cyberkultur und die HackerInnen führte diese Begegnung zu einer Öffnung für Anliegen, denen sie nicht unbedingt von Anfang an nahestanden. Sie bot ihnen so die Gelegenheit, mit ihren Aktionsmethoden zu Themen, die mit der Hacker-Ethik vereinbar waren – wie der Einwanderung –, aktiv zu werden. Die 1990er Jahre und die Globalisierungskritik trugen so dazu bei, den Hacktivismus zu formen. Um das Jahr 2000 tauchten neue Mobilisierungsformen auf, die weniger strukturiert und stärker spontan sind, aber noch immer dem Geist der Cyberkultur nahe stehen.

Ein fruchtbarer Boden für *Anonymous*
Der Clownaktivismus und der Artivismus

Manche GlobalisierungskritikerInnen entschieden sich beim Eintritt ins 21. Jahrhundert dafür, ihren Kampf fortzusetzen, aber auf partyhafte Weise. Nachdem sich die Angst vor dem »Millenium-Bug « gelegt hatte,

63 Ebenda.

ging es darum, sich auch zu amüsieren. Solche Aktionsformen waren im Schmelztiegel der 1960er Jahre von AktivistInnen der radikalen Linken eingeführt worden, die die verquasten Strukturen der marxistischen Parteien leid waren. Unter den VertreterInnen dieser US-amerikanischen ›Neuen Linken‹ fanden sich die Youth International Party und ihre Mitglieder, die *Yippies*. In Zeiten des bisweilen gewalttätig ausgetragenen sozialen Konflikts wollten die *Yippies* einen unterhaltsameren Weg anbieten. Diese AktivistInnen der Gegenkultur bildeten eine »Koalition aus psychedelischen Hippies und politischen Aktivisten«[64], wie es einer ihrer Gründer, Paul Krassner, beschreibt. Wie auch die Hippies pflegten sie einen unbeschwerten Umgang mit Drogen, aber ihr politisches Engagement war ausgeprägter, insbesondere in Bezug auf den Vietnamkrieg oder die Bürgerrechtsbewegung.

»Ein *Yippie* ist ein Hippie, der von den Bullen verprügelt worden ist.«[65] Ihre Fahne fiel dementsprechend aus: ein roter Stern auf schwarzem Hintergrund über dem ein Cannabisblatt steht. Anarchismus und Kommunismus, und das Ganze in ein Marihuanablatt eingerollt. Das erlaubte das bisschen sozialer Verrücktheit, zu dem sich die *Yippies* bekannten.

Das Ergebnis dieser Mischung? Aktionen, die auf das Belustigende und Clowneske abzielten, um das politische System ins Lächerliche zu ziehen. Die *Yippies* traten beispielsweise zu den US-amerikanischen Präsidentschaftswahlen von 1968 an. Sie unterstützten dabei einen relativ eigentümlichen Kandidaten: ein Schwein namens Pigasus, in Anspielung auf Pegasus, das geflügelte Pferd aus der griechischen Mythologie. Der Wahlkampfslogan war ein Einsprengsel aus dem Reich des Absurden, bei dem man die Inspirierung durch Ionesco oder Beckett spürte: »Sie bieten einen Kandidaten an, der die Leute aufisst – wir bieten einen Kandidaten an, und die Leute können ihn aufessen.«[66]

Dieses Schwein wurde tatsächlich während eines Parteitags der Demokratischen Partei der versammelten Journaille präsentiert. Absicht war, aufzuzeigen, dass man gleichzeitig den Maskeradencharakter dieser

---

64 Siehe *'60s live again, minus the LSD* Artikel von Paul Krassner, erschienen am 28. Januar 2007, *Los Angeles Times*, online verfügbar.

65 Siehe The Yippie Museum, Rubrik ›Geschichte‹, bei www.yippiemuseum.org

66 Siehe Marjorie Garber: *Symptoms of Culture*, Routledge 2000; siehe besonders das Kapitel 1, online verfügbar auf der Webseite der *New York Times*, www.nytimes.com

Wahl kritisieren und sich amüsieren und auf diese Weise auch noch der Aufmerksamkeit der Medien sicher sein konnte. Auf die gleiche Weise waren die *Yippies* UrheberInnen einer anderen Art von Anschlag auf das politische Wohlbenehmen: dem Tortenattentat, das darin besteht, eine Torte auf dem Gesicht einer prominenten Persönlichkeit zu zerquetschen. Seit ihrem Gründungsakt im Jahr 1970 erfuhr diese Praxis einen gewissen Erfolg, an den sich zahlreiche Prominente gewiss erinnern werden, von Bernard-Henri Lévy bis zu Rupert Murdock.[67] Es war Thomas King Forcade, ansonsten Begründer des Pro-Cannabis-Magazins *High Times*, der den Anfang machte, indem er mit einem Käsekuchen Otto Larsen traf, welcher soeben zum Vorsitzenden der Amerikanischen Kommission gegen Obszönes und Pornographie ernannt worden war.

Neben ihren kulinarischen Aktivitäten wurden die *Yippies* auch im Internet aktiv. Sie hörten auf den Namen *Zippies* und bildeten ein neues Beispiel für die Durchlässigkeit zwischen der Kultur des politischen Aktivismus der 1960er Jahre in seiner avantgardistischsten Version und den HackerInnen. Im Jahr 1994 beschloss eine Gruppe von HacktivistInnen aus San Francisco, den britischen PartygängerInnen zu helfen, die unter ein Gesetz fielen, das »Festivals und Konzerte unter freiem Himmel mit monotoner Musik« verbietet.[68] Unter mutmaßlicher Anführung von Timothy Leary beschlossen die *Zippies*, eine »virtuelle Invasion Großbritanniens« durchzuführen[69]. Timothy Leary ist eine der großen Figuren der US-amerikanischen Gegenkultur. Er war ein brillanter Forscher auf psychiatrischem Gebiet und ebenso Verfechter eines therapeutischen Gebrauchs von Drogen, insbesondere LSD. In Harvard führte er Studienprojekte über die Auswirkungen dieser Substanz auf die Visionen, die sie hervorruft, im Zusammenhang mit den jeweiligen religiös geprägten Kulturen durch. Der Einfluss von Timothy Leary auf die Protestbewegungen seiner Zeit und die gesamte Cyberkultur ist unbestreitbar. Selbst die *Beatles* übernahmen in ihrem berühmte Song *Come Together* eine seiner Parolen: »Come together, join the party«, die er während seiner Kampagne zu den kalifornischen Wahlen von 1969 benutzt hatte. Diese

---

67 Eine vollständige Liste der Leute, die zu Opfern von Tortenattentaten wurden, wird auf Wikipedia immer wieder aktualisiert, in der Rubrik: *List of people who have been pied.*

68 Ein Artikel dazu ist online verfügbar bei www.wikipedia.org, unter *Intervasion of the UK.*

69 Ebd.

prominente Figur war ein Symbol der Epoche: Er war radikal in seiner Kritik an der Gesellschaft – was ihn ins Gefängnis brachte – und forderte dabei das Recht auf Genuss und auf eine größere individuelle Freiheit.

Um ihre Invasion durchzuführen, begingen die *Zippies* den ersten online stattfindenden Akt zivilen Ungehorsams: Mit Hilfe von DDoS-Attacken und *mail bombing*[70], legten sie die Server der britischen Regierung eine Woche lang lahm. In der Geschichte waren diese HacktivistInnen also die Stichwortgeber für das *Electronic Disturbance Theater* oder die *Electrohippies*. Sie dienten wahrscheinlich auch als Modell für eine andere Gruppe von HacktivistInnen in jüngerer Zeit: Die Attacken der *Zippies* begannen an einem 5. November, dem Tag, an dem man in Großbritannien die *Guy Fawkes Night* begeht, in Erinnerung an Guy Fawkes, einen englischen Helden des 17. Jahrhunderts, der durch einen Comic und einen Film populär wurde, bevor er von *Anonymous* übernommen wurde. Die Pressemitteilung, die angeblich von »Cyberia« aus verschickt wurde, bildete einen wichtigen Meilenstein der Cyberkultur, zweifellos genauso wichtig wie die *Unabhängigkeitserklärung des Cyberspace* oder das *Hacker-Manifest*. Man trifft dort, mit dieser Note Humor, die den *Yippies* eigen ist, auf einen erklärten Willen zur Verteidigung der Grundrechte, besonders der Freiheit des Denkens, begleitet von Bezugnahmen auf die Science-Fiction-Literatur.

> »Von der ›US Yellow Cyberine‹ aus beschreibt Cyberkommandant Timothy Leary die Ziele der Cyber-Aktionseinheit: ›Wir wollen (...) das grundlegende Menschenrecht, barfuß auf dem Gras oder im Wald zu tanzen, herstellen. (.) Entweder benötigt Ihr eine Erlaubnis zum Tanzen oder Ihr braucht keine. Es gibt keine zwei Wege. Denkt selber nach und stellt die Autorität infrage, so müsste der Grundsatz des Gesetzes lauten. DIES IST EINE UNIVERSELLE ABSTIMMUNGSÜBUNG. Jede Person, die eine Mailadresse besitzt, kann teilnehmen (...).«

Jenseits der symbolischen und komischen Dimension liegt das Interesse von *Happenings* wie den Tortenanschlägen oder dieses Versuchs zur ›Invasion‹ Großbritanniens natürlich darin, ein Ereignis zu schaffen, das es erlaubt, die Aufmerksamkeit der Massenmedien zu wecken, ohne ein ganzes Arsenal von kostspieligen Kommunikationsmitteln auffahren zu

70 *Mail bombing*: Nach demselben Prinzip wie bei DDoS-Attacken geht es dabei darum, gleichzeitig und in großer Zahl Mails an eine bestimmte Adresse zu senden, um sie zu überlasten.

müssen. Eine Sahnetorte auf dem Kopf eines Präsidenten, das sichert eine Erwähnung in den Abendnachrichten zur Hauptsendezeit.

Dieses ›Hacken‹ der Agenda der Medien wurde in den 1990er Jahren von der Aktivistengruppe *Yes Men* übernommen.

Die *Yes Men*, Andy Bichlbaum und Mike Bonnano, sind Künstler, die aus dem Aktivistenkollektiv RTMark hervorgingen und spezialisiert sind auf die Zweckentfremdung von Mediensystemen und Populärkultur. Ihr erster Coup bestand aus einem ziemlich körperlichen »Hacken« mit Bezug zur Kindererziehung: Unbemerkt von zahlreichen Verkäufern schafften es die Hacker 1993, die Stimmaufnahmen von 80.000 Barbiepuppen mit denen der Gliederpuppe ›GI Joe‹ auszutauschen[71]. Im Ergebnis bedeutete dies, das Barbiepuppen verkauft wurden, die verlangten, in den Krieg zu ziehen, während die Soldatenpuppen ›GI Joe‹ den Kindern vorschlugen, shoppen zu gehen. Eine Aufklärung in Sachen *Gender Studies*, auf die der Hersteller Mattel sicherlich gerne verzichtet hätte.

Die beiden Freunde agierten auch im Internet. Andy Bichlbaum ist ein früherer Angestellter von Maxis, der Firma, die ›Sims‹ herausgab, das berühmte Simulationsspiel für den Alltag. Er musste übrigens das Unternehmen verlassen, weil er eine eigenmächtige Initiative ergriffen hatte, indem er eine Szene in das Spiel einfügte, in der zwei Männer in Badehose sich küssen Einige Jahre später, in 2001, stellten die *Yes Men* eine gefälschte Webseite namens »www.gatt.org« online, die so aussehen sollte, als sei sie die offizielle Selbstdarstellung der Welthandelsorganisation WTO als Nachfolgerin des »Allgemeinen Abkommens über Handels- und Tarifzölle«, englisch GATT abgekürzt. Der Fake [›Fälschung‹ im weitesten Sinne] funktionierte so gut, dass die Aktivisten als vermeintliche WTO-Mitglieder zu Konferenzen eingeladen wurden. Eine Gelegenheit für die beiden, die sie nutzten, um ihre Theorien darzustellen. Dies geschah immer in höflicher Form, aber am Ende zeigten sie die Widersprüche zwischen dem offiziellen Diskurs der WTO und ihren Handlungen schonungslos auf. So kündigten sie in einem Saal in Sidney unter Applaus die Auflösung der Organisation und die Verlagerung ihres Sitzes nach Afrika an. Diese Nachricht wurde so schnell von den Medien aufgegriffen, dass die richtige WTO mit ihrem Dementi zu spät kam.

---

71 Siehe den Artikel von Julia Day: *How BBC hoaxers turned Barbie into GI Joe*, vom 7. Dezember 2004 im *Guardian*, verfügbar unter www.guardian.co.uk

Dieses Beispiel zeigt den zentralen Punkt in der Methode der *Yes Men*: Es handelt sich um eine Inszenierung, deren Absicht es ist, eine Bewusstseinsbildung bei den BürgerInnen auszulösen, nachdem diese – den beiden Aktivisten zufolge – sich bis dahin daran gewöhnt hatten, unakzeptable Dinge hinzunehmen, ohne sich darüber im Klaren zu sein. Ihr »Hacken« des Mediensystems will dazu beitragen, die Kulissen des Spektakels aufzuzeigen, welches es Konzernen erlaubt, Sprachregelungen durchzusetzen, die das Publikum nicht schockieren, obwohl dies eigentlich der Fall sein müsste. Der Trick, den sie benutzen, übernimmt sowohl Elemente aus der Cyberkultur als auch von den Einflussstrategien der Gegenseite, denn es geht darum, durch *Fakes* falsche Ideen durcheinanderzuwirbeln. Ein Beispiel ist ihre Aktion gegen das Unternehmen Dow Chemical, deren Fabrik in der Filiale Union Carbide [1984 im indischen Bhopal, B.S.] explodiert war, wodurch eine große Menge chemischer Giftstoffe freigesetzt und dadurch der Tod von mindestens 10.000 Menschen verursacht worden war. Am 3. Dezember 2004, also genau zwanzig Jahre nach der sogenannten Bhopal-Katastrophe, kündigten die *Yes Men* mit großem Getöse vor laufenden Fernsehkameras an, Dow Chemical werde Union Carbide verkaufen und den Profit aus dem Verkauf für die Sanierung des Unfallortes verwenden. Eine Form, das Unternehmen mit den Konsequenzen aus seinen Handlungen zu konfrontieren – und Einfluss auf seinen Börsenkurs zu nehmen, der daraufhin drastisch absackte.

Aktivismus und Globalisierungskritik trafen sich hier: Die Information steht im Zentrum unseres ökonomischen und politischen Systems, und es ist manchmal möglich, sie zu »hacken«, sie zu beeinflussen. In Europa befördern Gruppen wie die französische Clownbrigade *Brigade activiste des clowns – BAC*[72] [deren Abkürzung identisch ist mit jener der polizeilichen Sondereinsatzkommandos ›Brigade anticriminalité‹, B.S.], das russische Kollektiv Voina[73] oder das *französische* Kollektiv *Jeudi-Noir*[74], das gegen Wohnungsnot kämpft, politische Anliegen, erregen die Aufmerksamkeit der Medien und amüsieren sich gleichzeitig dabei. Wie bei den Karnevals-

72 Siehe www.brigadeclowns.org

73 Siehe dazu den Artikel von Pierre Haski: *La Russie honore le phallus géant des artistes farceurs* (»Russland erweist dem Riesenphallus der trickreichen Künstler die Ehre«) bei der Onlinezeitung *Rue89*.

74 Siehe www.jeudi-noir.org [Sein Name, ›Schwarzer Donnerstag‹, ist eine Anspielung auf den wöchentlichen Erscheinungstag der auf Wohnungsanzeigen spezialisierten Magazine am Zeitungskiosk. B.S.]

feiern im Mittelalter schaffen diese Kollektive punktuell »aus den Normen herausfallende« Momente, wie Mikhail Bakhtine treffend analysiert hat. Es wird möglich, einen *CRS* [französischen Bereitschaftspolizisten, B.S.] zu küssen oder ein leer stehendes Gebäude zu besetzen, um darin für die Dauer einer Wohnungsbesichtigung eine Party zu feiern. [Letzteres ist eine der Praktiken der Gruppe *Jeudi Noir*, die die Wohnungsbesichtigungen mit mehreren Dutzend Interessierten – bei denen ein Mensch mit normalem Einkommen fast aussichtslos geworden ist – ins Absurde und Lächerliche zieht.] Für einen Augenblick können die Rollen sich umkehren, aber dieses Mal [im Gegensatz zum mittelalterlichen Karneval, B.S.] sind die Medien da, um den Moment einzufangen und zu verbreiten.

Die Kommunikationsguerilla, der »künstlerische Terrorismus«, wie Mark Dery ihn beschreibt, das *Culture Jamming* (»Kulturstörung«) der *Adbusters Media Foundation* oder des Kollektivs *Billboard Liberation Front* und die durchtriebenen Methoden der *Pranksters*, die als Vorläufer der Hippiebewegung angesehen werden und die Anleihen bei den Aktionsformen der Situationisten tätigten, indem sie zu Fragen der Distanzbildung oder der Überidentifizierung arbeiteten – all dies bildet eine Dialektik des Spektakels und seiner Zweckentfremdung.

Diese neue und medienträchtige Form der Kritik bildet einen Schlüssel für das Verständnis der HacktivistInnen: ihr Informationszugang und ihre schöpferische Aktivität über das Internet sind ihr wichtigster Trumpf, und sie bilden daher ein »Medium im Werden«[75]. Ihre Aktionsform ist ebenfalls neu: Eine Clownbrigade zum Beispiel macht sich über das hierarchische und strikten Normen unterworfene Funktionieren des militärischen Universums lustig. Die Clowns äffen die Unterordnung nach und fordern Individualität ein. Ein Clowns zu sein, setzt nicht voraus, eine lange Ausbildung durchlaufen und dafür ein Diplom als ›Straßenamüsierer‹ erhalten zu haben. JedeR kann Clown werden und so die Reihen der politischen Spaßmacher verstärken, an der Seite der *Yes Men*, von Reverend Billy, der CIRCA (*Clandestine Insurgent Rebel Clown Army*) oder der *Zippies* im Internet. Und schließlich entspricht diese Vorgehensweise absolut den Idealen der Cyberkultur, die *Anonymous* durchdringt. Letztere machten daraus einen ihrer Leitbegriffe: ›Lulz‹ [eine Verballhornung von ›LOL‹

75 Vgl. Olivier Blondeau (in Zusammenarbeit mit Laurence Allard): *Devenir Média. L'activisme sur Internet, entre défection et expérimentation* (»Der Aktivismus im Internet. Zwischen Abtrünnigwerden und Experimentieren.«), Editions Amsterdam, 2007.

– ›laughing out loud‹, im Sinne von Schadenfreude, B.S.]. Roland Barthes hatte es wie folgt zusammengefasst: »Besteht die beste Subversion nicht darin, die Codes unkenntlich zu machen, statt sie zu zerstören?«

Die Furcht vor der Kontrolle und Manipulation der Information

Wenn die HacktivistInnen auf dem Gebiet der Information und der Medien tätig sind, dann deswegen, weil sich dort viele der Instrumente finden lassen, mit denen die Gesellschaft verändert werden könnte. Die BürgerInnen ihrerseits haben sich ebenfalls verändert und sind misstrauischer geworden. Zunächst haben sie immer mehr Mittel, um die Information zu überprüfen, die man ihnen anbietet, aber auch immer mehr Mittel, um selbst welche zu produzieren – und sie tun es auch. Im Übrigen geisterten in den letzten Jahren zahlreiche ›Staatsaffären‹ durch die Medien und hinterließen so ihre Zweifel bei den ZuschauerInnen, z.B. die Frage der [nicht vorhandenen, B.S.] Massenvernichtungswaffen im Irak oder die verstärkte Überwachung der Bevölkerung durch die Staatsmacht. Ein weiteres Beispiel ist das krakenartige Vorhaben des Elektronikkonzerns Thalès in Frankreich, das darauf hinauslief, eine »riesige Plattform für Abhörvorrichtungen« aufzubauen[76], was Fragen zum Respekt gegenüber der Privatsphäre aufkommen ließ. Diese Polemiken, die an das Vertrauen zwischen der Bevölkerung und ihren Eliten rühren, tragen zur Schaffung eines Misstrauensklimas, ja sogar zur Infragestellung der durch die Medien transportierten Diskurse bei. Die Tendenz zu Verschwörungstheorien, die man nach dem 11. September 2001 beobachten konnte, stellte eine moderne Form des Gerüchtephänomens dar. Je bedeutender eine Katastrophe ausfällt, je größere traumatische Effekte sie auslöst, je mehr man unablässig von den Medien mit Bildern von ihr konfrontiert wird, desto mehr sucht man irrationale Erklärungen dafür.[77]

Ein Teil der westlichen Bevölkerung zeigt so ein offenes Ohr für den Diskurs der Verschwörungstheoretiker. Auch wenn ihr Echo gering ausfällt, so bleiben sie doch ein Symptom des Misstrauensklimas, das man

76 Siehe *Comment Thalès va équiper les Grandes Oreilles de la justice* (»Wie Thalès die Lauschorgane der Justiz ausstatten wird«), bei Slate.fr, Artikel vom 16. September 2011.

77 Siehe dazu: *11-Septembre: pourquoi tant de rumeurs?* (»11. September: Warum so viele Gerüchte?«), bei LeMonde.fr, Artikel vom 9. September 2009.

in anderer Form bei den GlobalisierungskritikerInnen und bei der Cyberkultur wiedertrifft, wenn sie Redefreiheit jenseits der Massenmedien fordern.

Ein US-amerikanischer Starreporter, Ron Suskind, hat zu dieser Frage in seinem Artikel »Glaube, Gewissheiten und die Präsidentschaft von George W. Bush«[78], der im Jahr 2004 in der *New York Times* erschien, einen interessanten Einblick gegeben. Suskind vertritt die These, dass sich aus Sicht des damaligen US-Präsidenten die nordamerikanische Elite in zwei Lager aufteilte. Auf der einen Seite – jener, auf der der Journalist selbst steht – haben wir die *reality-based community*, d.h. diejenigen, die ihr Urteil auf eine empirische Untersuchung der Wirklichkeit stützen und auf Prinzipien, die aus dem Jahrhundert der Aufklärung übernommen wurden. Auf der anderen Seite – wie ein Berater des Weißen Hauses, den Suskind zitiert, sie vertrat – finden wir jene, die denken, dass ihre Macht derart stark ausfällt, dass die Welt nach ihrem Belieben gestaltet werden kann. Indem man nur wenig übertreibt, kann man sagen, dass man in die Nähe des magischen Denkens kommt, wo der Wunsch nach einer Situation gleichbedeutend damit ist, sie zu erschaffen.

> »Wir sind jetzt ein Imperium, und wenn wir handeln, dann schaffen wir unsere eigene Wirklichkeit. Und während Sie diese Realität studieren – auf genaue Weise, wie immer –, handeln wir bereits wieder und schaffen neue Realitäten, die Sie ebenfalls untersuchen können, und so geschehen die Dinge. Wir sind die Akteure der Geschichte Und Sie sowie alle diejenigen, die Ihnen ähnlich sind, werden sich darauf beschränken müssen, das zu untersuchen, was wir tun.«[79]

Die Schöpfergott-Rolle des Beraters von George W. Bush stand im Übrigen, Suskind zufolge, in einem Zusammenhang mit der Religiosität des US-Präsidenten. Sein Glaube, der ihn manchmal in seiner politischen Entscheidungsfindung blind machte, gab ihm angeblich auch dieses Selbstvertrauen, das die Wähler anzog. Sein unglückseliges Reden vom ›Kreuzzug‹, den es gegen die Achse des Bösen zu führen gelte, hätte seine Entschlossenheit angesichts einer traumatisierenden Situation bewiesen. Umgekehrt würde ein analytisch angelegter Diskurs im Krisenfall zuerst

78 Siehe dazu den Artikel von Ron Suskind: *Faith, Certainty and the Presidency of George W. Bush* vom 17. Oktober 2004, in *The York Times*, verfügbar unter www.nytimes.com

79 Ebd.

einmal nicht beruhigend wirken. Wie Marc McKinnon, Berater des US-Präsidenten in Kommunikationsfragen, erklärte, bot George W. Bush eine einfachere Lösung, die auch den Vorteil hatte, dass man sich nicht mit der intellektuellen Elite in New York auseinandersetzen musste, die von der Wählerbasis der Republikaner angewidert war. Manche US-AmerikanerInnen setzten deshalb ihren Glauben in George W. Bush, und dieser Glaube erwies sich als stärker als die Tatsachen. Diese Tendenz in der US-amerikanischen Gesellschaft spiegelt eine allgemeinere Vertrauenskrise gegenüber dem Diskurs der Eliten wider, wenn dieser rational und analytisch daherkommt.

Der Erfolg von George W. Bush, dessen Diskurs absichtlich eher auf Glaubenssätzen als auf argumentativ abgestützten Tatsachen beruhte, verstärkte in den Augen von manchen die Notwendigkeit eines freien Austausches unverfälschter Informationen. Die GlobalisierungskritikerInnen haben sich mit dieser Frage befasst: Gruppen wie *Indymedia* oder *Samizdat* [›Samizdat‹, vom russischen Ausdruck für ›Selbstverlag‹, war ein zu Anfang der 2000er Jahre u.a. für linke Webseiten viel genutzter französischer Internetanbieter, B.S.] formulierten eine Antwort, die das *Empowerment*, die Machtübernahme durch die Basis, propagierte. Jello Biafra, der frühere Sänger der Punkband *Dead Kennedy*, der sich für ökologische Ideen engagiert, fasste diese Vorstellung wie folgt zusammen: »Hasse die Medien nicht, werde selbst die Medien.« Dieser Satz ist übrigens zum Leitspruch von *Indymedia* geworden. Dieses Verhältnis zwischen Medien und Zivilgesellschaft ist einer der Schlüssel, um die Cyberkultur und die Entstehung von *Anonymous* zu begreifen, auf die wir zusammen mit den durch *WikiLeaks* ausgelösten Umwälzungen näher eingehen werden.

Auf Seiten der HackerInnen ist die Furcht vor einer Informationskontrolle nicht neu, sie ist sogar ein Ausgangsbestandteil der Cyberkultur. Sie ist aber in den letzten Jahren gewachsen, und viele HackerInnen schlugen Alarm. Eine während der letzten Konferenz des CCC (*Chaos Computer Club*) im Jahr 2011 verabschiedete Erklärung erläutert ihre Position:

> »Das Internet ist zunehmend dabei, unter die Kontrolle von Regierungen und multinationalen Konzernen und die von ihnen auferlegten Beschränkungen zu fallen. Die Internetverbindungen werden gefiltert und kontrolliert, nicht nur in China, sondern auch, auf flagrante Weise, im Westen wie in Australien oder in Kanada.«[80]

80 Vgl. den Beitrag von Koen Martens (gmc): *A modern manifest of cyberspace.*

Am Ausgangspunkt dieser Angriffe auf die Neutralität des Internets stehen die Kulturindustrie – die Gesetze zum Schutze des Urheberrechts fördert, welche manche als freiheitsgefährdend betrachten – und die Telefonanbieter, die Absprachen mit den Internetanbietern treffen, um zielgruppenorientierte Angebote zur Netznutzung zu unterbreiten. Dies bedeutet das Ende des unbegrenzten Internets und des Traums von einem freien Cyberspace. Die Antwort der HackerInnen ist radikal: Wenn das Netz stirbt, muss man ein anderes schaffen.

> »Die Unabhängigkeit des Cyberspace, so wie sie 1996 formuliert wurde, gehört der Vergangenheit an. Wir müssen dringend diese Unabhängigkeit einfordern, um den freien Nachrichtenverkehr zu sichern. (...) Ich rufe dazu auf, die bestehende Infrastruktur aufzugeben, um unsere eigene zu schaffen.«[81]

In Treue zu den Gründeridealen der Cyberkultur schlagen die HackerInnen ein weiteres Mal vor, in ein Raumschiff zu steigen und aufnahmefreundlichere Welten zu erkunden. Von einer neuen Krisensituation ausgehend, geht es erneut darum, sich auf die Freiheit zuzubewegen, indem man unterschiedliche Technologien benutzt. Dieses Mal soll ein Netz geschaffen werden, das sich jeglicher Kontrolle und besonders jener der Industrie entzieht, das vollständig ausgelagert ist und auf neuen Infrastrukturen basiert, ein feines Maschennetz von drahtlosen mobilen Stationen. Ein Cyberspace, der, falls er seine Versprechen hält, in perfekter Übereinstimmung mit den Träumen der Cyberkultur stehen wird.

Von den Beispielen für Projekte, die quasi aus dem Nichts ein eigenes Netz gründeten, wollen wir hier zwei kurz nennen: *Intermesh* in Spanien und *Commotion* in den USA. Diese Netze, die aufgebaut wurden, um sich den von den ›Telcos‹ – den Telefonanbietern – auferlegten Zwängen zu entziehen, wurden auch von der Globalisierungskritik und ihren zur Cyberkultur geknüpften Verbindungen inspiriert. Der Promoter von *Commotion* ist übrigens, was nicht überraschen dürfte, ein früherer Aktivist von *Indymedia*.[82]

81 Ebd.

82 Siehe dazu den detailreichen Artikel: *Commotion, le projet d'un Internet hors de tout contrôle* (»Commotion, das Projekt eines Internets außerhalb jeder Kontrolle«) vom 30. August 2011, bei LeMonde.fr.

Wie die Erklärung des CCC hervorhebt, sind die Probleme rund um die freie Meinungsäußerung im Internet grenzüberschreitend, weil die Zensur- und Kontrollpolitik in allen Ländern ähnlich ist. Es ist übrigens bekannt, dass es vor allem westliche Unternehmen sind, die autoritären Regimes Instrumente zur Überwachung des Internet liefern.[83] In diesen Fällen, in denen der Zugang zum Netz kontrolliert wird, können die drahtlosen mobilen Netze benutzt werden, um alternative Internetverbindungen in den Grenzgebieten jener Staaten, anzubieten. Indem man Empfangsstationen auf der ›freien‹ Seite platziert, kann man Bevölkerungen erreichen, die ins Netz gehen möchten.

Diese neuen Projekte, die gleichzeitig technischer und politischer Natur sind, zeigen, dass Cyberkultur, HackerInnen und Globalisierungskritik sich auf gemeinsamen ›Kampffeldern‹ treffen, etwa bei der Informationsfreiheit, und in einen Dialog treten, um gemeinsam Lösungen zu finden. Nachdem sie mit dem *Hacker-Manifest* ihre Sonderstellung betont hatten, und nachdem sie feierlich ihre Unabhängigkeit gefordert und schließlich ihre Ideen in der Welt – oder zumindest in Großbritannien – mittels »Invasion« durchzusetzen versucht hatten, schlagen die HackerInnen nun vor, neue Horizonte zu erschließen. Dieses neue Netz, das sie herbeiwünschen, könnte eine zu Ende gedachte Form der Unabhängigkeit des Cyberspace bedeuten. Tatsächlich hat das Internet nie den HackerInnen gehört, denn seine technische Struktur war stets das Eigentum der Telefon- und Internet-Anbieter. Wie auch in der Medienindustrie kann man die Bedeutung der Strukturen, die die Systeme der Informationserzeugung finanzieren, nicht abstreiten. Die Schaffung eines unabhängigen Netzes wäre jedoch ein Schritt weiter in Richtung Unabhängigkeit des Cyberspace.

Doch rufen wir uns in Erinnerung, dass die technischen Eigenschaften des Internets in jedem Falle zahlreiche Möglichkeiten der Zweckentfremdung beinhalten. Auf diese Weise entstanden die Cyberkultur und ihr Verhältnis zur Politik. Für Oskar Negt erlaubt das Internet die Herausbildung eines »oppositionellen öffentlichen Raumes«[84], der die bisherige Hierarchie des Rederechts in unseren Demokratien umwälzt.

---

83 Vgl. dazu besonders das Beispiel der Firma Amnesys, eines französischen Unternehmens für Computersicherheit, das in Libyen unter dem Gaddafi-Regime tätig war; siehe dazu den Artikel von Olivier Tesquet: *La Libye sur écoute française* (»Libyen, von französischen Ohren abgehört«), vom 10. Juni 2011 auf Owni.fr.

84 Oskar Negt: *L'Espace public oppositionnel* (»Der oppositionelle öffentliche Raum«), Payot, 2007.

Der Anklang der HacktivistInnen beim breiten Publikum beweist es: Sie sind in der Lage, das Mediensystem seinem Zweck zu entfremden, um sich Gehör zu verschaffen.

Eine andere Auswirkung besteht darin, dass der Aktivismus seine Form verändert. Die Organisationen sind stärker lokal verankert, selbstverwaltet, auf die sie bildenden Individuen zugeschnitten. Man verlangt nicht von einem Mitglied einer Clownbrigade, bei einer Demonstration auf Anordnungen zu hören, sondern eher, dem in ihm schlummernden Clown freien Lauf zu lassen. Auch die Forderungsinhalte verändern sich. Beim *Chaos Computer Club* werden zwar sehr konkrete Lösungen ins Auge gefasst, doch der Kampf dreht sich gleichzeitig um sehr allgemeine Werte wie die freie Verbreitung von Informationen. Doch wird sich nicht auf eine programmatische Plattform bezogen wie in einer politischen Partei. In jedem Fall können diejenigen, die mitmachen wollen, dies tun: Das Ergebnis ihrer Aktion wird für alle sichtbar sein.

Die Geburt von *Anonymous* in der Wiege von *4chan*

Diskussionsräume erschienen schon sehr früh im Internet. Seit den Anfängen des Netzes, noch vor der Entstehung des World Wide Web, gab es Dienste, die dem ähnelten, was man heute als Foren bezeichnet. Von *Usenet* über *BBS*, *Caramail* oder *Second Life* bis *Twitter* – es gibt eine Reihe von Cyberspaces, die Diskussionen unter InternetnutzerInnen zulassen und so zur Entwicklung der Cyberkultur beitragen.

Schon 1979 erlaubte es das Netz *Usenet*, nach Themen geordnete Artikel auszutauschen. Die Struktur des Systems war ein wichtiges Merkmal: Sie war auf Textkopien begründet. Damit eine Information im Netz weitergegeben werden konnte, mussten die an ihm teilnehmenden Server eine identische Version davon bereithalten. Der Austausch ging notwendigerweise von der Kopie aus, und diese wurde so zum wichtigsten Merkmal des Netzes. Die Kopie war zuerst eine Abspeicherung, was die Chancen auf eine Bewahrung der Daten erhöhte. Aber vor allem war die relativ einfach und sehr schnell anzufertigende Kopie die einzige Art und Weise, die Information zu verbreiten. Die Cyberkultur war also von Anfang an eine Kultur der Kopie.

Die Nachbildung wird auf diese Art allen zugänglich gemacht. Wir haben uns alle an das berühmte ›Copy & Paste‹ gewöhnt. Wenn man im Internet surft und auf einen lustigen Satz stößt, fällt es leicht, ihn auszuwählen und ihn dann in eine E-Mail an einen Freund zu kopieren, der man einen Kommentar zufügt. Diese Praxis ist tatsächlich durch die Cyberkultur befördert worden und führte zu dem, was man als *Mem* bezeichnet.

Im Internet ist ein *Mem* ein Motiv; es kann sich um eine Idee, ein Konzept, oft um einen Text oder um ein Bild handeln, die übernommen, kopiert und im Laufe ihrer Erscheinungen und des Austauschs zwischen InternetnutzerInnen verändert werden. Der Begriff wurde anfänglich von Richard Dawkins[85] geprägt, ausgehend vom griechischen *Mimeme* (Nachahmung) und in Analogie zur Genetik, dem Spezialgebiet Dawkins'. In gewisser Weise ist *Mem* für die Information, was das Gen für lebende Zellen ist: ein charakteristischer Code, der sich fortentwickeln und gleichzeitig mit seiner Vermehrung abgeändert werden kann. Auf die Welt der Cyberkultur übertragen, insbesondere auf die der Foren, nimmt das *Mem* oft die Gestalt eines *Running Gag* an, einer Wiederholungskomik, die durch die Fähigkeit der Informatik, ein Element unendlich zu reproduzieren, erleichtert wird. Die Wiederholung des Motivs geschieht im Allgemeinen nicht in identischer Form, aber mit potenziell unbegrenzten Variationen, die verschiedene Nuancen anbringen. In diesem Kontext wird das *Mem* also zum Witz unter Insidern, die die gleichen kulturellen Bezüge teilen, und es lebt fort, solange die InternetnutzerInnen es ›erzählen‹, d.h. solange sie es verbreiten und ihre persönliche Note dazugeben.

Auch aus diesem Grund blüht die Cyberkultur in vielgestaltiger Form auf. Die massenhafte Verbreitung des Internets in den 1990er Jahren erlaubte eine massenhafte Beteiligung am Austausch im Netz. Die Cyberkultur war plötzlich nicht mehr nur die Kultur der HackerInnen, der *Tech-Savvy* und der AktivistInnen für die freie Meinungsäußerung. Es war auch die einer ganzen Generation, die das Chatten – den Nachrichtenaustausch in Echtzeit – per *Caramail* und später *MSN Messanger* entdeckte. Ein Cyberspace, der ohne wirkliche technische Vorkenntnisse zugänglich ist, wo sich eine Form des verallgemeinerten Dialogs abspielen kann, wo

85 Siehe Richard Dawkins: *Le Gène égoïste* (»Das egoistische Gen«), Odile Jacob, 2003. In diesem Buch hat der Begriff *»Mème«* eine noch weiter gefasste Bedeutung, weil er nicht nur auf Internet angewandt wird, sondern allgemeiner auf die Entwicklung der Kulturen. Aber das Konzept des *»Mème«* hat jeden Sinn mit dem Aufkommen des Internet verloren; es führte im Übrigen zur Geburt einer Fachrichtung, die seine Effekte untersucht, der (französisch:) *Mémétique*, in Anlehnung an *Génétique* (Genetik).

man frei und einfach agieren kann. Es waren Heranwachsende, die ihren Eltern beibrachten, wie man *Napster*[86] benutzte, dessen Nutzung den Nebeneffekt hatte, dass die herkömmliche Ordnung der Musikindustrie über den Haufen geworfen wurde.

Die *Anonymous*-AktivistInnen gehören zu dieser Generation, die auf die HackerInnen folgte, aber nicht alle ihre Codes übernahm. Sie sind »Legion«, und manche von ihnen haben sich das erste Mal bei *4chan* getroffen. Diese Webseite ist ein ›Raum‹ für uneingeschränkte Darstellungen, der bis zu 80.000 BesucherInnen gleichzeitig anzieht, es im Monat auf bis zu 8 Millionen Einzelbesucher und 800 Millionen gelesene Seiten bringt und der eine Hochburg der Cyberkultur bildet; ein Treffpunkt, der auch heute noch von den *Anonymous*-AktivistInnen stark genutzt wird.

Anonymous, 4chan und das ›LULZ‹

In den Anfängen des Internet findet man, neben dem *Usenet*, das BBS (*Bulletin Board System*) – französisch auch *Babillard* (ungefähr ›Plaudertasche‹) abgekürzt –, einen der ersten Dienste für Dateienaustausch, wie es einige Jahre später in anderer Form das P2P (*peer-to-peer*) wurde. Innerhalb des BBS wurden die Diskussionen in verschiedene Boards eingeteilt. Von diesem Begriff leiten sich die Imageboards wie zum Beispiel *4chan* ab. Ein Imageboard ist also ein anonymes BBS für den Austausch von Bildern.

Die Imageboards sind auf Bilderaustausch spezialisierte Foren, die den Aktivitäten bei Sammelbörsen oder auch auf Pausenhöfen ähneln, mit dem Unterschied, dass die Anzahl von ›Karten‹ nie begrenzt ist. Bei diesen Imageboards, wie etwa *Futuba Channel*, ist die japanische Kultur

86 Es handelte sich um eine [Musikbörse inklusive eigener] Software, die den Austausch von Dateien untereinander erlaubte. *Napster* war das erste Instrument, das die Fundamente der Musikindustrie erschütterte und sie dazu zwang, sich – gegen ihren Willen) – zu verändern. Die Webseite hat zwar zur schnelleren allgemeinen Übernahme des Formats MP3 für Musikdateien beigetragen; führte aber auch die gesetzlichen Grenzen für das freie Vervielfältigen von Dateien vor Augen. Nach mehreren Prozessen, die die EigentümerInnen der Urheberrechte oder ihre VertreterInnen wegen Missachtung ihrer Rechte angestrengt hatten, wurde die Webseite Mitte 2001 zur Abschaltung gezwungen, bevor sie später auf gesetzestreueren Grundlagen wieder online ging. Die Webseite wurde dennoch vielfach gespiegelt, was dazu beitrug, die Praxis des Dateienaustauschs im Format P2P durchzusetzen.

sehr stark präsent. Man findet dort Manga-Bilder[87], manchmal auch als Zeichentrickfilme, wie sie in Japan sehr beliebt sind. In den 1990er Jahren übernahm die Cyberkultur diesen Trend und eignete sich so einen Teil der japanischen Kultur an.

Die Webseite *4chan.org* wurde 2003 als englischsprachige Alternative zu *Futuba Channel* gestartet. Ihr Gründer, Christopher Poole, unter dem Pseudonym *moot* bekannt, hatte sich von einer anderen, sehr beliebten Diskussionsplattform inspirieren lassen, von den Foren unter dem Namen *Something Awful*. Auf dieser Webseite, die für ihren sarkastischen Humor bekannt ist, erschienen die ersten *Meme*, die in der Folgezeit bei *4chan* einen Bombenerfolg hatten. Nennen wir als Beispiel das berühmte ›O RLY?‹, das nichts mit dem Pariser Flughafen [Orly, B.S.] zu tun hat. Ursprünglich handelte es sich um das Foto einer Schneeeule[88], das im Forum online gepostet worden war. Dem Fotographen zufolge zeigte der Vogel auf dem Foto einen Ausdrucks des Erstaunens oder Fragens, was sicherlich der Position seiner angehobenen Augenbrauen geschuldet war. Schnell änderten andere InternetnutzerInnen das Bild ab und fügen eine Bildunterschrift hinzu: »Oh, really?« Die Fotomontage, die dem Tier Sprache zu verleihen schien, gefiel immer mehr Leuten und die Bildunterschrift verwandelte sich schließlich in »O RLY«, die lautschriftliche Abkürzung von »Oh, really?«, wie sie bei Onlinediskussionen oder in der SMS-Sprache üblich ist. Seitdem wurden dieses Bild und dieser Satz unzählige Male übernommen, abgewandelt und gepostet. Eine Anfrage bei *Google Bildsuche* gibt einen Einblick in die Produktivität der Akteure der Cyberkultur auf dem Gebiet der *Meme*, und zweifellos auch über ihren Humor[89].

Man findet bei *4chan* unzählige ähnliche Geschichten – sozusagen *Meme*, die immer wieder in der Sektion ›/b/‹ der Webseite entstehen und verschwinden. Dieser Teil, auch als ›random‹ bezeichnet, ist der fruchtbarste von *4chan*, aber es gibt zahlreiche andere Teile, die verschiedenen

87 Manga: das japanische Pendant zum Comic. Das Manga ist im Allgemeinen länger als ein europäischer Comicband und läuft wie eine Serie ab. Die Manga-Lektüre ist in Japan sehr populär und hat weltweit seit den 1990er Jahren einen bedeutenden Aufschwung erlebt.

88 Dazu als Anekdote: Die Schneeeule ist ein Tier, das oft von sich reden gemacht hat. Hedwige, in *Harry Potter*, ist eine Schneeeule, ebenso wie der Schneevogel in *Yakari*.

89 Die Bildsuche ergibt über 3,8 Millionen Ergebnisse Oh, wirklich?

Themen wie etwa Videospielen, Ponys oder Pokémonfiguren gewidmet sind[90]. Man findet alles, von der belustigenden Fotomontage bis zu Inhalten pornographischer Natur. Die Veröffentlichung auf *4chan* folgt zwei wichtigen Grundsätzen: dem der Anonymität und dem der Neuigkeit. Jede(r) kann auf die Webseite kommen, einen Kommentar oder ein Bild posten, ohne sich vorher anmelden zu müssen. Persönliche Nutzerkonten und Benutzernamen sind freiwillig. Die Beiträge werden, sofern kein Benutzernamen dabei steht, mit ›anonymous‹ gekennzeichnet. Hier liegt also der Ursprung des Phänomens *Anonymous*, das wir untersuchen werden: in der Anonymität, die auf dem Netz *4chan* grundsätzlich gewährt wird. Dort existiert die Möglichkeit, etwas zu publizieren, ohne durch etwas Anderes als seine Nachricht identifiziert zu werden, einzig und allein durch das, was man im Netz herstellt).

Man muss allerdings die Nuancen des Begriffs ›Anonymität‹ im Internet verstehen. Per Definition bedeutet ins Netz zu gehen, dass man sich dort identifiziert. Jede Person, die online geht, verfügt über eine IP-Adresse, die einzigartig ist und ihr im Netz eine Existenz verleiht. Eine Art obligatorischer Fingerabdruck. Wie es Christopher Poole vor dem US-amerikanischen Bundesgericht erläutert hat[91], ist die Anonymität bei *4chan* also eine relative, denn es ist immer möglich, in den Archiven des Servers der Webseite die IP-Adressen der TeilnehmerInnen zu finden. Wenn der/die InternetnutzerIn seine oder ihre Verbindung nicht verschlüsselt hat, wie es im Allgemeinen der Fall ist, ist es also potenziell möglich, zu seiner realen Adresse und seinem Namen zurückzugehen. Unter der Bedingung, natürlich, dass der Zugangsanbieter die reale Identität, die der IP-Adresse entspricht, preisgibt, was theoretisch nur auf Anordnung der Justiz erlaubt ist.

Der andere Leitgrundsatz von *4chan* ist die Logik der Neuigkeit, des Datenflusses, die dem, was aktuell veröffentlicht worden ist, den Vorrang gibt. Das ›Gedächtnis‹ der Internetplattform funktioniert also abhängig vom Wiederauftauchen eines Elements, daher die Bedeutung der *Meme*: Was nicht wieder aufgegriffen oder kommentiert wird, fällt rasch dem Ver-

90 Mehrere Dutzend davon können auf www.4chan.org angesehen werden, in der Rubrik ›Pokémon‹.

91 Christopher Poole wurde während des Prozesses von David Kernell, der E-Mails von Sarah Palin veröffentlicht hatte, als Zeuge angehört. Seine Rolle bestand darin, den Jargon von *4chan* zu übersetzen und zu erklären.

gessen anheim. Man kann darin eine Art Beschleunigung der *Popkultur*[92] sehen, mit ihren Eintags-Idolen und der Fähigkeit, alles auf unendliche Weise zu reproduzieren. Wie in den Foren von *Something Awful* wurden manche *Meme* zu ›Stützpfeilern‹ der Cyberkultur.

Haben Sie schon einmal Fotos von hübschen Kätzchen gesehen, die in fehlerhaftem Englisch untertitelt waren? Es handelt sich um *Lolcats*, die Verbindung aus LOL und Katzen, vorzugsweise jungen und süßen. Es gibt keine wirklichen Regeln[93] beim Erschaffen von *Lolcats*, und ihre Herkunft verliert sich im Gedächtnis des Internets. Warum Katzenbilder? Weil »alle Leute hübsche Tiere mögen«.[94] Wenn man eine Logik finden muss, suchen wir sie in der Art der Herstellung von *Memen*: Was zählt, ist die Nachbildung, ein Schneeballeffekt. Indem man kopiert, nochmals kopiert und alle Bezüge der Cyberkultur und der globalisierten Unterhaltung miteinander vermengt, stellen die *Meme* die Grundlage von *4chan* her.

Die Kreativität des Internet hat ihren Preis: Wenn auch manchmal kleine Glanzstücke aus der Masse herausragen, so bietet das Board doch oftmals nur *Copypasta* an – eine Art digitaler Suppe, die unendlich oft aufgewärmt und wieder aufgetischt wird, aber ohne jegliche Kreativität auskommt.

Diese beiden Merkmale von *4chan* sorgen dafür, dass es einen sehr umstrittenen Ort bildet. Die herkömmlichen Medien, die diese Webseite vor Kurzem entdeckt haben, sind im Allgemeinen der ›4chan-Kultur‹ – welche sich mittlerweile in der Cyberkultur etabliert hat – gegenüber verschlossen. Die Tatsache, dass Christopher Poole in einem Prozess zu Wort kam, um einige bei *4chan* benutzte Ausdrücke zu erklären, ist bezeichnend. Während Ausdrücke wie »new fags« oder »/b/tards« – sie bezeichnen die Neuankömmlinge bei »4chan« bzw. die Fans des /b/-Boards – von Millionen von Internet-UserInnen benutzt werden, sind sie außerhalb dieser neuen Cyberkultur, die auf ihrem Weg zur Massenverbreitung die *Popkultur* in sich aufgenommen hat, unbekannt. Im Jahr 2007, als die Medien auf *4chan* aufmerksam wurden, bezeichnete der US-amerikanische Fernsehsender Fox News die Webseite beispielsweise als »Hassmaschine des Internets«.

92 Wir verstehen unter *Popkultur* die westliche Kultur, die sich mit den Massenmedien herausgebildet hat.

93 Die Webseite icanhasacheezburger.com zählt allerdings einige Regeln auf, in der Rubrik *LOLspeak as a Second Language (LKSL-101) in Five Easy Steps.*

94 Quelle: *The Times.*

Man muss einräumen, dass *4chan* nicht ausschließlich für die Darstellung von Kätzchen reserviert ist. Neben dem LOL findet man auch das *Lulz*, sein ›schadenfreudiges‹ Pendant. Die Regeln des Internets sind so, wie es gleichnamiger Text[95] mit unklarer Urheberschaft hervorhebt, der wahrscheinlich bei der Webseite *4chan* in ihren Anfängen veröffentlicht wurde. Die erste Regel lautet: ›Nicht über /b/ sprechen.‹ Schnell lernt man beim Lesen, welche Geisteshaltung an diesem Ort herrscht. Regel Nummer 8: »Es gibt keine wirklichen Regeln, was die Art und Weise des Postens betrifft.« Alle Regeln können zweckentfremdet werden, und es wird übrigens dazu geraten, nichts total ernst zu nehmen. Der Text ist daher rund um Widersprüche, um bewusste Wiederholungen und um Ironie herum aufgebaut, zwischen Bewusstwerden um die Geistlosigkeit mancher Postings auf dem Board und dem Bekenntnis zur Boshaftigkeit. Man findet in diesen, absichtlich absurden und provozierenden, falschen Grundsätzen die Mentalität der *Yippies* ohne ihre unmittelbare politische Dimension wieder.

Die Regel Nummer 34, die sicherlich die bekannteste ist, trifft im Übrigen eine radikale Feststellung: »Wenn Du es dir vorstellen kannst, gibt es eine Pornoversion davon. Es gibt keine Ausnahme.«[96] Bei *4chan* jagen die Pornobilder einander, und man findet mitunter rassistische, homophobe oder sogar pädophile Inhalte. Die Moderatoren und Moderatorinnen löschen im Allgemeinen die illegalen Inhalte, aber die Webseite ist so riesig geworden, dass es schwierig ist, alles zu filtern. In die Sektion /b/ einzutauchen, läuft also darauf hinaus, in die untersten Etagen des Internets einzutreten. Der Ort ist schmutzig, niedrige Instinkte kommen zum Ausdruck, und der Humor ist oftmals vulgär. Zwar trifft man auf alle möglichen Individuen, seien es einfache Neugierige oder Personen mit schlechten Absichten, doch ein Großteil der BesucherInnen oder aktiven Mitglieder teilen einen sicheren Geschmack für die Respektlosigkeit. Man rührt hier übrigens an ein wichtiges Merkmal dieser sehr offenen Diskussionsräume. Es fällt schwer, ihre Merkmale zu beschreiben, denn sie sind vielgestaltig, genau wie das Internet mit seiner großen Zahl von TeilnehmerInnen. Auf der lichten Seite gibt es Wikipedia, die interaktive Online-Enzyklopädie mit über 200.000 Einträgen, deren Zielsetzung

95 Eine Kopie ist auf Englisch verfügbar, siehe *Rules of Internet* bei ohinternet.com

96 Um die *Meme* zu verstehen, und für weitergehende Ausführungen zu dieser Regel 34, siehe *Rule 34* auf der Webseite knowyourmeme.com

darin besteht, ohne kommerzielle Absicht Kenntnisse zu verbreiten und zu teilen. Aber Wikipedia hat auch einen verheimlichten Bruder, der weniger bekannt ist, die Enzyklopädie Dramatica. Diese Webseite, die heute abgeschaltet ist[97], war ebenfalls vom Typ Wiki, also eine Plattform, die auf der Beteiligung der LeserInnen aufbaut. Das Ziel war nicht die Suche nach Objektivität, sondern eher eine leidenschaftliche Praxis des Schwarzen Humors, der Sarkasmen, ja der Provokation. Unter dem Slogan ›In lulz we trust‹ war die Absicht klar: Es ging darum, sich auf alle erdenklichen Arten zu amüsieren oder sich lustig zu machen, auch auf die Gefahr hin, mitunter zu verletzen. Die Webseite *4chan*, die an der Wiege von *Anonymous* stand, ähnelt diesem Bild und pflegt ebenfalls die Zweischneidigkeit.

Das Imageboard weist tatsächlich eine sehr umstrittene Facette auf, die unzählige Male in den Medien kritisiert worden ist: das *Cyberbullying*, oder Belästigung im Internet. Viele Menschen mussten zu ihrem Leidwesen feststellen, dass es ein Risiko ist, sich im Internet zu zeigen, dessen Folgen man nicht immer in der Hand hat. AmateursängerInnen wie Rebecca Black oder Tay Zonday wurden ohne ihr Zutun zu *Memen*, als ihre Videos auf YouTube veröffentlicht wurden. Der Preis des Ruhmes ist manchmal schwer zu ertragen, und die junge Rebecca musste etwa ätzende Kritiken von vielen InternetnutzerInnen einstecken, die es sich nicht verkniffen, das Videoclip ihres Songs *Friday* zu kommentieren[98]. Alsbald wurde der Clip übernommen und mithilfe anderer Videos zum Gespött gemacht, zur Freude vieler UserInnen von *4chan*. Per Definition beruht ein *Mem* auf der Wiederholung. Wenn eine reale Person dabei im Mittelpunkt steht, kann dies als böswillige Fixierung erlebt und tatsächlich schwer ertragen werden.

Anonymous, eine Geburt ›Not Safe for Work‹

Es ist schwierig, /b/ an seinem Arbeitsplatz zu durchstreifen, daher das Etikett ›NSFW‹[99], mit dem Inhalte bei *4chan* versehen werden. Die Wiege von *Anonymous* ist also nicht unbefleckt, und ihre Geburt ist umstritten.

97 Man kann jedoch die Archive der Webseite unter encyclopediadramatica.ch finden.

98 Siehe Rebecca Black: *I'm Being Cyberbulled*, bei Thedailybeast.com

99 NSFW für *Not Safe For Work*, ein Etikett, um meist schockierende oder pornographische Inhalte im Internet zu kennzeichnen, die man sich besser nicht an seinem Arbeitsplatz ansieht.

Stellen wir zunächst genauer klar, was man unter *Anonymous* versteht. Jede(r) Nutzer(in) der Plattform *4chan* ist dazu aufgerufen, außer bei anderslautender Entscheidung *anonymous* zu bleiben. Das Board erlaubt es den InternetnutzerInnen, untereinander zu diskutieren, indem sie Kommentare hinterlassen. Wie in einem Forum kommt es auf die Interaktion zwischen den NutzerInnen an. Die *4chan*-Kultur ist so aus den Diskussionen unter *anonymous* entstanden, genau wie die ersten Aktionen, die von *Anonymous* durchgeführt wurden und zu denen sie sich bekannten. Wir benutzen hier die von Cole Stryker vorgeschlagene Unterscheidung, die durch den Großbuchstaben hergestellt wird, zwischen einem anonymen Nutzer des Boards und jemandem, der oder die sich dazu bekennt, zur *Anonymous*-Bewegung zu gehören. In seinem Buch[100], das den Untertitel »Wie die Armee von *4chan* das Internet eroberte« trägt, schlägt Cole Stryker diese Terminologie vor, um die, die ein politisches Engagement nach außen tragen – die *Anonymous*-AktivistInnen – von jenen zu unterscheiden, die einfach *4chan* auf anonyme Weise nutzen.

Die Anfänge von *Anonymous*, ab 2006, sind schwer auszumachen. Wie auch *4chan* hat die Bewegung keine klaren Strukturen, und ihre kollektiven Aktionen sind umstritten. Die erste Aktion der Vorläufer von *Anonymous* wurde unter dem Namen *Habbo Raid* bekannt. Das *Habbo Hotel* ist eine virtuelle Welt wie *Second Life*[101], in der die SpielerInnen, oft Heranwachsende, mittels ihres Nutzernamens miteinander in Interaktion treten können. Anders ausgedrückt, es handelt sich um ein soziales Netzwerk, das in den Räumlichkeiten eines virtuellen Hotels angesiedelt ist, in dem sich jeden Monat Millionen von NutzerInnen treffen[102]. Indem sie sich bei *4chan* koordinierten, beschlossen die *Anonymous* in großer Zahl das *Habbo Hotel* zu besetzen, um den Zugang zum Schwimmbad zu blockieren. Hunderte von NutzerInnen mit vergleichbaren Benutzernamen und -bildern – Afro-Amerikaner, die alle einen grauen Anzug trugen – verabredeten sich dann am Beckenrand dieses virtuellen Schwimmbeckens und hinderten die anderen BenutzerInnen daran, dorthin zu gelangen. Zur Begründung wiederholten die Avatare, dass das Schwimmbecken geschlossen wäre, weil es

---

100 Cole Stryker: *Epic Win for Anonymous: How 4chan's Army Conquered the Web*, The Overlook Press, 2011.

101 *Second Life* erlebte ebenfalls ähnliche Angriffe, die vor allem von einer Hackergruppe namens *Patriotic Nigras* ausgingen.

102 Quelle: die Firma; Sulake (www.sulake.com), der das *Habbo Hotel* gehört.

mit dem AIDS-Virus verseucht sei.[103] Die Moderatoren der Community warfen die ›Invasoren‹ logischerweise hinaus, die ihnen daraufhin Rassismus vorwarfen, weil alle Benutzerbilder Schwarze zeigten.

Der typische Stil von *4chan* ist unverkennbar: fragwürdiger Humor, und *Trolling*. Der *Troll* ist die Verkörperung des ›bösen Geistes‹ in den Treffpunkten des Cyberspace. Auch wenn ihn manche nunmehr in Form eines Monsters darstellen, kommt der Begriff *troll* doch vom altfranzösischen Wort *troller*: jagen, indem man auf Zufallsfang geht.[104] Der moderne Gebrauch des Worts stammt von *Usenet*, wo manche Mitglieder sich amüsierten, schon einmal behandelte Fragen erneut zu posten, um die neuen Mitglieder auszumachen, die sich beeilen darauf zu antworten. Mit steigender Zahl der NutzerInnen bedroht diese Praxis das Gleichgewicht in einem Forum, daher rührt die heutige Bedeutung. Der *Troll* ist eine Person, die man häufig im Cyberspace antrifft und die Diskussions- oder auf Beteiligung beruhende Strukturen zu destabilisieren versucht, indem sie Gespräche von ihrem Thema ablenkt oder einfach, indem sie die TeilnehmerInnen provoziert oder beleidigt. Die massenhafte Praxis des *Trollings* ähnelt in gewisser Weise der von DDoS-Attacken. In beiden Fällen geht es darum, einen Service unbenutzbar zu machen, indem man ihn auf unsachgemäße Weise in Anspruch nimmt, dank einer gemeinschaftlichen Aktion, bei der die Anzahl die Stärke ausmacht. Im Falle von DDoS-Attacken ist es das Volumen der – zu zahlreichen – Anfragen, das das Versagen des Systems auslöst. Beim *Trolling* ist es die Art und Weise der Interaktionen mit der Zielgruppe, die die Aggression ausmacht. Die Trolle werden beispielsweise immer wieder auf das gleiche Thema zurückkommen oder ohne jegliche Vernunft argumentieren, was das Stattfinden jeder Kommunikation verhindert, sofern man auf sie achtet. Die Frage nach der Legitimität des *Trolling*, wie nach jener der DDoS-Attacken, zu denen die HacktivistInnen sich bekennen, ist problematischer, vor allem im Falle von personenbezogenen Angriffen. Halten wir in jedem Fall fest, dass manche AktivistInnen offline so vorgehen, um Debatten, die sie als manipuliert betrachten, anzuprangern und zu verhindern.[105]

---

103 Ein Video vom 12. Juli 2007 unter dem Titel *Habbo Raid ›The reunion of Anonymous‹* das auf YouTube gespostet wurde, erlaubt es, eine dieser Attacken anzuschauen.

104 Siehe das Online-Wörterbuch *Le Trésor de la langue française*, bei atil.fr

105 Wie es anlässlich einer Debatte in Lyon über die Nanotechnologien im Januar 2010 der Fall war. Siehe dazu den Artikel *Nanotechnologie: des opposants interdisent un débat* vom 15.1.2010 bei Libelyon.fr

Die Motive, die am Ausgang des Angriffs auf das *Habbo Hotel* stehen, sind unklar. Manche denken, dass es sich schlicht um eine grundlose Aktion handelte, ›für den *LULZ*‹ (für die Schadenfreude), also einfach um sich zu amüsieren. Die Regel Nummer 47, die letzte der Internet-Regeln, kann übrigens auf diese Operation bezogen werden: »Das Schwimmbad ist immer geschlossen.« Wie auch immer, die Angriffe zeigen die Handlungsfähigkeit der Vorläufer von *Anonymous* in der Gruppe. Die Vorstellung von Organisation ist wichtig, denn die Operation kann nur mit einer ›kritischen Masse‹ von TeilnehmerInnen gelingen. Es handelt sich also um eine Stärkedemonstration, zu Lasten der NutzerInnen der virtuellen Welt des *Habbo Hotels*, deren Ruhe die /b/tards stören wollten.

Es ist bekannt, dass *4chan* gerne seine Handlungsfähigkeit unter Beweis stellt – wenn auch manchmal auf subtilere Weise –, und der Sinn für einen gewissen, leicht pubertär wirkenden Humor ist immer dabei. Das *Time Magazine*, das jedes Jahr eine Online-Umfrage durchführt, um die einflussreichste Persönlichkeit der Welt zu wählen, musste das im Jahr 2009 erfahren. Nicht nur, dass sie ihren Helden *moot* an die Spitze wählten; die HackerInnen von *4chan* gingen bei der Beeinflussung des Ergebnisses so weit, dass sie gleich die ersten zwanzig Personen der Top-Liste bestimmten, sodass die Anfangsbuchstaben – in einer Reihe gelesen – einen bestimmten Sinn ergaben. Tatsächlich erhielt man, wenn man den ersten Buchstaben in jeder Zeile nahm und diese aneinanderreihte, folgenden Satz: »Marblecake also the game«.[106] *Marblecake* ist nicht nur ein appetitlicher Marmorkuchen, sondern auch ein Ausdruck, den man häufig auf dem Board findet, um eine versteckte Nachricht zu bezeichnen Kurz, wer immer es schaffte, die Nachricht zu entschlüsseln, konnte die Anspielung eindeutig verstehen: Am einflussreichsten sind wirklich die HackerInnen von *4chan*. Und sie haben dazu noch Humor.

Diese Attacke verdeutlicht die Absicht, sich zu gemeinsamen Aktionen öffentlich zu bekennen und der Plattform damit indirekt eine eigenständige, unverwechselbare Identität zu verleihen. Umgekehrt wollten die Vorläufer von *Anonymous* bestimmt die zu glatte Fassade des Habbo-Hotels kritisieren. Für manche BeobachterInnen[107] beinhaltete die Attacke

---

106 Der Schwindel wurde durch den Blog *Music Machinery* aufgedeckt, der in einem Beitrag unter dem Titel *moot wins, Time Inc. loses* darüber berichtete, bei musicmachinery.com

107 Vgl. das Posting *5 Anonymous Campaigns Against Business* auf dem Blog *Business Pundit*, unter www.businesspundit.com

tatsächlich eine stärker politische Dimension: Es ging darum, die Benutzeridentitäten zu kritisieren, die den BenutzerInnen des *Habbo Hotels* zur Verfügung gestellt wurden, da die große Mehrheit der Benutzerbilder europäische Gesichtszüge trugen. Hinter dem *Lulz* steckt fast immer auch eine ernsthafte Forderung.

In diesem Sinne wollten die ersten *Anonymous* anscheinend eine Form von Rassismus bei der Interplattform anprangern. Ohne deren Aktionsformen zu übernehmen, bilden sie damit eine Art Echo zu den HackerInnen der 1980er und 1990er Jahre, die den Cyberspace als einen Ort begriffen, der die Unterschiede zwischen den Menschen aufhebt, besonders jene, die mit der Hautfarbe zusammenhängen.[108] Im Jahr 2007 attackierten die ersten *Anonymous* übrigens die Webseite eines US-amerikanischen Rassisten, Hal Turner, der für seine auch im Internet verbreiteten geschichtsrevisionistischen Radiosendungen bekannt war, und sabotierten sie erfolgreich. Ihr Engagement für politische Anliegen begann damals deutlich zu werden, und man muss davon ausgehen, dass der politische Bewusstwerdungsprozess der ersten *Anonymous* sich schrittweise vollzog. Im August desselben Jahres signalisierten manche *Anonymous*, dass sie die ›*Monks*‹ unterstützten, die gegen das Militärregime in Myanmar kämpften. Der politische Hacktivismus stand vor dem Durchbruch, war aber noch unsicheren Schrittes.

Der andere große Kampf, der am Ausgangspunkt von *Anonymous* steht, ist die Jagd auf die Nutzer von Kinderpornographie oder *Pedobaiting*. Einmal mehr handelt es sich um ein zweischneidiges Thema, denn *4chan* ist just ein Ort, wo kinderpornographische Bilder im Umlauf und Witze zu diesem Thema häufig sind. Der Plüschbär, auch *Pedobear* genannt, ist ein *Mem*, das man an zahlreiche Kinderfotos angebracht sieht. Es geht darum, in der *4chan*-Kultur die Nutzer von Kinderpornographie anzuprangern und sich dabei gleichzeitig über jene Leute lustig zu machen, die im Internet die – mehr oder auch weniger gelungenen – Fotos ihrer Kinder veröffentlichen. Die Kinderpornographie ist also gleichzeitig Gegenstand eines realen Nutzerinteresses, von Scherzen darüber und eines engagierten Kampfes dagegen. Der erste nachgewiesene Fall von *Pedobaiting* geht auf das Jahr 2007 zurück. Mithilfe einer »wachsamen Cybergruppe« – es handelte sich in Wirklichkeit um *Anonymous* von *4chan* – konnte der Kinderpornographienutzer Chris Forcand identifi-

108 Siehe *Das Manifest des Hackers* von The Mentor.

ziert und von der kanadischen Polizei festgenommen werden.[109] Diese Aktion markierte den Anfang eines langen Kampfes, über den in den Medien oft wenig berichtet wird, aber der stets stattgefunden hat. Man trifft ihn jetzt in anderen Netzwerken an, wie bei *Facebook* mit der Operation *Save Kids*, die es erlaubt, Nutzerprofile und Verhaltensweisen, die Minderjährige gefährden, anzuprangern, oder in den unsichtbaren Tiefen des Internets mit der Operation *DarkNet*, bei der die *Anonymous* die Namen und persönlichen Daten von 1.500 Kinderpornographienutzern veröffentlichten, die ein Abonnement bei *Lolita City* oder *Hidden Wiki*, bekannten Kinderpornoseiten, besaßen[110].

Die Vorläufer der *Anonymous* schälten sich also nur schwer aus der Masse der Anonymen bei *4chan* heraus. Ihre Aktionen nahmen zwar manchmal einen politischen Gehalt an, beinhalteten das Engagement für ein politisches Anliegen, wurden jedoch im Allgemeinen vom *Lulz* angetrieben, dem Streben nach Spaß und Gelächter, bisweilen auf Kosten anderer.

Anonymous versus Scientology, die Geburtsstunde

Die *Anonymous* traten wirklich aus dem Schatten von *4chan*, als sie Anfang 2008 die Scientology-Kirche angriffen. Es handelte sich um eine grundlegende Etappe bei der Entstehung der Bewegung, denn es war das erste Mal, dass klare Forderungen gestellt wurden und die Gruppe offen die Legitimität dafür beanspruchte, im öffentlichen Raum zu intervenieren.

Scientology ist im Cyberspace kein unbekannter Feind. Zur Zeit des *Usenet* bekämpfte das Forum ARS – alt.religion.scientology – bereits die Scientologen, indem es interne Dokumente veröffentlichte, die die sorgsam geheim gehaltenen Gründungsmythen der Scientology aufdeckten. Das Forum wurde damals wegen Verletzung von Urheberrechten vor Gericht gezerrt. Die Scientology-Kirche, die vom Science-Fiction-Schriftsteller Ron L. Hubbard gegründet wurde, hat einen umstrittenen Status: In Frankreich wird sie als Sekte eingestuft[111], während sie in anderen Ländern als vollwertige Religion anerkannt wird.

---

109 Siehe dazu den Artikel *Man trolled the web for girls* von Jonathan Jenkins in *The Toronto Sun*, verfügbar unter cnews.canoe.ca

110 Vgl. dazu den Artikel *Anonymous hacktivist target child abuse websites* von Christopher Williams in *The Telegraph*, verfügbar unter www.telegraph.co.uk

111 Siehe dazu den Bericht der MILS [*Mission interministérielle de vigilance et de lutte contre les dérives sectaires*, ungefähr: »Ministerienübergreifende Auftragskommission für Wachsamkeit und Bekämpfung von Sekten-Umtrieben«;] aus dem Jahr 1999, unter www.miviludes.gouv.fr

Im Januar 2008 gelangte ein Videodokument, das für die interne Propaganda bestimmt war, nach außen. Es handelte sich um ein Interview mit Tom Cruise, in dem er die Verdienste von Scientology lobt[112], mit einer Hintergrundmusik, die von der Originalaufnahme seines Films *Mission impossible* stammt. Das Video wurde prompt von der Scientology-Kirche aus dem Verkehr gezogen, doch das Internet hat ein Gedächtnis, und seine NutzerInnen mögen es nicht, dass man sie zum Vergessen zwingt. Einmal mehr begann der Streisand-Effekt zu greifen: Je stärker die Zensur ausfällt, desto größer werden das Interesse am Thema und seine Verbreitung ausfallen. Die Webseite *Gawker*, ein beliebtes Online-Magazin für Klatsch und Tratsch, lud als Erste das Video hoch und weigerte sich trotz Aufforderungen der Scientology-Kirche, es herunterzunehmen. Daraufhin wurde das Video alsbald von zahllosen Blogs und Webseiten übernommen.

Unvermeidbarerweise landete das Video auch bei *4chan*. Für die *Anonymous* war Scientology ein willkommenes ›Opfer‹. Zunächst einmal versuchte die Scientology-Kirche, die freie Meinungsäußerung zu beschneiden und griff auf grundlegende Weise das Internet und den Cyberspace an. Darüberhinaus warf man ihr auch ihre Aufklärungsfeindlichkeit sowie die Isolierung ihrer Mitglieder vor, die von der Realität abgeschnitten wurden. Alle diese Elemente stehen im krassen Widerspruch zur Cyberkultur, die von ihrem Wesen her offen ist und deren kämpferischen Elemente bei *4chan* anzutreffen sind.

Die Mitglieder des Forums legten daraufhin zahlreiche *Threads* zur Diskussion über Scientology an. In den Archiven von ›/b/‹ kann man die Spuren der ersten Nachrichten dazu auffinden, die es erlauben zu verstehen, wie sich *Anonymous* als Gruppe organisierte.

> »Es ist Zeit für /b/, einen großen Coup zu landen. Die Leute müssen verstehen, dass man sich nicht über /b/ lustig machen darf, und dass man nicht zehn Minuten lang inhaltslos daherreden soll und sich erhoffen, dass die Leute ihr Geld einer Scheißorganisation geben werden. Ich spreche von Hacking oder davon, die offizielle Webseite der Scientology zu sabotieren. Es ist an der Zeit, unsere Kräfte zu benutzen, um etwas zu tun, wovon wir denken, dass es richtig ist. Es ist Zeit für /b/, einen großen Coup zu landen.«[113]

---

112 Siehe dazu das Video *Message to Scientology*, verfügbar bei YouTube.

113 Siehe die Archive von *4chan* (Achtung, der Inhalt ist nur volljährigen Personen zugänglich) bei 4chanarchive.org, Stichwortsuche mit den Begriffen:

Infolge dieser geposteten Nachricht, die nur einen der Ausgangspunkte für die Mobilisierung bildete, fanden heftige Diskussionen statt, und die Trolle hielten sich nicht damit zurück, den Thread mit pornographischen Bildern oder total themenfremden Beiträgen zu durchsetzen. Aber es kamen auch die ersten Ideen auf, es wurden Fotomontagen von Tom Cruise veröffentlicht, und die ersten /b/tards, die sich zu ihrer Zugehörigkeit zu *Anonymous* bekannten, planten Angriffe. Diejenigen, die das Thema vertiefen und sich untereinander abstimmen wollten, diskutierten bei speziellen Plattformen für sofortigen Nachrichtenaustausch wie IRC weiter. Einige Tage nach dem Auftauchen des Videos wurde eine Art ›Videoflugblatt‹[114] online gestellt. Eine künstliche Stimme, die das Erkennungsmerkmal von *Anonymous* werden sollte, verlas einen Anklagetext gegen Scientology:

> »Guten Tag Scientology. Wir sind Anonymous. Die letzten Jahre über haben wir Sie beobachtet. (...) Mit dem Auftauchen und der öffentlichen Verbreitung Ihres letzten Propagandavideos ist uns das Ausmaß Ihres Einflusses auf diejenigen, die Ihnen Vertrauen schenken, die Sie als Chef anerkennen, voll bewusst geworden. Anonymous hat folglich entschieden, dass Ihre Organisation zerstört werden muss. Für das Wohl Ihrer Anhänger, für das Wohl der Menschheit und zu unserem eigenen Vergnügen müssen wir Sie aus dem Internet ausschließen und systematisch die Scientology-Kirche zerschlagen. (...) Sie können sich nicht verstecken; wir sind überall. Das Wissen ist frei. Wir sind Anonymous. Wir sind Legion. Wir verzeihen nicht. Wir vergessen nicht. Erwartet uns.«

In direkter Anlehnung an die Manifeste der Cyberkultur legte das Video auch alle Grundlagen für die Selbstinszenierung von *Anonymous*: Der Tonfall, der an eine Urteilsverkündung erinnert, das Bekenntnis zum Namen *Anonymous* und sein bevorzugtes Handlungsfeld – das Internet – wie auch ›die Macht der Masse‹. *Anonymous* ist ›Legion‹, und es ist genau das, was seine Stärke ausmacht; jedes ›Mitglied‹ ist dem anderen gleich, also austauschbar. Die Anonymität ist in diesem Falle eine Verteidigungswaffe gegen Scientology. Die Scientology-Kirche ist tatsächlich dafür bekannt, dass sie Personen bedrängt, die sich ihr in den Weg stellen, und schreckt nicht davor zurück, ihre GegnerInnen als »legitime Opfer« zu betrachten. Seine Identität nicht preiszugeben und gemeinsam gegen

---

scientology+raid.

114 Siehe den Videofilm »*Tom Cruise Scientology Video*«, verfügbar bei YouTube.

diese Organisation vorzugehen, stellt also auch eine Art Verteidigungstechnik dar, und hier liegt der Ursprung des Maskentragens.

Kurz nach dem Online-Stellen des Videos erlitten die Webseiten von Scientology DDoS-Attacken, die sie für zwei Tage unerreichbar machten. Das Projekt *Chanology* (dessen Name aus dem Zusammenziehen von *chan* und *scientology* hervorging) erlebte seinen ersten Erfolg. Auf /b/ führten zahlreiche Nachrichten[115] vor, wie man die Server der Scientology-Kirche mit Mails überflutet, und diese hielten dem Ausmaß der Mobilisierung nicht stand. Parallel dazu wurden die Fax- und Telefonnummern von Scientology auf dem Board verbreitet, und so wurden auch die Telefonleitungen von Scientology überlastet. Der Telefonscherz, der zum Beispiel darin bestand, Scientology anzurufen und mit dem Lied *Never Gonna Give Up You* – einem berühmten *Mem* bei *4chan* – zu beschallen, ist ein gutes Beispiel für den Hacktivismus nach Art der */b/tards*: man benutzte den *Lulz*, um eine Waffe daraus zu machen. Ebenfalls im März 2008 fand die erste Begegnung zwischen *Anonymous* und *WikiLeaks* statt, weil *WikiLeaks* interne Dokumente der Sekte veröffentlichte. Dies war der Beginn einer Romanze zwischen *Anonymous* und Julian Assange, die auch heute noch andauert, wie wir später sehen werden.

Mit dem Projekt *Chanology* ging ein bedeutendes Medienecho einher, und Scientology veröffentlichte ein Kommuniqué, das Akte religiösen Hasses anprangerte, welche von »einer Gruppe von Cyberterroristen« verübt worden seien. Doch wurden auch einige Stimmen auf Seiten derer, die die Scientology-Kirche bekämpften, laut: besonders jene von Mark Bunker, einem Enthüllungsjournalisten, der seit Langem gegen Scientology kämpfte und die Webseite *XenuTV*[116] leitete. Der vollbärtige Mann postete ein Video mit dem Titel *Botschaft an Anonymous*[117] und rief sie darin dazu auf, Scientology nicht »mit ihren eigenen Waffen zu bekämpfen«. Gutmütig warnte er sie vor den Risiken gerichtlicher Verfolgung und schlug ihnen andere, legalere und friedliche Aktionsformen vor. Dieses Video gelangte zu *Anonymous*, deren AktivistInnen ebenso von der Botschaft wie von der Bärtigkeit seines Urhebers gerührt waren. Er wurde daraufhin der *wise beard man* (der bärtige Weise) genannt. Das Board verleibte sich die Nachricht ein, die – natürlich – zu einem *Mem* wurde,

115 Siehe a.a.O., in den Archiven von *4chan*.
116 Unter Bezugnahme auf Xenu, eine Gottheit in der Scientology-Religion.
117 Siehe *Scientology: Xenu TV Speaks to Anonymous*, verfügbar bei YouTube.

das auf dem Satz »*Wise Beard Man is Wise. His words are wise, his face is beard*«[118] aufbaut und mitunter vom Bild von Meister Yoda[119] begleitet wird. Trotz der Tendenz, bei *4chan* alles ins Lächerliche zu ziehen, wurde die Nachricht des bärtigen Weisen ernst genommen, selbst wenn man auf nette Weise über ihn spöttelte.

Von da ab gab *Anonymous* anderen, legaleren Aktionsformen den Vorzug und wurde ›braver‹, wobei gleichzeitig zahlenmäßig stärkere Kräfte rund um das Projekt *Chanology* gebündelt wurden. Die folgende Etappe verlieh der Bewegung umso stärkere Legitimität: Es ging darum, aus dem Internet herauszutreten und auf die Straße zu gehen. *Anonymous* kehrte also zu den Grundlagen der Protestbewegung zurück und organisierte ganz einfach Demonstrationen gegenüber von Scientology-Gebäuden.

> »Wir tun unser Mögliches, um zu beweisen, um der Scientology-Kirche und dem übrigen Publikum zu beweisen, dass wir diese Bewegung sehr ernst nehmen, und dass wir nicht bloß eine Gruppe von Hackern unter Hormoneinfluss sind.«[120]

Anonymous, oder zumindest manche von denen, die sich als Teil davon begriffen, waren also auf der Suche nach Legitimität. Zudem war Ihnen bewusst geworden, welche Anforderungen mit dem Bekanntwerden auf sie zukommen würden. Der Ausdruck »Hacker unter Hormoneinfluss« bezog sich auf eine Reportage von *Fox News*, die im Jahr 2006 *Anonymous* so bezeichnet hatte. Das Zitat sorgte damals für Vergnügen bei den */b/tards*, die es mit Freuden zweckentfremdeten. Die Tatsache, dass dieses Etikett nunmehr – aus einer Sorge um Glaubwürdigkeit heraus –negativ betrachtet wurde, zeigt deutlich die Entwicklung der Bewegung.

Die *Anonymous*-AktivstInnen blieben jedoch Kinder von *4chan*, und ihre Straßendemonstrationen waren einzigartig: Im Internet entstanden, war es ihnen möglich, auf schnelle Weise die Städte der ganzen Welt miteinander zu verbinden; im Übrigen wurde die bei dem Board herrschende Anonymität offline fortgesetzt. So erschienen die TeilnehmerInnen maskiert zur ersten Demonstration am 10. Februar 2008. Sie trugen

118 Übersetzung: »Der weise Bärtige ist weise. Seine Worte sind weise, sein Gesicht ist bärtig.«

119 Meister Yoda: der Weise der Jedi-Ritter in der Saga *Star Wars*.

120 Siehe das Interview mit einer *Anonymous*-Vertreterin bei *The Daily Beast*: *The Passion of Anonymous* von Brian Baker, bei www.thedailybeast.com

zum ersten Mal die Masken mit dem Gesicht von Guy Fawkes[121], dieses legendären Helden des Films »V wie Vendetta«.[122] Für *Anonymous* hatte das Tragen dieser Maske eine doppelte Funktion: Es erlaubte, die persönliche Identität vor den Scientologen, die die TeilnehmerInnen vielleicht zu identifizieren versuchten, zu verbergen; es bildete aber auch einen gemeinsamen Code, der es aus dem Cyberspace kommenden Personen erlaubte, sich anzuschließen.

Denn selbst untereinander kennen sich die *Anonymous*, die sich treffen, nicht unbedingt. Die Organisation, die hauptsächlich online besteht, versucht die Anonymität ihrer Mitglieder zu wahren. Hierin liegt zweifellos das Magische an der Gruppe: dass es den Beteiligten gelingt, ein gemeinsames Handeln abzustimmen, weltweit, ohne die Identität der anderen Personen zu kennen.

Viele also, die maskiert zu der oben genannten Demonstration kamen, lernten sich erst am Treffpunkt kennen und gaben nicht ihren wahren Namen an. Die Teilnehmerschaft bestand, wie ein Journalist von *City Paper* schrieb[123], hauptsächlich aus jüngeren Studierenden, aber wies auch untypischere Profile auf. Zum Beispiel zählte ein Familienvater dazu, der erklärte, wie er dazu kam, den DemonstrantInnen zu folgen. Für ihn verkörperte *Anonymous* eine Anknüpfungsmöglichkeit, ein Aktionsmittel, das ihm zugänglich und mit der Welt, in der er sich selbst bewegte – dem Cyberspace – vereinbar war:

> »Ich bin Informatiker und Familienvater: Ich habe vier Kinder, eine Frau, ein Haus, ein paar Haustiere. Meine Arbeit ist nicht wirklich spannend, aber ich verbringe ziemlich viel Zeit im Internet und lese Digg, wissen Sie,

121 Guy Fawkes (1570-1606) war ein englischer Katholik, der zum großen Teil für die Ausführung des als »Pulververschwörung« (*Gunpowder plot*) bekannt gewordenen Plans verantwortlich war, mit dem gegen die als intolerant betrachtete Politik des Königs auf dem Gebiet der Religionsfreiheit protestiert werden sollte. Siehe dazu Wikipedia.

122 *»V for Vendetta«* ist die von James McTeigue im Jahr 2006 gedrehte Verfilmung des gleichnamigen Comics von Alan Moore und David Lloyd. Der Kinostart des Films sollte ursprünglich einen Tag vor dem 400. Jahrestag der *Guy Fawkes Night*, mit welcher der »Pulverschwörung« vom 5. November 1605 gedacht wird, stattfinden, verzögerte sich jedoch. Die Symbolik rund um Guy Fawkes wurde bereits zuvor durch die *Zippies* und durch Tim Leary benutzt.

123 Siehe Chris Landers in seinem Artikel *Anonymous Takes on Scientology (and Doesn't Afraid of Anything)* vom 4.2.2008, *Baltimore City Paper*, verfügbar unter www2.citypaper.com

wie alle möglichen Leute. Ich habe zu wenig Zeit, um ein Intellektueller zu sein, Bücher zu lesen, solche Dinge. Also Als Anon seinen Aufruf bei YouTube veröffentlicht hat, war ich fasziniert.«

Auch das Datum der ersten Demonstration war kein Zufall: Es fiel auf den Geburtstag von Lisa McPherson [10.2.1959, B.S.], einer Scientology-Anhängerin, die [im Dezember 1995, B.S.] unter ungeklärten Umständen in einem Gebäude der Scientology-Kirche starb. In Australien, in Europa und den USA versammelten sich daher Tausende von DemonstrantInnen, um friedlich – und unter Masken – gegen Scientology zu protestieren. Diese Demonstrationen einer neuen Art zogen die Medien an: Ähnlich wie bei den Clownbrigaden kommt es bei Demonstrationen eher auf die Inszenierung als auf die Teilnehmerzahl an. Und die Verkleidungen, die mitunter den galaktischen Kaiser Xenu und den Glauben der Scientologen an ein außerirdisches Leben verspotteten, lieferten leicht aufzugreifende Themen für die Medien, die alsbald darüber berichteten. Das *Lulz*, dieses Spektakel der *4chan*-Kultur, das *Anonymous* inszenierte, erwies sich als fernsehtauglich. Und die *Anonymous*-AktivistInnen nahmen auch ihre eigenen Bilder auf. Die Bewegung, die auf *4chan* entstanden war, kehrte dorthin mit Vergnügen zurück, sobald die Demonstrationen zu Ende waren. Wieder erfüllte das Imageboard seine wichtigste Rolle: den Austausch von Fotos. Dieses Mal zwischen den TeilnehmerInnen der Demonstrationen, die gleichzeitig global und lokal stattfanden. Die *Anonymous*-AktivistInnen waren auf der Straße aufgekreuzt, beladen mit ihren *Meme*, und trugen die Codes der Cyberkultur an sich. Der Spiegelbildeffekt war faszinierend: »Internet ist da« proklamierten zahlreiche Transparente, die man im Anschluss auf ›/b/‹ wiederfinden konnte. Sah man den *Anonymous*-AktivistInnen dabei zu, wie sie sich photographierten und die Bilder ihrer Aktion verbreiteten, dann spürte man, dass sie eine gewisse Freude empfanden, sich öffentlich zu zeigen, die eigene Kultur vorzuführen – wie *Cosplay*[124], aber mit einer Dimension des gesellschaftlichen Engagements.

---

124 *Cosplay* (zusammengezogen aus *costume* und *playing*) ist eine Praxis japanischer Herkunft, die darin besteht, sich zu verkleiden und die Rolle von Manga- oder anderen fiktiven Figuren zu spielen. *Cosplay*-Festivals bringen die AnhängerInnen dieser Mode zusammen, die man natürlich im Internet wiederfindet.

Nach mehreren Demonstrationen in den Jahren 2008 und 2009, insbesondere in Frankreich, wo die *Anonymous*-AktivistInnen den Kampf gegen die Scientology-Sekte als Matrix beibehielten, ist das Projekt *Chanology* weiterhin aktiv und organisiert sich eher in speziellen Internetforen. Zusammen mit den Gegnerinnen und Gegnern von Scientology hat *Anonymous* einen frischen Wind des *Free Speach* aufgebracht, einer im Protest befreiten Rede, welche die beste Waffe gegen diese Sekte darstellt. Für diejenigen, die Scientology entrinnen, kann die Anonymität – wie sie durch die Cyberkultur angeboten und bewusst gewahrt wird – einen ersten Schritt bilden, um zu erzählen, was sie erlebt haben. Gleichzeitig schützen sie sich so vor möglichen Repressalien seitens der Scientology-Kirche.

Die Werte der Cyberkultur, wie wir sie im Kapitel über die HacktivistInnen beschrieben haben, erwiesen sich auch als wirksames Kampfmittel für *Anonymous*, deren AktivistInnen mit der Popkultur aufgewachsen waren und vielleicht ein zynischeres Herangehen pflegten als die Älteren. Kurz vor dem Jahr 2010 – das mit dem Auftauchen von *WikiLeaks* auf der internationalen Bühne und dem Arabischen Frühling ein wichtiges Scharnier in der Geschichte von *Anonymous* bildete – tat sich das Hackerkollektiv auf widersprüchliche Weise weiter hervor, indem es auf der einen Seite die Revolte im Iran [im Juni 2009, B.S.] unterstützte, aber auf der anderen Seite auch pornographische Videos bei YouTube postete und dabei glauben ließ, es handele sich um Videos für Kinder.

Anonymous, die Herausbildung des Online-Aktivismus

Im Zeitraum 2006/2007 ist der Hacktivismus, sofern man von einem solchen bei *4chan* reden kann, noch unsicher und wenig selbstbewusst. Er lässt sich von den herkömmlichen HackerInnen inspirieren, aber die Stammlinie ist nicht direkt, und ihre Funktionsweisen sind unterschiedlich. Die ersten *Anonymous* sind bereits zahlreicher, als es die HackerInnen jemals waren, und sie sammelten sich zuerst stärker rund um die Popkultur als um die Gegenkultur der 1960er Jahre. Um es vereinfacht auszudrücken, findet man etwas mehr von Lady Gaga als von Gandhi bei ihnen. Ansonsten sind die – vorwiegend angelsächsischen – Mitglieder ihrer ›Legion‹ weit davon entfernt, alle *Tech Savvys* zu sein, und noch weniger sind sie anerkannte und fähige HackerInnen. Ihre Kämpfe sind weit weniger erkennbar und gehen in der *4chan*-Kultur unter, die sich beeilt, jede ernsthafte Bewegung in Richtung *Lulz* umzuleiten. Der Kampf gegen die Kinderpornographie steht neben tatsächlich kinderpornographischen Bildern und neben hochgradig ironischem Humor über solche Verirrungen.

Die Widersprüche dieser Internetplattform sind also bedeutend, und bis 2008 oder 2009 werden die *Anonymous* nicht durch einen klaren und strukturierten Diskurs vereinigt, der es erlauben würde, ihnen Substanz zu verleihen. Es sind eher punktuelle Themen und eine Geisteshaltung, die die Vorläufer von *Anonymous* zusammenhalten. Horizontale Organisationsformen bilden sich heraus, die auf der Anonymität in den Threads und auf einer entschiedenen Verteidigung der freien Meinungsäußerung beruhen. *Anonymous* ist, in diesem Sinne, nur ein Beispiel unter vielen für die Selbstorganisierung, die zahlreiche Projekte auszeichnet. Wie es Steven Levy für die HackerInnen beschrieben hat, gibt es bei *Anonymous* per Definition keine ethnische Herkunft und keine Alterszugehörigkeit.

Doch mit der Operation *Chanology* begann *Anonymous*, eine erkennbare Form anzunehmen. Dieser gemeinsame Kampf brachte Bilder und Symbole hervor, an denen die *Anonymous*-AktivistInnen hingen. Gleichzeitig wurden sie für das breite Publikum und die Medien identifizierbar, was dazu beitrug, die Codes der Bewegung festzuschreiben. Diese Kampagne war daher die Gelegenheit für die *Anonymous*-AktivistInnen, sich Ruhm zu erwerben. Waren sie bislang vollkommen unbekannt oder wurden nur als Schmuddelkinder des Internets wahrgenommen, bewiesen sie nun ihre Bereitschaft, sich für gerechte Anliegen zu engagieren. Von diesem Moment an konnte man sie zu den HacktivistInnen zählen.

Wenn das *Lulz* auf die Straße geht, macht die *4chan*-Kultur einen interessanten Wandel durch und gibt den Zynismus um jeden Preis auf, ohne jedoch ihre ursprüngliche Geisteshaltung zu verleugnen. Die Konfrontation der *Anonymous*-AktivistInnen mit der Realität hat sicherlich eine wichtige Rolle bei der Bewusstseinsbildung der Bewegung gespielt. Sie hatten sich eben im ›realen Leben‹ verabredet, vor den Gebäuden der Scientology-Kirche, um zu zeigen, dass ihnen das wahre Gefährdungspotenzial dieser ›Religion‹ bewusst war.

1994 hatte Timothy Leary die Invasion Englands durch den Cyberspace angekündigt. 2008 traten die ›/b/tards‹ tatsächlich aus *4chan* heraus, um Scientology anzuprangern. Die ersten *Anonymous*-AktivistInnen waren aus der Begegnung zwischen *Popkultur* und Cyberkultur hervorgegangen. Sie bildeten eine Hybridform, bei der man die *Free Speach* der 1960er Jahre, die von den GlobalisierungskritikerInnen angestoßene Kritik an den Massenmedien und den Geschmack der *Zippies* für die Inszenierung wiederfinden konnte. Aber das *Lulz*, diese Mischung aus Schadenfreude und Zynismus, sowie ihre Art von massenhafter kollektiver Aktion verliehen *Anonymous* einen eigenständigen Charakter.

Teil II
Wenn der *Anonymous*-Hacktivismus sich zur Welt hin öffnet

Als *Anonymous* begann, gegen Scientology zu mobilisieren, tauchte *Anonymous* auch in das Blickfeld der Medien ein. Nicht nur, dass manche Medien sie mit ihren Masken auf der Straße trafen, die Fernsehsender richteten ihre Kameras auch auf ihre Online-Aktivitäten, die von Tag zu Tag zunahmen. Ab der *Chanology*-Affäre vervielfältige *Anonymous* die ›Operationen‹, die Kampagnen, die den Aktivismus im Internet erneuerten und ihn auch einem breiten Publikum bekannt machten. Im Jahr 1999 hatte der Hacktivismus der *Electrohippies* anlässlich der globalisierungskritischen Demonstrationen in Seattle zwar eine wichtige symbolische Bedeutung gehabt, aber der Widerhall in den Medien war sehr schwach und der Protestbewegung außerhalb des Internets untergeordnet geblieben. Die DDoS-Attacken hatten die Bewegung unterstützt und neue Wege eröffnet, aber nicht am Ausgangspunkt der Mobilisierung gestanden .

Zehn Jahre später, zu Beginn des Kampfs von *Anonymous* gegen Scientology, nahm der Hacktivismus eine ganz andere Dimension an. Anfang des 21. Jahrhunderts hatte sich die Internetnutzung nämlich extrem verallgemeinert, und die herkömmlichen Massenmedien hatten einen Teil ihres Publikums verloren. Im öffentlichen Raum wurde das Internet zu einem zentralen Ort, an dem Informationen nicht nur weiterverbreitet, sondern auf unzähligen Blogs und in sozialen Netzwerken selbst geschaffen wurden. Es entstanden unzählige Orte, an denen die InternetnutzerInnen zu Wort kommen konnten und die das hervorbrachten, was man als interaktives Internet oder Web 2.0 bezeichnet. Um das Wort im Internet zu ergreifen, benötigte man keinerlei technische Kenntnisse mehr. Konkret genügte es, ein Benutzerkonto bei *Facebook* einzurichten, wie 800 Millionen Menschen in der Welt es taten, um auf einfache Weise und ohne Zeitverzögerung aktuelle Neuigkeiten zu veröffentlichen.

Bevor es Christopher Poole zur einflussreichsten Persönlichkeit der Welt ernannte, hatte das *Time Magazine* die InternetnutzerInnen zu Ehren kommen lassen. Im Jahr 2006 veröffentlichte die Zeitschrift auf ihrer Titelseite eine Tastatur, einen Bildschirm und ein YouTube-Fenster, und untertitelte das Ganze mit: »Sie. ja, Sie. Sie kontrollieren das Informationszeitalter. Willkommen in Ihrer Welt.«[125] Dieser Satz stellt eine Art

125 Siehe *Time Magazine*, Sondernummer *Person of the Year* vom 25.12.2006, Originalüberschrift: *You. Yes, You. You control the Information Age. Welcome to your world.*

offizielle Weihe der Cyberkultur durch die Medien dar. Die Information und die auf Computer aufbauenden Strukturen, die sie ermöglichten, kamen zu Ehren, ebenso wie jede Person, die damit umgehen konnte. Die Botschaft von Steven Levy schien beim breiten Publikum angekommen zu sein: Die Computer können die Welt verändern, und das Netz kann Machtverhältnisse einebnen.

Eine Folge dieser Entwicklung war, dass die Tätigkeit und die Rolle der JournalistInnen eine Umwälzung erfuhr. Ihre Vorherrschaft über die Informationen war vorüber: Zwar stellten sie noch immer eine Form von Autorität dar, doch sie waren nicht länger die Einzigen, die Informationen verbreiteten oder sie produzierten. Mittlerweile holen sich die JournalistInnen ihre Informationen – wie alle Leute – aus dem Internet, und es gibt inzwischen unzählige Fernsehreportagen die Screenshots verwenden.

Mit dem Aufkommen von *WikiLeaks* erfolgte ein weiterer Qualitätssprung: Diese unabhängige Plattform, die anonyme Veröffentlichungen erlaubt, bildet eine solche Informationsquelle, dass sie die Journalisten dazu zwingt, ihrer Agenda zu folgen. Wenn man Staatsgeheimnisse offenlegt, wird man notwendigerweise ernst genommen.

WikiLeaks steht den HackerInnen nahe, aus historischen ebenso wie aus ideologischen Gründen. Die *Anonymous*-AktivistInnen wiederum erkennen Julian Assange als einen der Ihren an und zögerten nicht, ihn zu unterstützen, was de facto bedeutende Konsequenzen für ihre Organisierung hatte. Das Gesicht des Hacktivismus ändert sich folglich: Mit *WikiLeaks* trat *Anonymous* endgültig in das Scheinwerferlicht der Medien.

Der Wendepunkt *WikiLeaks*: die Information hacken

Hinter der Webseite *WikiLeaks* steht eine Organisation ohne kommerzielle Zielsetzung, die 2006 von dem Australier Julian Assange gegründet wurde. Sein Ziel ist die Verteidigung der freien Meinungsäußerung und des freien Informationsverkehrs, mit dem Ziel, die weltweite politische Situation zu verbessern. Das Projekt *WikiLeaks* geht von der Feststellung aus, dass der Zugang zur Information weit davon entfernt ist, für die Staaten und ihre BürgerInnen gleich zu sein. Die Organisation reiht sich in die allgemeine Tendenz zum Misstrauen gegen die Regierenden, die wir bereits erwähnt haben, ein. Die BürgerInnen wussten schon immer, dass ihre Regierungen Geheimnisse hüteten, aber sie scheinen immer weniger dazu bereit, sie ohne jegliche Kontrolle agieren zu lassen; und die Skandale, die regelmäßig in der Presse auftauchen, verstärken diesen Eindruck. Der Kampf gegen die Korruption wird sogar zur Haupttätigkeit von manchen NGOs wie beispielsweise *Transparency International*.[126]

WikiLeaks ihrerseits erhebt den Anspruch, ein Vermittler zwischen dem breiten Publikum (oder den JournalistInnen) und den *Whistleblowers* (›Alarmgeber‹) zu sein. Ein *Whistleblower* ist eine Person, die Informationen über illegale Aktivitäten oder über solche, die sie als »Gefährdung für den Menschen, für die Gesellschaft oder die Umwelt« betrachtet, öffentlich macht, »mitunter gegen den Willen ihrer Vorgesetzten«.[127] In manchen demokratisch regierten Ländern besteht ein Recht auf die Veröffentlichung von nach außen gedrungenen Informationen – im Englischen *leaks genannt* –, das als eine notwendige Ergänzung zum Recht auf freie Meinungsäußerung betrachtet wird.[128] Allerdings ist es nicht schwierig nachzuvollziehen, dass das Gewissen oder die höheren Prinzipien eines Individuums sich unter dem Druck eines Staates oder eines Großunternehmens beugen können.

Das Anliegen von *WikiLeaks* ist es daher, einen weltweiten ›Briefkasten‹ zur Verfügung zu stellen, in den jede(r) anonym etwas einwerfen und so seine etwaigen Quellen schützen kann. Obwohl anfänglich die Nachrichten von den BesucherInnen selbst online gestellt werden konnten

126 *Transparency International* ist eine 1993 gegründete NGO, die in über 90 Ländern tätig ist, um gegen Korruption zu kämpfen.

127 Definition bei Wikipedia.

128 Das ist besonders in den USA der Fall, mit dem *False Claims Act*.

– daher rührt der Begriff ›Wiki‹ –, entwickelte sich die Internetplattform rasch zu einer Art elektronischem *Dead Drop*[129], der einen Austausch von Informationen zwischen zwei Personen erlaubt, ohne dass sie in direktem Kontakt stünden. Und um die Sicherheit und die Anonymität zu gewährleisten, stützt *WikiLeaks* sich auf SpezialistInnen, nämlich HackerInnen.

Vom Hacken von Computersystemen hin zu dem der Informationsgesellschaft

Die Geschichte von *WikiLeaks* ist mit jener der HackerInnen untrennbar verbunden. Ihr Gründer und wichtigster Sprecher, Julian Assange, ist selbst ein Informatikgenie und eine Figur der Hackerszene seiner Generation in den 1980er Jahren. Als Student war der Australier im Netz unter dem Pseudonym *Mendax* bekannt und gehörte zu einer Hackergruppe namens *The International Subversives* (die internationalen Rebellen).

Zu jener Zeit war der Cyberspace sein Experimentierfeld. Assange ist ein Autodiktat, und er fand im Internet einen Freiraum, der ihn faszinierte. Zusammen mit Gleichgesinnten verbrachte er seine Nächte damit, die Server von Nortel zu erkunden – eines kanadischen Telefonanbieters, dessen Server in Melbourne installiert sind –, ohne dass die Netzadministratoren etwas davon mitbekamen. Aber eines Tages im September 1991 wurde einer von ihnen auf ihn aufmerksam, und Assange schrieb ihn an. Man trifft in diesem Monolog dieselbe Geisteshaltung wieder wie bei *The Mentor* – die eines jungen Überbegabten, der im Cyberspace seine Entfaltung findet, aber das Unverständnis einer Welt, die nicht die seine ist, fürchtet:

> »Ich habe die Kontrolle übernommen. Jahre lang war ich im Grau-in-Grau gefangen. Aber nunmehr sehe ich endlich das Licht. (...) Es war nett, mit Ihrem System zu spielen. Wir haben nichts kaputt gemacht und wir haben sogar einige Dinge verbessert. Bitte, rufen Sie nicht die australische Bundespolizei.«[130]

---

129 Die Technik des *Dead Drop* oder »toten Briefkastens«, die für Spionagezwecke benutzt wird, besteht darin, auf zeitversetzte Weise Informationen auszutauschen, indem man sie an einem beiden Seiten bekannten Ort hinterlegt. Die Spione können also nacheinander eine Nachricht hinterlegen oder in Empfang nehmen, ohne sich notwendig zu sehen oder gar ohne sich zu kennen.

130 Dies berichtet ein Artikel des *New Yorker*: *No secrets. Julian Assange's mission for total transparency* von Raffi Khatchadourian, vom 7.6.2010, verfügbar bei www.newyorker.com

Julian Assange war ein *White Hat*, was es ihm erlaubte, lange Jahre im Gefängnis zu vermeiden, die ihm die australischen Behörden versprachen, als sie ihn festnahmen. Er strebte niemals danach zu zerstören, sondern nur danach, das System zu entdecken und zu verstehen, ganz in der Hackertradition. Für das *Personal Democracy Forum*[131] – ein *Hub* [eine Kommunikationsplattform, B.S.], das eine offenere Demokratie dank der Technologie verteidigt – ist er »der bekannteste ethische Hacker Australiens«.[132] Julian Assange stellt im Übrigen in einem Buch, zu dem er beitrug, die goldenen Regeln des Hackings klar:

> »Beschädigt nicht die Computersysteme, in die Ihr eindringt, auch nicht, indem Ihr Fehler hervorruft; ändert nicht die Einstellungen dieser Systeme (außer durch Änderungen der Logs, um Eure Spuren zu verwischen); und teilt die Information mit anderen.«[133]

Nach seiner Festnahme, infolge derer er letztendlich nur zu einer Geldstrafe verurteilt wurde, interessierte sich Assange auch weiterhin für Computersicherheit und war an der Entwicklung mehrerer Verschlüsselungsprogramme beteiligt. Parallel dazu verfeinerte er sein politisches Denken, ausgehend von der Ethik der HackerInnen bis hin zu Alexander Solschenizyn und insbesondere dessen Buch »Der erste Kreis der Hölle«, das die Hölle des GULAG für die intellektuellen russischen Dissidenten beschreibt. *WikiLeaks* entstand also aus dem Willen zur Verteidigung der freien Meinungsäußerung.

Besonders mit der Hilfe eines anderen Hackers und Aktivisten, den er beim Chaos Computer Club kennen lernte, Daniel Domscheit-Berg, gelang es Julian Assange, mehrere Staatsaffären ans Licht der Öffentlichkeit zu bringen. 2007 veröffentlichte *WikiLeaks* einen unter Verschluss gehaltenen Bericht, der den früheren Präsidenten Kenias, Daniel Arap Moi, und seine Familie der Korruption bezichtigte. Die Information, die umgehend von *The Guardian* aufgegriffen wurde[134], beeinflusste die damals stattfindenden Wahlen in dem Land, und der von Moi unterstützte

131 Nähere Informationen zu dieser Organisation siehe unter personaldemocracy.com

132 Zu Julien Assange siehe *Conference 2010 Speakers*, bei personaldemocracy.com

133 Suelette Dreyfus (und Julian Assange): *Underground. Tales of Hacking, Madness and Obsession on the Electronic Frontier«*, Mandarin Australia, 1997.

134 Siehe *The looting of Kenya* von Xan Rice, Artikel vom 31.8.2007 in *The Guardian*, bei www.guardian.co.ok

Kandidat verlor daraufhin, obwohl er als aussichtsreichster Bewerber gegolten hatte.

Nach diesem ersten gelungenen Coup, durch den *WikiLeaks* die Anerkennung von Amnesty international fand und ins Blickfeld der Medien rückte, veröffentlichte die Organisation zahlreiche Dokumente, die dem Publikum zeigen sollten, was ihre Regierungen vor ihm verbargen. Unter den wichtigsten nach außen gedrungenen Dokumenten findet man ein Militärhandbuch für *Camp Delta*, das US-amerikanische ›Terroristen‹gefängnis in Guantanamo, oder Arbeitsdokumente zum »Handelsabkommen gegen Produktpiraterie« (ACTA), die die öffentliche Meinung vor diesem allgemein verkannten internationalen Vertragsprojekt warnten, welches das Urheberrecht besonders im Internet regeln sollte.[135]

WikiLeaks wurde so zu einer Quelle unterdrückter Informationen für JournalistInnen weltweit. Aber die Organisation erfuhr ihren endgültigen Aufschwung erst mit dem ›Projekt B‹, wie Assange es nannte. Im Jahr 2010 erhielt *WikiLeaks* ein Video von der US-amerikanischen Armee, das Aufnahmen einer im Irakkrieg eingesetzten Kamera zeigte. Das Video ist auf den 12. Juli 2007 datiert und zeigt mehrere Angriffe von einem US-amerikanischen Apache-Hubschrauber aus gegen Personen am Boden. Unter den Opfern befanden sich zwei Journalisten der Presseagentur Reuters und Zivilisten, darunter zwei verletzte Kinder. Die Soldaten, deren Funkkommunikation man hört, scheinen sie mit Kombattanten zu verwechseln und schrecken in der Folge nicht davor zurück, auf ein Auto zu feuern, das Hilfe für die Verletzten herbeibringt. Diese Aufnahmen, deren Zur-Verfügung-Stellung an Reuters die US-Armee stets abgelehnt hatte, belegen zweifellos einen Übergriff der Soldaten, aber klären auch über die Wirklichkeit des modernen Krieges auf. Die Kommentare der Soldaten belegen ihre starke Distanz, ja das Fehlen von Bewusstsein über ihre Handlungen. Wie die Menschenrechtsverteidigerin Joan Allison Smith erklärt, ist diese Dimension der Aufnahmen besonders schockierend für das Publikum.[136]

---

135 Die Frage des ACTA-Abkommens wurde besonders im Cyberspace debattiert, wo man darin einen neuen Kontrollversuch von Staaten und multinationalen Konzernen erblickte. Um die Liste aller Publikationen dazu bei *WikiLeaks* zu finden, siehe unter *Informations published by WikiLeaks b*ei Wikipedia. [ACTA wurde nach massiven internationalen Protesten am 4. Juli 2012 mit großer Mehrheit vom Europäischen Parlament abgelehnt. B.S.]

136 Siehe dazu den Artikel *Joan Smith: Now we see what war does to those who wage it* vom 8.4.2010, bei www.independant.co.uk

Der Vorgang der Veröffentlichung des Videos ist bereits an sich interessant, insbesondere in Hinsicht darauf, wie *WikiLeaks* versuchte, sich einen Platz im Universum der Medien zu verschaffen. Zunächst musste man das Video, das Bradley Manning – der Nachrichtenanalyst der US-Army, nach draußen geschmuggelt hatte, entschlüsseln. Manning sollte später erklären, dass er nach bestem Gewissen gehandelt habe, da er Informationen weitergegeben habe, die er als Bestandteil ›der öffentlichen Sphäre‹ betrachte.[137] Die erfahrenen Hacker von *WikiLeaks* griffen sie auf und zögerten nicht, im Internet an freiwillige ehrenamtliche Mithelfer zu appellieren. Die Daten wurden sodann kompiliert [umgewandelt] und hochgeladen, bevor sie bei einer Pressekonferenz vor einigen Journalisten unter anderem von Reuters, *Al Jazeera* und *Russia Today* ausgestrahlt wurden. Es wurde also eine redaktionelle Arbeit durchgeführt, eine Filmmontage, die ein die US-amerikanische Armee anklagendes Dokument ergeben sollte. Der Titel des Videos ist in dieser Hinsicht vielsagend: »Collateral Murders« (Kollateralmorde). Julian Assange bekennt sich dazu, auf diese Weise Partei zu ergreifen, dabei seine Rolle als Aktivist zu spielen und die Gewissen wachzurütteln. »Wir wollen diesen Euphemismus ›Kollateralschäden‹ sabotieren, damit er ab jetzt ein Synonym für ›Kollateralmorde‹ sei.«[138]

Parallel zur Pressekonferenz wurde die Videomontage auf einer speziellen Webseite verbreitet, aber auch in verschiedenen Internetforen wie bei YouTube. Das Video, das auf ein Format gebracht wurde, das seine Verbreitung im Internet erleichtern sollte, wurde so Millionen Male angesehen und von allen großen Medien aufgegriffen. *WikiLeaks* hatte seinen Coup erfolgreich gelandet: In einigen Stunden wurde die Prioritätenliste der Medien vollständig durcheinander gebracht, und die von den Aktivisten aufgeworfene Frage stand in den Weltpresse auf der Titelseite.

Die Besonderheit von *WikiLeaks* besteht darin, dass es in der Lage ist, mediale Bomben zu zünden, ohne über schwerfällige und kostspielige Strukturen zu verfügen. *WikiLeaks* ist eine kleine Organisation, die fünf Angestellte zählt und sich auf ein paar Dutzend Ehrenamtliche stützt, die mehr oder weniger stark involviert sind. Aber unter den Personen im

---

137 Chatting-Dialoge zwischen Bradley Manning und einem Hacker mit Nutzernamen Lamo, der ihn später bei den US-amerikanischen Behörden anzeigte, wurden auf *Wired* veröffentlicht: *Manning-Lamo Chat Logs Revelead*, online verfügbar.

138 Siehe *No Secrets, Julian Assange's mission...*, Artikel vom 7.6.2010 im New Yorker, a.a.O.

Umfeld von *WikiLeaks* finden sich einige SpezialistInnen für Computersicherheit, die für das Schlüsselelement der Internetplattform sorgen: ihre Unangreifbarkeit. Einige der ExpertInnen im Umfeld von *WikiLeaks* sind im Besitz von Versatzstücken des Codes, die die anderen nicht kennen, nicht einmal Assange.[139] Dieser Typ von Organisation, ein Netzwerk im Zeichen der Anonymität, erlaubt es, die Risiken von Angriffen zu minimieren, indem man die Kontrolle über die Internetplattform dezentralisiert. So hat die Webseite, obwohl sie Attacken ausgesetzt war, es immer geschafft, der Zensur zu entgehen und sichtbar zu bleiben.

Ein zentrales Instrument, das *WikiLeaks* benutzt, um die Anonymität zu gewährleisten, heißt *Tor* (*The Onion Routing*). Es handelt sich sicherlich um eines der leistungsfähigsten Computerprogramme auf diesem Gebiet, ein lizenzfreies Programm, das gleichermaßen von Unternehmen wie z.B. Google, die US-amerikanische Armee und NGOs wie *Human Rights Watch* finanziert wurde. Wenn jemand ins Internet geht, wird ihm oder ihr systematisch eine einmalig zu benutzende IP-Adresse zugeteilt. Eine IP-Adresse ist das Online-Pendant zu den Personalangaben und macht es möglich, die reale Adresse herauszufinden. Um auf eine Webseite zu gehen, muss eine Verbindung zwischen der IP-Adresse dieser Seite und jener des Nutzers oder der Nutzerin hergestellt werden. *Tor* erlaubt es, ins Netz zu gehen, ohne dass die IP-Adresse, die man benutzt, identifiziert werden könnte. Um zu diesem Ergebnis zu kommen, lässt des Programm die Verbindung zwischen dem Internetnutzer und der Webseite zahlreiche Zwischenstationen durchlaufen und schafft dabei aufeinanderfolgende Schichten, nach dem Bild der zahlreichen Häute einer Zwiebel, die dafür sorgen, dass man die IP-Adresse des Besuchers oder der Besucherin nicht identifizieren kann.

Bei *WiKiLeaks* befasst sich Jacob Appelbaum mit der Entwicklung von *Tor*, und befördert so den Kampf für die Freiheit der Meinungsäußerung.

> »Der Zugang zur freien Meinungsäußerung ist ein universelles Recht. Die anonyme Kommunikation ist ein guter Weg, um dafür zu sorgen, dass es respektiert wird. Tor ist nur eine Anwendung, die dabei hilft, diese Idee zu verbreiten. (...) Alle sollten überall in der Lage sein, zu sprechen, zu lesen und sich eine eigene Meinung zu bilden, ohne überwacht zu werden.«[140]

---

139 Ebd.

140 Siehe die Reportage über Jacob Appelbaum: *The American Wikileaks Hacker* von Nathaniel Rich, in *Rolling Stone*, im Online-Archiv abrufbar bei www.readersupportednews.org

Dieser Mann ist eine interessante Figur der Organisation und wahrscheinlich das einzige US-amerikanische Mitglied von *WikiLeaks*. Er definiert sich gleichzeitig als Hacker und als *queer*[141] und arbeitete zuvor für Greenpeace. Jacob Appelbaum vertritt also diese neue Generation von HackerInnen, die zwar sehr technikverliebt ist, aber keine Scheu hat, sich in der Öffentlichkeit zu Wort zu melden oder ihre Forderungen mit der heutigen Gegenkultur zu verknüpfen.

Mit ihrer Verteidigung der freien Meinungsäußerung reiht sich *WikiLeaks* in die Reihe der Medienkritiker ein, zu denen wir ja bereits die GlobalisierungskritikerInnen und die ersten HacktivistInnen gezählt hatten. Wie bereits die MacherInnen von *Indymedia* stellten auch Julian Assange und seine MitstreiterInnen fest, dass die Informationen nicht korrekt verbreitet werden und dass es zahlreiche Schattenzonen in der Medienberichterstattung gibt. Doch die Antwort von *WikiLeaks* darauf ist eine andere: Es geht nicht darum, aus dem Nichts ein neues Medium zu schaffen, sondern eher darum, die Prioritätenliste der bestehenden Medien umzustoßen. Die Diskussionen mit JournalistInnen sind jedoch nicht das Hauptanliegen von *WikiLeaks*, das eher auf die nackten Daten, auf die Quelle Wert legt. In der Tradition der russischen Samizdat, im Untergrund erscheinende Flugschriften, geht es darum, die Veröffentlichung von unterdrückten Informationen zu erzwingen. Dieses Mal jedoch, indem man sich auf das Internet stützt.

Julian Assange erklärte etwa, dass *WikiLeaks* dem Journalismus zu Hilfe komme denn dieser stütze sich in der Praxis häufig auf die Enthüllungen seiner Webseite. Diese Situation zeigt die Stärke der Organisation, aber vielleicht auch die Unfähigkeit der herkömmlichen Medien, solche Informationen ausfindig zu machen.

> »Dies zeigt den fragilen Zustand, in welchem sich der Rest der Medien befindet. Wie ist es möglich, dass es ein Team aus fünf Personen schaffte, dem Publikum mehr unterdrückte Informationen zur Kenntnis zu bringen als die gesamte Weltpresse zusammen? Das ist ein Skandal.«[142]

Julien Assange schlug daher ein neues Modell von Journalismus vor: einen »wissenschaftlichen Journalismus«, der auf den Quellen beruht, die – wie

141 Die *Queer*-Theorie kämpft gegen die Heteronormativität und stellt den Geschlechterbegriff, wie er allgemein in der Gesellschaft akzeptiert wird, infrage.

142 Siehe den Artikel *The secret life of WikiLeaks foundet Julian Assange* vom 22.5.2010 in *The Sidney Morning Herald*, bei www.smh.com

sich herausstellt – in sehr großem Umfang verfügbar und verbreitbar sind. Mittels dessen, was man heutzutage als *Datenjournalismus* bezeichnet, kann *WikiLeaks* eine Verbindung zwischen Informatik, Rohdaten, Journalismus und freier Meinungsäußerung herstellen. Mit der Verbreitung des Videos *Collateral Murders* trat *WikiLeaks* als ungebetener Gast in die Informationsgesellschaft ein, beherrschte dabei aber alle Mechanismen. Die Zeit des Nachrichten-*Hackings* war gekommen .

Der Kampf für die Transparenz

Als Julian Assange Dokumente enthüllte, die er gleichzeitig online stellte, war klar, dass die Presse für *WikiLeaks* nicht mehr der Hauptakteur zwischen den Quellen und dem Publikum war. Wenn die Medien das Video nicht von sich aus verbreiteten, so würde es, da konnte *WikiLeaks* sich sicher sein, auf jeden Fall im Internet zur Verfügung stehen und so letztlich von den Medien doch nicht ignoriert werden können.

Wie die *Yes Men* konfrontiert *WikiLeaks* die Staaten oder die Unternehmen direkt mit ihren Handlungen, indem sie ihre verborgene Seite aufzeigt: Der König ist nunmehr vollständig nackt. Das ist eine Art und Weise, der Welt eine neue Transparenz aufzuzwingen, die dem breiten Publikum nutzt. Dennoch geht es nicht einfach darum, die Führungspersönlichkeiten unserer Welt zu zeigen, wie sie aussehen würden, wären sie nicht dauernd von der Kulisse umgeben. Das Anliegen von *WikiLeaks* ist umfassender: sie will nicht ›einen Coup landen‹, sondern eher dauerhaft die Strukturen verändern – mittels eines neuartigen Instruments zur Verbreitung von Informationen. Wie Julian Assange sagte, ist *WikiLeaks* »ein System, das man nicht zensieren kann, das ein massenhaftes Nach-Außen-Dringen von Dokumenten ohne Gefahr der Zurückverfolgbarkeit erlaubt, wie auch ihre Untersuchung durch die Öffentlichkeit«.[143] *WikiLeaks*, das inmitten des Internets verankert ist und von HackerInnen unterhalten wird, will eine Festung sein, die ein Anwachsen der Meinungsfreiheit in der ganzen Welt erlaubt.

Die *WikiLeaks*-Initiative integrierte sich also in eine breite Bewegung, eine historische Tendenz, offizielle Daten für die BürgerInnen zugänglich zu machen. Die *OpenData*-Bewegung, die besonders von der *Open Knowledge Foundation* unterstützt wird[144], versuchte etwa die Offenlegung der Regierungendaten voranzubringen. Die Stiftung geht von der Feststellung aus, dass die Verbreitungskosten für diese Nachrichten dank der neuen Informationstechnologien sehr gering sind, und die Vorteile groß: es könnten neue Dienstleistungen entstehen, und die Bürgerkontrolle über die Behörden würde gestärkt. Diese Öffnungsdynamik stellt eine wichtige

---

143 Siehe den Artikel *No Secrets. Julian Assange's mission...* vom 7.6.2010, in New Yorker, a.a.O.

144 Das Anliegen der *Open Knowledge Foundation* besteht im Übrigen darin, »ein offenes Wissen im digitalen Zeitalter zu fördern«; siehe ihre offizielle Webseite: http://okfn.org

Veränderung für unsere Gesellschaften dar, die sich in einem grundlegenden Umwälzungsprozess befinden. Sie ruft naturgemäß unterschiedliche Reaktionen hervor, sowohl in den progressiven als auch in den konservativen Milieus. Beim Erscheinen des *Collateral-Murders*-Videos erklärte etwa der Abgeordnete der US-Republikaner Mike Rogers, dass die Person, die für das Nach-Außen-Dringen der Informationen verantwortlich sei, hingerichtet werden müsse,[145] und ein früherer Berater von Georges W. Bush, Marc Thiessen, bezeichnete *WikiLeaks* als »kriminelle Vereinigung«.[146] Auf der anderen Seite befand Daniel Ellsberg, der berühmte Informant, der die Veröffentlichung der *Pentagon Papers* auslöste[147], dass Assange »unserer Demokratie und unseren Gesetzen dient, genau indem er geheime Regelwerke herausfordert, die in den meisten Fällen keine Gesetze sind«.[148]

Für Ellsberg wie für Assange waren die Fälle des Nach-Außen-Dringens von Informationen also wichtig für die Demokratie, weil sie die beste Waffe gegen die Korruption der Eliten bildeten. Andere folgten schließlich dem Beispiel von *WikiLeaks* und vertraten dieselbe Position. Im Jahr 2011 entstanden Klone von *WikiLeaks* so ziemlich überall auf der Welt. Der in Qatar ansässige Fernsehsender *Al-Jazeera* startete im Januar seine *Transparency Unit*, im März folgte die *French Leaks* der französischen Internetzeitung *Mediapart* und im Mai das *Wall Street Journal* mit seiner Webseite *Safe House*. *Anonymous* brachte in der Folgezeit auch *Hollywood Leaks* hervor, ein weiterer Beweis – wenn es eines solchen bedurfte – der Übereinstimmung der Sichtweisen und der eingesetzten Mittel bei Assange und seinen Hacktivisten-KollegInnen von *Anonymous*. Für die Medien ging es darum, mit *WikiLeaks* gleichzuziehen und selbst in der Lage zu sein, vertrauliche Daten von einem breiten Publikum zu erhalten. Denn nach außen dringende Informationen kamen, dank der Informatik, nicht mehr

---

145 Siehe den Artikel *GOP Congressman Mike Roger Suggests Death Penalty For Wikileaks Whistlebower* von Elyse Siegel vom 8.3.2010 in *The Huffington Post*, verfügbar unter www.huffingtonpost.com

146 Gastbeitrag von Marc Thiessen: *WikiLeaks must be stopped*, vom 3.8.2010, *Washington Post*.

147 Daniel Ellsberg, ein früherer Analyst der US-Regierung, ließ 1969 offizielle Dokumente nach außen dringen, aus denen die Lügen der Johnson-Administration bezüglich des Vietnamkriegs hervorgingen.

148 Siehe den Artikel *Dan Ellsberg on WikiLeaks & the Essential Democratic Question: Who Will Tell the People?* von John Nichols vom 26.7.2010 in *The Nation*, online verfügbar unter www.thenation.com

nur aus dem Inneren der Machtzirkel. Es wurde immer einfacher, sensible Daten zu übermitteln, und dies in großem Umfang. Nach dem Vorbild von *WikiLeaks* versuchten manche Zeitungen daher, auf den fahrenden Zug aufzuspringen und ihre Dienste den neuen InformantInnen anzubieten. Zahlreiche mit *WikiLeaks* vergleichbare Initiativen entstanden im Übrigen außerhalb des Medienbetriebs. Die Webseite *Leakdirectory*[149] listet mehrere Dutzend.

149 Siehe leakdirectory.org

Als *WikiLeaks Anonymous* traf

Kurz bevor er das Video *Collateral Murders* herausbrachte, befand Julian Assange sich in Reykjavik in Gesellschaft des Teams, das das Projekt zusammen mit ihm gegründet hatte. Raffi Khatchadourian, Journalist beim *New Yorker*, überlieferte, dass Assange vor seinem Abflug zur Pressekonferenz in New York folgende Worte aussprach: »*Remember, remember the fifth of November.*«[150] Dies ist eine eindeutige Anspielung auf die Nacht im Jahr 1605, in der Guy Fawkes, der Held von *Anonymous*, versuchte, das englische Parlament in die Luft zu sprengen. Assange gehört zwar nicht zu *Anonymous*, aber er kennt ihre Kultur.

Tatsächlich haben sich die Wege von *WikiLeaks* und der *Anonymous* schon mehrfach gekreuzt. Ihren Gründungskampf etwa, die Operation *Chanology*, hatte Assanges Organisation verfolgt. Anfang 2008, als der Kampf gegen Scientology seinen Höhepunkt erreicht hatte, veröffentlichte *WikiLeaks* ein internes Dokument der Scientology-Kirche. Dieses Dokument enthüllte die Strategie der »Abteilung für spezielle Angelegenheiten«, die von sich sagt, dass sie »die vollständige Akzeptanz von Scientology und ihres Gründers in der ganzen Region erreichen« will.[151] Es beschrieb auch die Methode, die man gegen GegnerInnen einsetzen solle, und erklärte die Technik des *Fair Game*: Im Falle eines Journalisten z.B. müsse man seine Vergangenheit durchschnüffeln, auf der Suche nach jeder Spur von etwas, das man als Grundlage für eine Erpressung verwenden könne. Das Dokument ist vom Gründer der Scientology-Kirche, L. Ron Hubbard, eigenhändig verfasst. Die Anwälte von Scientology versuchten – ihrer Gewohnheit entsprechend – umgehend, die Internetplattform vor Gericht zu zerren. Doch *WikiLeaks* ist nicht so anfällig wie ihre herkömmlichen GegnerInnen, und die Antwort von Julian Assange ließ nicht auf sich warten: Er veröffentlichte weitere interne Dokumente der Scientology-Kirche.

> »*WikiLeaks* wird sich nicht den ungerechtfertigten Klagen von Scientology beugen, genauso wenig wie *WikiLeaks* sich ähnlichen Klagen von

150 Siehe den Artikel *No Secret, Julian Assange's mission ...* vom 7.6.2010 im *New Yorker*, a.a.O.

151 Siehe den Artikel *Wikileaks exposes Scientology's zeal to ›clean up rotten spots of society‹* von Dan Goodin vom 12.3.2008 in *The Register*, online verfügbar unter www.theregister.co.uk

Schweizer Banken, von russischen Zentren für Stammzellenproduktion, afrikanischer Diktatoren oder des Pentagons gebeugt hat.«[152]

WikiLeaks und *Anonymous* teilten also ein gemeinsames Angriffsziel und wiesen sofort Gemeinsamkeiten auf. Die *Anonymous*-AktivistInnen ihrerseits ähnelten den InformatInnen, die bei *WikiLeaks* zu Ehren kamen. Diese Letztgenannten, Technikliebhaber und ansonsten vielleicht »Otto Normalverbraucher« im Schutze der Anonymität, glichen den HacktivistInnen, die von *4chan* zu *Anonymous* gekommen waren. Die unvermeidliche Begegnung fand während der Kampagne für die US-Präsidentschaftswahlen von 2008 statt: einE *Anonymous*-AktivistIn schickte Informationen an *WikiLeaks*. Die Mailbox von Sarah Palin, damals Vizepräsidentschaftskandidatin an der Seite des Republikaners John McCain, war gehackt worden. *WikiLeaks*, hatte die E-Mails aus der Box veröffentlicht und bei einer Pressekonferenz erklärt, dass die Informationen von der Gruppe *Anonymous* weitergegeben worden seien.[153] Ausgangspunkt der Veröffentlichung war ein Hacker namens Rubico, der nicht einmal ein besonderer *Tech-Savvy* ist. Um in das Yahoo!-Nutzerinnenkonto der Kandidatin einzudringen, bediente er sich des Service zum Wiederfinden eines verlorenen Passworts. Dieser fragte ihn lediglich persönliche Informationen über Sarah Palin ab, die mittels einer schnellen Recherche bei Google einfach zu finden waren. Der junge Hacker ging daraufhin auf das Board /b/ von *4chan* und veröffentlichte die Zugangscodes der Kandidatin, die schnell aufgegriffen wurden. Im Endeffekt brachte die Affäre dem Hacker, der schnell verhaftet wurde, mehr Ärger ein als der Kandidatin, deren E-Mails keine herausragenden politischen Informationen enthalten hatten. Die Geschichte war vor allem die eines Studenten, der an der Kampagne gegen Sarah Palin teilnehmen wollte, und der – indem er ein paar Schlüsselwörter eintippte – schnell in den Besitz von Daten kam, für deren Abfrage er keine Erlaubnis hatte. Das ist im Übrigen eine weitere Facette von *Anonymous*: Anders als man denken könnte, sind ihre AktivistInnen nicht alle HackerInnen, die auf Computersicherheit spezialisiert sind. Vielmehr ist die Gruppe von ihrer Zusammensetzung her wirklich vielfältig.

---

152 Siehe den Artikel *No Secrets. Julian Assange's mission ...* vom 7.6.2010 beim *New Yorker*, a.a.O.

153 Siehe das Posting von Kim Zetter: *Accused Palin Hacker Says Stolen E-Mails Were Public Record* vom 20.5.2009, bei www.wired.com

Neben den bereits genannten Initiativen, die *WikiLeaks* nachahmten, versuchten auch einige *Anonymous*-AktivistInnen, der etablierten Internetplattform Konkurrenz zu machen. Die Webseite *HackerLeaks* etwa entstand im Sommer 2011. Laut der Zeitschrift *Forbes*[154], die mit *Commander X* – einem Hacker, der die Webseite gegründet hatte – in Kontakt getreten war, hat *Anonymous* das Know-how, um selbst mit Nachrichten umzugehen, die ihre Mitglieder finden, von der technischen Plattform bis hin zum Kontakt mit den JournalistInnen. Er sprach davon, »das Angebot auf dem Markt der nach außen gedrungenen Informationen zu ergänzen, und vielleicht eine besondere Rolle zu spielen, wenn wir können«, ohne genauer zu sagen, worin diese Besonderheit bestehen solle. Diese Initiative hat jedoch bislang keine Früchte getragen, aber die Entwicklung zeigt das Interesse von *Anonymous* an der Enthüllung von Informationen im Stil von *WikiLeaks*, die mittlerweile zur Werkzeugpalette der HacktivistInnen gehört.

Anonymous kommt *WikiLeaks* zu Hilfe: Finger weg von der Freiheit der Meinungsäußerung

WikiLeaks behauptete zwar, unangreifbar zu sein, doch die Organisation wurde zum Ziel zahlreicher Attacken, auf juristischer wie auch auf technologischer Ebene. Indem sie ihr Streben nach Transparenz fortsetzte, geriet die Webseite erneut in direkten Konflikt mit der US-Administration, die scharf darauf reagierte.

Ende November 2010 begann *WikiLeaks* damit, über 200.000 US-amerikanische Diplomatentelegramme zu veröffentlichen, und landete damit ihren wichtigsten Coup in den Medien. Die Informationen, die schrittweise mit Hilfe großer internationaler Zeitungen veröffentlicht wurden[155], enthielten Notizen aus US-amerikanischen Botschaften zu zahlreichen Themen der internationalen Politik. Ohne herausragende Informationen zu enthüllen, boten die Telegramme einen einmaligen Einblick in die US-amerikanische Außenpolitik.

Aus Sicht der USA hatte Assanges Organisation damit die Transparenz viel zu weit getrieben. Das FBI, gefolgt von der Armee und der US-Justiz,

---

154 Siehe den Beitrag von Andy Greenberg: *Anonymous Launches A WikiLeaks For Hackers: HackerLeaks* vom 30.6.2011 bei *Forbes*, online verfügbar.

155 *WikiLeaks* arbeitet für diese Operation mit fünf Zeitungen zusammen: *El Pais, Le Monde, Der Spiegel, The Guardian* und *The New York Times*.

erhoben Klagen gegen *WikiLeaks*, die der Spionage und der Bedrohung für die Sicherheit der Vereinigten Staaten bezichtigt wurden. In der Folge begann eine juristische Auseinandersetzung, in deren Verlauf Assange sich auf seine australische Nationalität und auf die Natur von *WikiLeaks* – das lediglich dem breiten Publikum Dokumente zugänglich macht, für deren Nach-Außen-Dringen es nicht selbst verantwortlich ist – berief.

Zuvor hatte die Obama-Administration bereits versucht, ihre diplomatischen Beziehungen zu den Staaten der NATO spielen zu lassen, um Julian Assange verhaften und ausliefern zu lassen[156], doch ohne Erfolg. Die US-Behörden erprobten daraufhin ein anderes Herangehen. *WikiLeaks* hat zwei strukturelle Schwachpunkte: Als nichtkommerzielle Organisation kann sie nicht ohne Geldspenden existieren; als Webseite hängt sie von den technischen Strukturen, die sie beherbergen, ab. Jene Strukturen, die *WikiLeaks* finanzielle oder technische Unterstützung zukommen lassen, bekamen nun den Druck der USA zu spüren. Bereits am 2. Dezember 2010 beschloss *EveryDNS* – ein IT-Dienst, der die Verbindung zwischen der offiziellen Netzadresse der Webseite und ihren Servern herstellt [Der Dienst wurde am 9. September 2011 eingestellt. B.S.] –, *WikiLeaks* auszuschließen. In den darauffolgenden Stunden folgte Amazon und stellte der Webseite fortan keinen Speicherplatz mehr zur Verfügung. Der US-Senator Lieberman begrüßte diese Entscheidung und fügte hinzu, dass die beiden Unternehmen »die Norm für alle anderen Unternehmen, die *WikiLeaks* benutzt, um illegal erhaltene Informationen zu verbreiten« sein sollten; er rief »alle anderen Unternehmen und Organisationen, die *WikiLeaks* beherbergen, dazu auf, sofort jegliche Beziehung zu ihr abzubrechen«.[157] PayPal, der Service für Online-Bezahlung, der eBay gehört, folgte den Empfehlungen des US-Senators und lehnte Spenden zugunsten der *Wau Holland Foundation* – die sich bis dahin um die Weiterleitung der Gelder an *WikiLeaks* gekümmert hatte – ab. Einige Tage taten Mastercard und Visa dasselbe, während die schweizerische Bank PostFinance schließlich sogar die persönlichen Guthaben von Julian Assange einfror.

Natürlich hat keines dieser Unternehmen öffentlich erklärt, auf Verlangen der USA hin gehandelt zu haben. Aber es ist eine Tatsache, dass *Wi-*

156 Siehe den Artikel von Philip Shenon: *U.S Urges Allies to Crack Down on WikiLeaks* vom 10.8.2010 bei *The Daily Beast*, online zugänglich.

157 Siehe dazu den Artikel von Steven Mostyn: *Political pressure forces Amazon to dump WikiLeaks* vom 2.12.2010 in *The Tech Herald*, online zugänglich.

kiLeaks sich innerhalb einiger Tage jeglicher finanziellen Ressourcen beraubt sah, und die Webseite konnte nur dank der Solidarität der Internet-NutzerInnen, die zahlreiche Spiegelseiten online stellten, weitermachen. Es war einmal mehr ein perfektes Beispiel für den Streisand-Effekt: Wenn man eine Informationsquelle zensiert, trägt man unweigerlich dazu bei, sie massenhaft im Internet zu reproduzieren. Wie zu Zeiten von *Usenet* boten auch jetzt zahlreiche Webseiten *WikiLeaks* Speicherplatz für ihre Daten an. Anfang November 2011 verbreiteten über 1.000 alternative Server die von *WikiLeaks* öffentlich gemachten Informationen, und die Liste – die TeilnehmerInnen auf der ganzen Welt zählt, von der französischen Tageszeitung *Libération* bis hin zu Privatleuten[158] – wird ständig länger.

Für *WikiLeaks* war der Rückgriff auf Server, die es im Stich lassen könnten, wenn der Druck zu stark würde, übrigens eine gute Strategie, um die Attacken, denen die Organisation ausgesetzt war, öffentlich zu machen und im Gegenzug das Publikum zu mobilisieren. Als Amazon ankündigte, dass es keinen Speicherplatz mehr zur Verfügung stellen würde, stauchte *WikiLeaks* das Unternehmen öffentlich über *Twitter* zusammen: »Wenn Amazon sich so sehr an der freien Meinungsäußerung stört, dann sollte es aufhören, Bücher zu verkaufen.«[159]

WikiLeaks die Lebensadern abzutrennen, hieße, gleichzeitig die Zivilgesellschaft anzugreifen, die mehr Transparenz verlangt, und das Internet als Ganzes zu attackieren. Bei den Boards auf *4chan* reagierten die *Anonymous*-AktivistInnen entsprechend heftig auf die Angriffe, denen Assange und seine Organisation ausgesetzt waren. Sie starteten zwei Operationen: die Operation *Payback* (Heimzahlen), die in die Operation *Avenge Assange* (Rächt Assange) überging. Die Absicht war eindeutig: die Feinde der freien Meinungsäußerung sollten bestraft werden, ohne Angst vor der direkten Konfrontation mit den multinationalen Konzernen oder Regierungen haben zu müssen. Mit *Anonymous* entstand der Cyberkultur ein Akteur, der nicht davor zurückschreckte, den Mächtigen gegenüberzutreten.

Die Operation *Payback* gab es bereits vor der Bewegung zur Verteidigung von *WikiLeaks*. Zur Jahresmitte 2010 bestand ihr Zweck darin,

---

158 Die Liste der Spiegelseiten ist zugänglich unter http://wikileaks.samizdat.net/Mirrors.html

159 Nachricht *If Amazon are so uncomfortable with the first amendment, they should get out of the business of selling books*, zugänglich bei twitter.com/#!/wikileaks/status/

Rache zu üben für die DDoS-Attacken, die ›Bollywood‹ [die indische Kinoindustrie, B.S.] bei *Airplex Software* bestellt hatte, um gegen Webseiten vorzugehen, die das Herunterladen von Filmen unter Verletzung von Urheberrechten erlaubt und auf die folgenden Abmahnungen hin nicht Folge geleistet hatten. Die DDoS-Gegenattacke zielte auf *Airplex Software*, aber auch auf die RIAA[160], die MPAA[161], die britische sowie die internationale Phonographie-Vereinigung, und legte ihre Webseiten für 30 Stunden lahm.

Mit dem *WikiLeaks*-Boykott am 4. Dezember erlebten die Truppen der Operation *Payback* einen bedeutenden Zulauf, »frisches Blut«, wie es bei *4chan* hieß. So wurden schon am 8. Dezember DDoS-Attacken gegen die Webseiten von PayPal, Visa, Mastercard, PostFinance und Amazon organisiert. Innerhalb von einigen Tagen zählte man mehrere Millionen TeilnehmerInnen, hauptsächlich in Europa und den USA.[162] Die Aktion war beeindruckend, und diese Branchenriesen taten sich, obwohl sie an den Umgang mit Problemen bei der Computersicherheit gewöhnt sind, sehr schwer. Die Webseiten von Visa und Mastercard hielten den Attacken nicht stand und waren schnell unerreichbar. Die Zahlungsabwicklung über PayPal erfuhr eine Verlangsamung, und der gesamte Service geriet durcheinander. Natürlich brachen die betroffenen Unternehmen nicht zusammen. Aber indem sie so vorgingen, sandte *Anonymous* ein starkes Signal aus und zeigte, dass es möglich ist, den von den ›Mächtigen‹ auf *WikiLeaks* ausgeübten Druck umzukehren. Einige Tage später, am 17. Dezember 2010, wählte Mohamed Bouazizi in Tunesien den Weg der Selbstverbrennung und löste damit die »Jasminrevolution« aus, an der *Anonymous* ab dem 3. Januar 2011 teilnahm, indem sie *OpTunisia* starteten, was ein neues Kapitel in ihrer Geschichte aufschlug...

Der Krieg um die Anonymität: Geheimhaltung versus Transparenz

Die Operationen *Payback* und *Avenge Assange* hatten sich im Internet vor allem mit Hilfe von digitalen Flugblättern, in denen *Anonymous*

160 Die *Recording Industry Association of America*, eine Vereinigung von Urheberrechtsinhabern in den USA.

161 Die *Motion Picture Association of America* ist eine Lobbyvereinigung der US-amerikanischen Kinoindustrie.

162 Vgl. den Artikel *WikiLeaks backlash: The first global cyber war has begun, claim hackers* vom 11.12.2010, bei www.guardian.co.uk

den Grund für ihre Mobilisierung und die anzuwenden Mittel erläuterte, verbreitet. Auf einem von ihnen stand zu lesen: »Der erste wirkliche Computerkrieg hat nunmehr begonnen. Das Schlachtfeld ist *WikiLeaks*. Ihr seid die Truppen.«[163]

Anonymous nahm diese prägnante Aussage, die im Internet von John Perry Barlow veröffentlicht wurde – einer der großen Figuren der Cyberkultur, gleichzeitig Texter der Rockband *The Greatful Dead*, Gründer der *Electronic Frontier Foundation* und Verfasser der *Unabhängigkeitserklärung des Cyberspace* –, in ihr Repertoire auf. Dieser glühende Verteidiger der freien Meinungsäußerung im Internet ist eine Bezugsfigur für *Anonymous*, die Autorität daraus schöpfen, dass sie sich auf ihn berufen. Barlow selbst rief indirekt *Anonymous* dazu auf, sich zu mobilisieren; er wendete sich zwar nicht direkt an sie, beschrieb aber sehr wohl ihr Wesen.

Mit *WikiLeaks* waren die *Anonymous*-AktivistInnen nun also endgültig in eine Informationsschlacht verwickelt, in der, schematisch ausgedrückt, die Anhänger der Geheimhaltung und jene der Transparenz einander gegenüberstanden.[164]

Auf der einen Seite findet man die Regierungen, westlich-demokratische oder stärker autoritäre, sowie die multinationalen Konzerne. Auf der anderen Seite positionieren sich *WikiLeaks*, die Anhänger des *Open-data*-Bewegung und die NGOs, die für mehr Transparenz und mehr Freiheit der Meinungsäußerung kämpfen. Dieses Schema mag vereinfacht erscheinen, aber es umreißt konkret die vorhandenen Kräfte. Die USA lehnen es ab, dass Dokumente ihrer Außenpolitik veröffentlicht werden, die aus ihrer Sicht geheim bleiben müssen, während andere der Auffassung sind, dass es sich um öffentliche Daten handelt, die frei ausgetauscht werden müssen. Jede Seite wird natürlich ihre Argumente vortragen, aber Tatsache ist, dass der Gegensatz sich rund um die Frage des Informationsaustauschs kristallisiert.

Anonymous verkörpert auf diesem Schachbrett einen Teil der Weltbevölkerung, der dazu neigt, immer mehr Transparenz einzufordern. Diese Situation ist neu: lange Zeit hatten die BürgerInnen kein Recht auf Zugang zu den von ihren Regierungen gesammelten Daten. Selbst in de-

163 Die Äußerung stammt von John Perry Barlow, siehe im Archiv bei wikimedia.org

164 Siehe den Artikel *Wikileaks & The War Between Secrecy and Transparency* vom 6.12.2010, bei hplusmagazine.com

mokratisch verfassten Staaten verhinderte ein Mindestmaß an technischen Barrieren den *Open-Data*-Grundsatz. Mit dem Internet haben sich die Ausgangsbedingungen jedoch verändert. Informatik und Internet haben den massenhaften Zugang zu den Informationen, der zu einem Grundwert unseres Daseins geworden ist, erleichtert. Und die Logik kann bis auf die Spitze getrieben werden: Wenn jede Information durch einen Mausklick bei Google zugänglich wird, warum sollte man dann nicht wissen, was unsere Regierenden vor uns verbergen?

Im Gefolge von *WikiLeaks* mobilisierte *Anonymous* den Cyberspace und schuf das, was der *Guardian* »den ersten globalen Cyberwar« nannte.[165] Eine furchterregende Situation aus Sicht der Regierungen, die nicht wirklich auf eine Konfrontation solchen Typs vorbereitet waren. Der Feind schien in diesem Fall ungreifbar zu sein: Die stark atomisiert auftretenden *Anonymous*-AktivistInnen vereinigten sich nur punktuell und knüpften untereinander schwache Verbindungen[166], die man nur schwer ausmachen konnte. Und sie waren, per Definition, anonym.

Die Anonymität ist ansonsten ein Schlüsselelement für den Gegensatz zwischen den AnhängerInnen der Geheimhaltung und denen der Transparenz. Für *WikiLeaks* wie für *Anonymous* bietet die Anonymität die einzige wirkliche Möglichkeit, Kritik an den Institutionen zu üben, die zu Experten für Überwachung geworden sind und ihre für das Publikum bestimmte Kommunikation strengen Kontrollen unterziehen. Um der Macht der staatlichen Behörden ein Gegengewicht entgegenzusetzen, muss man sich daher auf die Insider stützen, jene, die innerhalb des Systems stehen und Informationen nach draußen holen können. Für die InformantInnen ist das Spiel umso riskanter. Indem *WikiLeaks* die Anonymität Ihrer Quellen garantiert, sichert es den ZuträgerInnen die größtmögliche Risikominimierung zu.

Die Anonymität hat, so schreibt Bodo Balazs in einem Artikel zum Autoritätsbegriff im Cyberspace, eine doppelte Funktion: »Sie befreit das Individuum von den Machtstrukturen und erlaubt es ihm gleichzeitig,

---

165 Vgl. *WikiLeaks backlash:...*, a.a.O., bei www.guardian.co.uk

166 Als Gegenbegriff zu »starke Bindungen«, die einander nahe stehende Personen knüpfen, charakterisieren schwache Bindungen weniger innige Beziehungen. Diese Unterscheidung erlaubt es insbesondere, die Beziehungen zu verstehen, die bei digitalen *social media* wie *Facebook* entstehen.

diese Strukturen darzustellen, indem sie ihm einen Raum öffnet, welcher es erlaubt, ihnen entgegenzutreten.«[167]

Man muss genau sein, was diese Fähigkeit betrifft, Informationen zu enthüllen. Dem Autor zufolge führt die Anonymität nicht dazu, dass Mitglieder einer ›Organisation‹ diese eher ›verraten‹. Es ist nicht so, als würden sie sich in Ermangelung eines sozialen Regelwerks plötzlich von ihren niederen Instinkten leiten lassen. Vielmehr ist umgekehrt die Anonymität eine Antwort auf ein bereits vorhandenes Identitätsproblem. Auf diese Weise lässt sich der Fall des Soldaten Manning erklären. Manning, der allergisch auf das militärische Umfeld reagierte, in dem er sich befand, und der manche Entscheidungen seiner Vorgesetzten sogar empörend fand, kann einfach nicht in Übereinstimmung mit dieser Organisation gestanden haben. Indem er die Anonymität wählte, gelang es ihm, zumindest auf der persönlichen Ebene zu den Werten zu stehen, an die er glaubte. Als er mittels Internet und im Schutze der Anonymität das Video des Übergriffs nach außen dringen ließ, fühlte er sich sicherlich authentischer als in seiner Uniform.

Für Tom Jordan ist die Anonymität im Übrigen ein zentrales Element der Cyberkultur und kann in dreierlei Formen existieren:

Zum einen besteht die Möglichkeit, eine NutzerInnenidentität zu haben. Ob es sich einfach um eine E-Mail-Adresse handelt oder um ein Pseudonym in einem sozialen Netzwerk – Internet erlaubt es, sich unter einer Identität zu zeigen, die nicht unbedingt der ›offiziellen‹ Identität entspricht.

Diese Eigenschaft zählt zu den Grundmerkmalen des Internets, das, auf der technischen Ebene, IP-Adressen miteinander verbindet und nicht körperliche Personen. Internet verkörpert so den Ort ihrer Träume für alle Cyrano de Bergeracs: Seine Tastatur mit Talent und Humor benutzen zu können, trägt mehr Erfolg in den Internetforen ein als ein perfektes Aussehen. Das ist im Übrigen bereits das zweite Merkmal der Anonymität, das es erlaubt, die herkömmlichen Hierarchien umzustürzen. Die Tatsache, dass man die Identität der Einzelnen nicht kennt, schafft alle Vorurteile bezüglich der körperlichen Erscheinung oder der sozialen oder ethnischen

---

167 Siehe Bodo B.: *You Have No Sovereignity Where We Gather – Wikileaks and Freedom, Autonomy and Sovereignity in the Cloud*, 2011, bei www.warsystems.hu

Herkunft ab. Was zählt, wie Steven Levy in der Hacker-Ethik erinnert, das sind die Handlungen.

Die Anonymität beinhaltet ein drittes Merkmal: die Erzeugung von egalitäreren Beziehungen. Diese Dimension ist leicht zu verstehen, und sie rechtfertigt es, dass der Grundsatz der Anonymität in den Demokratien insbesondere auch beim Wählen angewendet wird.

Der Kampf für die Anonymität, in den *WikiLeaks* und *Anonymous* zogen, stützte sich auf die Grundsätze der Cyberkultur. Aber er war auch eine Antwort auf Erwartungen der Zivilgesellschaft im Allgemeinen, die zugunsten der Internetplattform mobilisiert. Im Jahr 2010 erhielt *WikiLeaks* daher über 1,3 Millionen Euro an Spenden[168], und die Finanzflüsse nahmen in zeitlicher Nähe zu den Veröffentlichung sensibler Informationen – besonders jener von *Collateral Murders* – zu. Zusammen mit *WikiLeaks* streiften die *Anonymous*-AktivistInnen das Image von »Pirate-Geeks« [technikvernarrte Einzelgänger, B.S.]) ab, das man ihnen systematisch anheftete. An der Seite von Julian Assange konnten sie sich als neue Robin Hoods darstellen und dabei die Sympathie des Publikums auf sich ziehen.

Diese faktische Allianz zwischen *Anonymous* und *WikiLeaks* eröffnete ein neues Zeitalter für den Hacktivismus. *WikiLeaks* veränderte die weltweite Medienlandschaft, indem es eine unabhängige und den Angriffen großer Mächte widerstehende Struktur anbot. Auch das *Hacking* verändert sich, und indem es sich für die Medien zu interessieren begann, verbreitete es sich und nahm einen massenhaften Charakter an. *Anonymous* fand darin gleichzeitig ein Vorbild und einen Weggefährten: Für beide Seiten ist die Anonymität der Schlüssel für den Kampf um Transparenz.

---

168 Laut Wau Holland Stiftung (WHS): *Preliminary Transparency Report 2010*; der Bericht ist online verfügbar bei cryptome.org

Anonymous, eine vielfältige und vielgestaltige Bewegung

Anonymous – Versuch einer Definition

Eine exakte Definition von *Anonymous* aufzustellen, ähnelt dem Versuch, ein feuchtes Stück Seife zu fassen zu bekommen: Jedes Mal, Wenn man glaubt, die richtige Definition zu besitzen, entgleitet sie einem. Selbst die Worte, die wir benutzen, scheinen zu eng gefasst für ›das Phänomen‹ – wobei der Begriff an dieser Stelle mit Vorsicht benutzt wird.

Gabriella Coleman, eine Anthropologin von der New Yorker Universität, die *Anonymous* seit 2008 untersucht, fasst die Dinge wie folgt zusammen:

> »›Anonymous‹ ist eine Protestbewegung, die im Internet entstand, aber sich nicht auf das Internet beschränkt, die ihre eigenen Aktionen ohne Koordination entwickelt, sich aber anderen Protestbewegung annähert. ›Anonymous‹ bildet eine offene Bezeichnung, zu der sich alle bekennen können, sofern sie die Kennzeichen von ›Anonymous‹ benutzen und Aktionen in ihrem Namen durchführen.«[169]

Anonymous selbst macht sich im Übrigen einen Heidenspaß daraus, die BeobachterInnen zu verwirren, indem sie die Spuren verwischt – wie in diesem Text, der auf einem ihrer wichtigsten Kommunikationskanäle verbreitet wurde, der Webseite *anonews.org*:

> »Niemand spricht für Anonymous. Nichts ist offiziell. Kein Video. Keine Operation. Nicht einmal eine Presseerklärung, selbst wenn sie von einer unbekannten Zahl von Anonymous-AktivistInnen zu einer unbekannten Uhrzeit und an einem unbekannten Ort abgefasst und anonym online gestellt wurde, spricht im Namen von Anonymous.«[170]

Beginnen wir vielleicht damit, zu definieren, was *Anonymous* nicht ist. *Anonymous* ist keine Vereinigung oder NGO und stützt sich auf keine legale Struktur. Im Internet entstanden, ist *Anonymous* in kein amtliches Register eingetragen, auch wenn man ihren Namen sicherlich bei allen Geheimdiensten der Regierungen antrifft. Es ist also schwer, von einer organisierten Struktur zu sprechen, und noch schwerer von einer Hie-

169 Vgl. gabriellacoleman.org
170 Vgl. anonnews.org

rarchie innerhalb von *Anonymous*. Es gibt bestimmt gewisse Personen, deren Worte mehr Gewicht haben, weil ihre Überzeugungskraft oder ihre Programmierkünste größer sind, aber der Anonymitätsgrundsatz ebnet die Unterschiede unvermeidlich ein.

Anonymous bekennt sich in jedem Fall zu dieser horizontalen Struktur. Die Aufgabenverteilung erfolgt also abhängig von den Fähigkeiten jedes und jeder Einzelnen und den Zufälligkeiten des Moments, und nicht nach einer Liste, die von vornherein die Rolle eines und einer Jeden festlegt.

Eine Mitgliederliste von *Anonymous* ist ebenfalls nicht verfügbar, sie existiert einfach nicht. Die *Anonymous*-AktivistInnen sind dazu aufgerufen, sich ausschließlich in kleinen Gruppen auszutauschen und persönlich kennenzulernen. Niemand sollte Verbindungen zu zahlreichen verschiedenen Gruppen knüpfen. Folglich kennt niemand die Gesamtzahl der *Anonymous*-AktivistInnen. Und weil theoretisch jedeR *Anonymous*-AktivistIn sein kann oder sich dazu erklären kann, ist es lediglich möglich, punktuell die Aktivität mancher Internetforen nachzuverfolgen, von denen man weiß, dass dort *Anonymous*-AktivistInnen zusammenkommen, wie bei *4chan* oder den IRC-Kanälen. Man kann jedoch eine Vorstellung vom Ausmaß des Phänomens bekommen, wenn man von den durchgeführten Aktionen ausgeht. Auf dem Höhepunkt der Aktionen gegen *PayPal* konnte man bis zu 3.000 Personen zählen, die die DDoS-Attacken koordinierten. Wie in der Hackertradition ist es nur das ›Tun‹, das zählt, und das kann man beobachten. Da ihre Bekanntheit wächst, war ›Anonymität‹ diversen Vereinnahmungsversuchen ausgesetzt, und es ist manchmal schwierig, deren Herkunft auszumachen. Um das Wahre vom Falschen zu unterscheiden, oder eher das Legitime vom Illegitimen, ist es nötig, in das Universum von *Anonymous* einzutauchen. Wenn man die Aktionen von *Anonymous*, ihre Diskussionsweise, ihre Geschichte kennt, wird es möglich, herauszufinden, was ihnen ähnelt und was nicht. Um die Herkunft von *Anonymous*-Operationen zu klären, ist der beste Weg, sich unter sie und ihre Diskussionen zu mischen.

Anonymous ist auch keine politische Partei, mit einer offiziellen Linie. Da sie von ihrem Wesen her offen ist, ist es praktisch unmöglich, zu bestimmen, was *Anonymous* ist oder nicht ist; zumal ihre Zahl so groß ist, dass eine Aktion, zu der sich bestimmte *Anonymous*-AktivistInnen bekennen, nicht unbedingt von anderen unterstützt wird. Wenn man die Webseite *Anonnews* überfliegt, kann man einen Text finden, der jene Aktionen aufzählt, von denen *Anonymous* versichert, sie nicht zu unterstützen. Beim Lesen versteht man vor allem, dass der Text das Ziel verfolgt, nachzuweisen, dass eine Liste nicht in der Lage ist, das Wesen von *Anonymous* zu erfassen. Nachdem er rund zehn Mal wiederholt hat, dass es keine offiziellen Positionen zu Themen wie dem Defizit im Staatshaushalt oder zu CNN gibt, endet der Text mit dem schadenfrohen Schluss: »Anonymous hat echt eine offizielle Scheißposition zum *Lulz*.«[171]

Anonymous hat auch keine exakten und klar definierten Ziele, sondern eher eine gewisse Anzahl von Grundsätzen, die mit jenen der Cyberkultur übereinstimmen: entschlossene Verteidigung der freien Meinungsäußerung, Teilen der Kenntnisse, Glauben an die positiven Fähigkeiten des Internets. Und natürlich die Anonymität sowie den unstillbaren Durst nach Daddeln und Schadenfreude nicht zu vergessen. Schlussendlich kann man die Werte von *Anonymous* am ehesten entlang der von ihr verwendeten Begriffe definieren. Die *Anonymous*-AktivistInnen, die – durch ihre Ablehnung jeglicher Hierarchie oder Kontrolle – mit dem Anarchismus flirten, sind vor allem die moderne Verkörperung der zeitgenössischen Cyberkultur, in all ihrer Komplexität. Sie sind kompromisslos, wenn es um ihre Werte oder Positionen geht, aber bekennen sich zur Gewaltlosigkeit. Für Fabrice Epelboin ist *Anonymous* »ein soziokulturelles Phänomen (…), das dieser Generation eigen ist, die ihre Identität bei *Facebook* aufbaute und sie ablegt, um auf die Rückseite des Spiegels zu sehen«[172]. Und die sich so befähigte, Einfluss auf das System zu nehmen, in dem wir leben, das heißt auf die gesamte Gesellschaft.

Anonymous ist also eine Bezeichnung, unter der man mobilisieren kann oder unter der man sich einordnen kann. Von innen her betrachtet, handelt man als *Anonymous*-AktivistIn, um es zu werden. Von außen betrachtet, sieht man Personen, die sich zu ‹Anonymous‹ bekennen. Und es wird immer schwer sein, zu wissen, wie es darum wirklich bestellt ist, außer wenn man die hervorgerufenen Effekte betrachtet. In gewisser Weise kann man *Anonymous* mit Fischbänken vergleichen, die aus Fischen von unterschiedlicher Form und Größe bestehen, welche sich aber stets untereinander abzustimmen scheinen, um sich auf ein konkretes Ziel zuzubewegen, das den Außenstehenden unbekannt ist.

171 Ebd.

172 Siehe den Artikel *Les Anonymous, première forme d'intelligence collective?* von Fabrice Epelboin vom 14.12.2010 bei *ReadWriteWeb*.

Die beste Erklärung besteht letztendlich darin, *Anonymous* als ein *Mem* zu betrachten, ein Konzept, das wiederbenutzt wird und noch unendlich oft wiederbenutzt werden kann – mit einer fließenden Identität, die aber rund um Werte aufgebaut ist, welche von einer Gruppe aus der Cyberkultur kommender Individuen geteilt werden. In ihrem Inneren findet man querbeet AktivistInnen, HackerInnen, Schmuddelkinder des Internets und *Tech-Savvy*, die zusammenkommen, ohne sich notwendigerweise zu kennen und ohne exakt dieselben Werte oder Absichten zu teilen. Eine Gruppe von »miteinander vernetzten und mit Bewusstsein ausgestatteten Wesen«[173] im Cyberspace, die es schafft, sich zu mobilisieren, als wäre es das Natürlichste von der Welt. Die *Anonymous*-AktivistInnen bekennen sich im Übrigen nur deshalb zu einer gemeinsamen Identität, weil sie damit aufzeigen wollen, dass sie die Stimme der gesamten Weltbevölkerung sind und nicht nur die einer speziellen Gruppe. Das ist auch der Grund, weshalb jede/r auf der Welt zu *Anonymous* gehören kann und warum *Anonymous* einen offenen Diskurs pflegt, der versucht, neue AktivistInnen zu gewinnen. Es handelt sich mitnichten um eine Geheimgesellschaft, wie manche Medien es suggerieren. *Anonymous* zu sein ist eine Haltung, ein Verhältnis zur Gesellschaft – und nicht die Pflicht, sich auf ein Manifest zu beziehen, das man unterzeichnet hätte.

> »Wir sind Anonymous. Wir fordern Euch auf, Euch uns anzuschließen. Sucht uns, und Ihr werdet uns finden. Wir sind unter Euch. Wir sind Ihr. Alle können sich als Teil von Anonymous zu Wort melden. Wir haben keine Anführer. Nur eine Wesensverwandtschaft. Wir haben keine Ziele. Nur Ergebnisse. Wir können nicht festgenommen werden, weil wir nur eine Idee sind. Wir können nicht gelöscht werden, weil wir durchsichtig sind.«[174]

Obwohl die Bezeichnung auf der gesamten Welt die gleiche ist, bestehen bedeutende Unterschiede zwischen den Weltregionen, in denen *Anonymous* präsent ist, d.h. vor allem zwischen den amerikanischen Kontinenten und Europa. In den USA, wo man die Wurzeln der Bewegung findet, ist *Anonymous* vielfältig ausgeprägt, die AktivistInnen kümmern sich mittlerweile ebenso um Lokalpolitik wie um internationale Politik und greifen Firmen wie auch Institutionen an. Das ursprüngliche Themen-

173 Vgl. anonnews.org

174 Ebd. [Für den englischen Originalstext siehe: http://anonymous4peace.blogspot.fr/2011/02/call-to-arms-join-freedom-fighters.html]

spektrum hat sich ausgeweitet hin zu herkömmlicheren Anliegen, und so findet man Personen, die sich zu *Anonymous* bekennen, mittlerweile auch an der Seite von UmweltschützerInnen. In Lateinamerika hingegen bildet *Anonymous* ein Echo auf die örtliche Bevölkerung, welche die Korruption der Staatsmacht anprangert. So haben die *Anonymous*-AktivistInnen in Peru, in Ecuador oder auch in Brasilien Webseiten der Regierung sabotiert oder Informationen über Justizeinrichtungen veröffentlicht und dabei eine größere Transparenz der Regierungen und amtierenden Behörden eingefordert.

Der Fall Frankreichs weist ebenfalls einige Besonderheiten auf, insbesondere jene, dass *Anonymous* dort mit dem anfänglichen Kampf gegen die Scientology-Kirche und seinen Formen außerhalb des Internets eng verknüpft ist. Entsprechend regelmäßig fanden Demonstrationen der Maskierten vor dem Sitz von Scientology in Paris, in der rue Legendre, statt. Die Bewegung *Anonymous France* hat sich im Übrigen mitunter öffentlich von den Nachrichten anderer *Anonymous*-AktivistInnen distanziert und betont stets den »friedlichen Eventcharakter unseres Kampfes gegen Scientology«.[175] Obwohl die Leute in dieser Gruppe relativ fest organisiert sind, sind diejenigen, die sich in Frankreich zu *Anonymous* bekennen, beileibe nicht alle dem Dunstkreis von *Anonymous France* zuzurechnen. Diese Tendenz ist vor allem zu beobachten, seit die Bewegung sich vergrößert hat und manche Kämpfe bedeutende Brücken zwischen den Ländern geschlagen haben, wie es ein in mehreren Sprachen und besonders in Französisch verbreitetes Kommuniqué von Anfang 2011 darstellt:

> »Viele ›Anonymous‹ verteidigen das Territorialprinzip, die Menschenrechte oder die Freiheit der Meinungsäußerung, aber wir sind viele. Wir können nicht für alle sprechen. Wir wissen, dass in folgenden Ländern Demonstrationen stattfinden: Albanien, Algerien, Argentinien, Australien, Bangladesh, Belgien, Bahrain, Kanada, Chile, Kuba, Zypern, Ägypten, Frankreich, Griechenland, Honduras, Indien, Irland, Israel, Italien, Jordanien, Tunesien, der Türkei, dem Vereinigten Königreich, den Vereinigten Staaten von Amerika, Venezuela und Jemen, und wir beobachten sie. Wir sind bei ihnen. Wir werden auf Seiten der Schwachen stehen, überall, wo sie sich zusammenschließen werden, um ihre Freiheit zu fordern.«[176]

175 Ebd. [= bei Anonnews.org]
176 Ebd.

Die *Anonymous*-AktivistInnen sind also auch in dem jeweiligen nationalen Umfeld, in dem sie agieren, verankert. Es gibt immer internationale Operationen, aber auf der Ebene jeden Landes spürt man kulturelle Unterschiede hervortreten. So hat sich ein Zusammenspiel herausgebildet zwischen einer globalen Dimension, mit einer vom Internet übernommenen Cyberkultur, und lokalen Themen sowie einer örtlichen Kultur, die die Aufmerksamkeit von *Anonymous* auf sich zieht. Dieser plurale Charakter der *Anonymous*-Identität erklärt die starke Formbarkeit dieses Konzepts, das dazu fähig ist, in verschiedenen Gebieten Fuß zu fassen, rund um bestimmte Werte, ohne dass sie für jeden genau gleich klingen.

Auf ideologischer Ebene ist es ebenfalls unmöglich, eine einheitliche Grundlage zu definieren, so sehr stehen nihilistische und anarchistische Ideen, libertäre und liberale Herangehensweisen nebeneinander, oder andere, die an sozialistische oder kommunistische Programme anknüpfen. Es ist vielleicht der Begriff der digitalen Globalisierungskritik, der es erlauben würde, sich am weitesten der *Anonymous*-Ideologie anzunähern, denn es handelt sich um einen ›Schirm‹, unter dem sehr unterschiedlich ausgeprägte Ideologien und Praktiken ihren Platz finden – so, wie die GlobalisierungskritikerInnen fortschrittliche ChristInnen, atheistische AnarchistInnen, libertäre SozialistInnen, KommunistInnen und Linksliberale im angelsächsischen Sinne umfassen. Dagegen liegt der deutliche Unterschied zur Globalisierungskritik außerhalb des Internets darin, dass es bei *Anonymous* keinerlei jährliches Sozialforum und keine Konvergenzstruktur [wie bei den Sozialforumstreffen, B.S.] gibt, keinen Versuch, die Bewegung zu institutionalisieren oder ihr eine formelle Gestalt zu geben. Schließlich sind Anonymität und der Rückgriff auf Pseudonyme Kennzeichen der Bewegung und machen letztlich den Wesensunterschied aus, der jeglichen Vergleich mit den GlobalisierungskritikerInnen praktisch ad absurdum führt.

Die Kriegsbemalung der *Anonymous*-AktivistInnen

Jenseits der Werte ist es auch die Art und Weise, in der die *Anonymous*-AktivistInnen sich selbst darstellen, die sie vereinigt. *Anonymous* ist ein *Mem* und verfügt dehalb über ein eigenes Arsenal an Bildmotiven und Ausdrücken, die ihre Identität bilden und zu ihrer Vereinigung beitragen. Diese Elemente, die stets in der Kommunikation von *Anonymous* wiederverwendet werden, werden umgemodelt, angepasst, zwischen verschiedenen Sprachen hin- und herübersetzt, um ihre Verbreitung zu begünstigen und dieses Label zu schaffen, unter dem jeder und jede sich wiederfinden kann. Natürlich gibt es keine Grafik-Charta, auf die man sich beziehen könnte, aber bestimmte immer wiederkehrende Elemente machen unbestreitbar die Marke *Anonymous* aus.

Das erste konstitutive Element ist der Name selbst, unter dem sich alle einordnen, die dazugehören wollen. Um die Anonymität zu verteidigen, bezieht Julian Assange sich bisweilen auf das Beispiel von Nicolas Bourbaki. Unter diesem Pseudonym haben mehrere französische Mathematiker ihre Forschungsarbeiten veröffentlicht. Wie die *Anonymous*-AktivistInnen wählten sie einen Namen, in diesem Falle einen fiktiven, der es erlaubte, das Kollektiv in eine Einheit zu verwandeln. Diesen Grundsatz nennt man auf Französisch den *Nomisme*, eine alte Tradition, die darin besteht, ein Sammelpseudonym zu benutzen, um sich zu gemeinsamen Aktionen zu bekennen, die oft Ausdruck der Kritik an der bestehenden Gesellschaftsordnung waren.

Die ersten ›nomistischen‹ Bewegungen gehen auf das Mittelalter zurück und waren in Wirklichkeit Bauern-Revolten gegen die Herrschaft des Adels und des Klerus, die aufgrund zu hoher Steuern und der wiederholten Kriege in Zeiten der Hungersnot unerträglich geworden war. Bauernfiguren wie der ›Arme Konrad‹ in Deutschland [Name und Erkennungsfigur eines Bauernbunds um 1514, B.S.] entstanden und wurden zu Symbolen für die Aufständischen, die mehrfach gewaltsam gegen die Mächtigen vorgingen, bis hin zur Aushebung einer eigenen Armee und der Einforderung neuer Regierungsformen. In Frankreich sprach man vom ›Jacques‹, der den *Jacqueries* [Bezeichnung für Bauernaufstände, B.S.], diesen Erhebungen der Unterklassen gegen die Vorherrschaft der Eliten des 14. Jahrhunderts, ihren Namen gab. Später, zur Zeit der industriellen Revolution in England, tauchte die Figur von ›Ned Ludd‹ auf, eines Arbeiters, der eines Tages die Maschinen in der Baumwollfabrik, in der er arbeitete, zerstört haben soll, um die dort herrschende Ausbeutung anzuprangern. Alle diese legendären Helden bildeten Mythen, die von der Bevölkerung benutzt wurden, um eine gemeinsame Identität zu finden und kollektive Aktionen zu ermöglichen. Das Ziel war stets, die unterdrückerischen Mächte anzugreifen. ›Jane Doe‹ wurde schließlich ab 1768 zum Prototypen einer Maskenfigur für alle AktivistInnen, sodass *Nomisme* bereits eine lange und an Erfahrungen reiche Tradition besaß, lange bevor *Anonymous* die Bühne betrat.

In jüngerer Zeit haben AktivistInnen ebenfalls den *nomisme* aufgegriffen. Dieses Mal, um zeitgenössischere Mächte anzuprangern wie die Massenmedien mit ihrer hypnotisierenden Macht, die in ihren Augen zu wenig infrage gestellt werden. Einige ItalienerInnen schufen beispielsweise in den 1990er Jahren das Pseudonym ›Luther Blissett‹, benannt nach dem damals einzigen schwarzen Fußballer in Italien. Unter diesem Namen versuchten Hunderte von AktivistInnen aus der ganzen Welt, die dem *Cultural Jamming* anhingen[177], in die Medien einzudringen, um deren Verbreitungspotenzial für ihre Zwecke zu nutzen, ganz nach Art der *Yes Men*. Ihre berühmteste Operation und gleichzeitig ihr Gründungsakt spielte sich in Viterbo ab, wo es ihnen gelang, die gebündelte Aufmerksamkeit der Medien auf einen vollkommen fiktiven Fall von Satanismus zu richten, der angeblich Vergewaltigungsfälle und Hexerei beinhaltete – was die Journalisten übernahmen, ohne den Wahrheitsgehalt zu überprüfen. Doch ›Luther Blissett‹ ist auch ein Autorenname, unter dem das Kollektiv mehrere Bücher veröffentlicht hat, und in dem es sich dazu bekennt, gleichzeitig »eins und vielfältig« zu sein – »eine praktische Lösung für die Identitätsprobleme und die Dichotomie von Individuum und Gemeinschaft ganz allgemein«. Der *Nomisme* wurde zudem angewendet, um die Verarmung anzuprangern, mittels ›San Precario‹ – einer Heiligenfigur, die in Italien für die Verteidigung der sozial Schwächsten geschaffen wurde – oder – im Bereich der Musik – mittels ›Karen Karak‹.

Die gleichen Probleme wie bei der Definition von *Anonymous* trifft man auch hier an, und man liest die Herleitung des *Nomisme* daher mit anderen Augen: Es handelt sich um eine soziale Praxis, die das Ziel verfolgt, sich zu organisieren und eine Kritik zu befördern. Übrigens veröffentlichen fünf Autoren noch immer – und mit großem Erfolg – unter einem Sammelpseudonym: ›Wu Ming‹, was auf Chinesisch ebenso gut ›fünf Namen‹ wie ›anonym‹ bedeuten kann.[178] Die Gruppe hat eine sehr festgelegte Position zur Frage des Urheberrechts und spricht seiner

---

177 Das *Cultural Jamming* (»kulturelle Zweckentfremdung«) ist eine Technik, die darauf abzielt, Codes der Konsumgesellschaft wie die Werbung – man spricht in dem Falle von *»Subvertising«* – umzudrehen, um sie zu kritisieren und um nicht kommerzialisierte öffentliche Räume einzufordern.

178 Siehe dazu den Blog ›Wu Ming‹ und den Artikel *Aucun pays n'est à l'abri de devenir un peu l'Italie* (»Kein Land ist davor geschützt, ein bisschen zu Italien zu werden«) von Hubert Artus vom 27.4.2008 bei der französischen Onlinezeitung *Rue89*.

Abschaffung das Wort. Alle Texte sind online gratis verfügbar und können von den InternetnutzerInnen nach Belieben verändert werden, wodurch sie auf unendliche Weise neue Literaturobjekte schaffen. *Anonymous* fordert nichts anderes: freien Nachrichtenverkehr und Freiheit zur Veränderung der Nachrichten, Vorrang des Hergestellten vor den Herstellern, Anonymität.

Diese Schaffung einer personifizierten Galionsfigur ist ein wichtiger Grundsatz, den *Anonymous* wählte, um sich zu definieren. Wir haben ›Luther Blissett‹ und ›Wu Ming‹ genannt, aber viel allgemeiner benutzen die neuen Formen von Sozialprotest oft die Anonymität oder den Rückgriff auf Pseudonyme. So wurde das Buch *L'Insurrection qui vient*[179] [deutsch »Der kommende Aufstand«], das starke Beachtung fand und das Julien Coupat zugeschrieben wurde, von einem gewissen ›Unsichtbaren Komitee‹ geschrieben. *Anonymous* zählt zu derselben Bewegungsdynamik des *nomisme* und der Anonymität, doch sie fügt die Cyberkultur und eine universellere Absicht hinzu. Der Name *Anonymous*, der – wie wir gesehen haben – in bestimmten Internetforen in Ermangelung einer anderen Nutzeridentität den NutzerInnen zugeschrieben wird, ist letztlich die Übersetzung des Ausdrucks *Monsieur Tout-le-monde* [›Otto Normalverbraucher‹] in den Computernetzwerken. Indem sie dieses Sammelpseudonym, das die Vielfalt der gewöhnlichen Individuen, der Bauern des Internets – wenn man die Parallele zu den *Jacqueries* ziehen will – bezeichnet, einfordert und sich zu ihm bekennt, verwandelt *Anonymous* es in eine stolze Selbstbezeichnung. Wie sie selbst es in einer ihrer am meisten verbreiteten Parolen ausdrücken: »Wir sind Anonymous. Wir sind Legion.« Der Großbuchstabe, ist ein Zeichen der Anerkennung, verkörpert die potenzielle – und sehr reale – Masse der Individuen, die sich hinter dem Namen *Anonymous* schützend verbergen.

Das zweite wesentliche Element der *Anonymous*-Identität ist die Maske von Guy Fawkes – Überfigur, die man gleichermaßen im Internet wie bei den Straßendemonstrationen antrifft, wo sie insbesondere dazu dient, die Anonymität gegenüber der Scientology-Kirche zu gewährleisten. Diese Maske, mit den roten Bäckchen und dem stilisierten schwarzen Schnurrbart über einem spöttischen Lächeln, ist ein fester Bestandteil des

179 *L'Insurrection qui vient* ist ein politischer Essay, der 2007 vom Verlag La Fabrique veröffentlicht und einem *Comité invisible* (Unsichtbares Komitee) verfasst wurde. Dem Text folgte eine *Mise au point* (»Klarstellung«), die 2009 veröffentlicht wurde.

Mem von *Anonymous.* Guy Fawkes ist eine Figur der britischen Geschichte, die eine zentrale Rolle bei der ›Pulververschwörung‹ spielte, einem Komplott, das auf König Jakob I. von England und sein Parlament zielte. Jenseits der religiösen Gründe, die dieses Attentat damals motivierten und aus dem Gegensatz zwischen katholischen Aufständischen und protestantischen Machthabern resultierten, blieb diese Nacht des 5. November 1605 in der angelsächsischen kollektiven Erinnerung – und man feiert sie auch weiterhin in England und in anderen Ländern, die mit der britischen Krone verbunden sind. Wie in Frankreich an *Saint-Jean* [›Johannestag‹ am 24. Juni, ein Fest, das traditionell mit Feuern begangen wird. B.S.] ist auch diese ›Guy-Fawkes-Nacht‹, die mitunter auch ›Pulvernacht‹ genannt wird, die Gelegenheit, Abbilder der historischen Figur zu verbrennen, und die Kinder ziehen von Tür zu Tür, um Gaben zu sammeln. Obwohl sie heutzutage weniger beliebt ist, gibt es eine hundertjährige Tradition dieses Guy Fawkes in der angelsächsischen Kultur, von der man noch Spuren in den Vereinigten Staaten findet.[180]

Die Figur des Guy Fawkes erfuhr ein zweites Leben in der Populärkultur mit dem Entstehen des Comics *V for Vendetta*, geschrieben von Allan Moore und gezeichnet von David Lloyd in den 1980er Jahren. Die Comic-Serie, die zu den größten Erfolgen der britischen Comicgeschichte zählt, ist eine Negativutopie und spielt in einer Welt, die sich kurz nach einem furchtbaren Atomkrieg befindet. Die Geschichte beschreibt eine englische Gesellschaft, die von einer faschistischen Regierung geführt wird, welche das Volk mittels einer extrem starken Medienpropaganda und einer strikten Kontrolle beherrscht. Der Held des Comics heißt ›V‹ und trägt immer eine Maske, nach dem Bild seines Idols, Guy Fawkes, den er für seine Rebellion gegen die Macht bewundert. Nach seinem Vorbild ist er Spezialist für den Gebrauch des Pulvers, und er wird meisterhaft mehrere symbolträchtige Gebäude der Machthaber in die Luft sprengen. Neben seinen Talenten als Sprengstoffexperte ist ›V‹ eine komplexe Persönlichkeit. Er ist mit einer überdurchschnittlichen Intelligenz ausgestattet, sehr kultiviert und ein Einzelgänger, zutiefst angeschlagen von den Jahren, die er in einem Konzentrationslager verbrachte. Sein Antrieb liegt in dem Wunsch nach persönlicher Rache als auch in einer anarchistischen

180 Es sei daran erinnert, dass die *Invasion in England* – Operation der amerikanischen *Zippies* – aus diesem Grund an einem 5. November stattfand und dass einige ›Anonymous-AktivistInnen erklärten, für dasselbe Datum im Jahr 2011 die Zerstörung von *Facebook* programmiert zu haben.

Ideologie begründet, die darauf abzielt, das Gewissen des englischen Volk aufzurütteln, auf dass es aus seiner Trägheit erwache und sich selbst gegen seine Regierung auflehne. Gegen den Faschismus setzt er daher die Freiheit des Denkens, den freien Willen und den Aktivismus.

Wie ein Hacker – der er absolut sein könnte – schafft er es, die Kontrolle über die Computernetzwerke der Regierung und die Massenmedien zu übernehmen. Man kann gut nachvollziehen, aus welchen Gründen *Anonymous* diese Figur zur Identifikation ›auswählte‹: ›V‹ stellt einfach eine perfekte Verkörperung der Vertreter der Cyberkultur dar: Er kämpft gegen eine zentralisierte Regierung, er ist ein entschlossener, unabhängiger *Tech-Savvy* – unverstanden in einer Gesellschaft, die für die politischen Ideen verschlossen ist, die er zum Wohle aller zu verteidigen sucht. Der einzige Unterschied zu den HackerInnen liegt in der Nostalgie der Figur »V«, die im Verlauf der Episoden ihre Erinnerungen an eine bunte und fröhliche Vergangenheit hervortreten lässt, was nicht der Cyberkultur entspricht, welche stärker der Zukunft zugewandt ist.

Für *Anonymous* ist ›V‹ jedoch ein umso stärkeres Symbol, als er stets versucht, seine Identität zu verbergen. Selbst für den Leser oder die Leserin ist die Persönlichkeit von ›V‹ schwer zu durchschauen, und seine Reden bestehen oft aus Zitaten, als hätte er keine körperliche Existenz, sondern verträte eher die Verkörperung einer Idee. Dieses Bild von dem Helden tritt im Übrigen in der 2006 erschienenen Verfilmung des Comics von den Geschwistern Wachoswki deutlicher zum Vorschein. »V« beschreibt sich übrigens mit diesen Worten: »Hinter dieser Maske ist mehr als Fleisch. Hinter dieser Maske ist eine Idee (…) und die Ideen widerstehen den Kugeln.«

Am Ende des Films ist es übrigens nicht mehr ein Held, der die Maske trägt, sondern eine riesige Menge, der es gelingt, die Regierung zu Fall zu bringen.

Die Vorstellungswelt von *Anonymous* besagt nicht anderes; und dieser Film, dessen Regisseure dieselben sind wie jene des unübertreffbaren *Matrix* – eine Trilogie mit starken Bezugnahmen auf die Cyberkultur und die Cyberpunk-Bewegung –, hatte unbestreitbar einen großen Einfluss auf das *Mem* von *Anonymous*. Er wirkte auf die *Anonymous*-AktivistInnen und wurde von ihnen zugleich zweckentfremdet und weiterverbreitet.

Die Parallele zu *Matrix* muss präzisiert werden, denn in beiden Fällen handelt es sich um Resonanzen zwischen der Populärkultur und der Cyberkultur, diesen beiden Zitzen, an denen *Anonymous* gesäugt wurde. Obwohl der Film *Matrix* technophiler und bekannter als *V wie Vendetta* ist, dient er *Anonymous* so gut wie gar nicht als Bezug. Der Hauptgrund liegt sicherlich darin, dass der Comic früher produziert wurde und vor dem Erscheinen von *Matrix* bereits einen Bezugspunkt für die Cyberkultur darstellte. Allerdings geben die Ähnlichkeiten der politischen Botschaft bei *V wie Vendetta* – in deren Mittelpunkt eine anarchistische Ideologie steht und nicht ein klar identifizierter rettender Held – unbestreitbar einen passenden Rahmen für *Anonymous* ab. Dies zeigt die Tiefe der Cyberkultur, so wie man sie im Zusammenhang mit *Anonymous* verstehen muss: Wir sind weit entfernt vom Bild des Hackers in Bestsellern wie *Millenium*, mit Geek-Helden, die von der Welt abgeschnitten sind. Die politische Dimension ist grundlegend, und es die Massenmobilisierung, die den Unterschied ausmacht, nicht allein individuelle Aktionen. Indem er sein Konterfei ›zur Verfügung stellt‹, wird Guy Fawkes für *Anonymous*, was Jacques für die französischen Bauern oder der Arme Konrad für die Deutschen wurde. Auf jeden Fall handelt es sich um eine Mythologie, die hinreichend politisch aufgeladen ist, um Protestbewegungen zu dienen – sei es im Internet oder darüber hinaus.

Außer dieser politischen Dimension muss man den kulturellen und politischen Aspekt von *Anonymous* vertiefen, der das dritte Element ihrer Identität ausmacht. Wenn die *Anonymous*-AktivistInnen Masken tragen, dann auch deshalb, weil die Cyberkultur durch die japanische Kultur und ihre Comiczeichnungen beeinflusst wurde. Die Webseite *4chan* stellt sich selbst in eine japanische Tradition des Bilderaustauschs, und sie enthält noch immer breite Sektoren, in denen über die *Japanimation* – japanische Zeichentrickfilme – diskutiert wird. In der gleichen Tradition wie die *Manga* steht das *Cosplay*, ein zusammengesetztes Wort, gebildet aus ›costume‹ (Kostüm) und ›playing‹ (Rollenspiel). Diese kulturelle Praxis, die in den USA entstand, ist gegenwärtig in Japan – wo große Cosplay-Kongresse stattfinden – stark verbreitet, und in geringerem Ausmaß auch in Europa. *Cosplay* erneuert jene Tradition des Karnevals, die auf dem Wechseln der Identität und des Geschlechts beruht – während einer begrenzten Zeit und dank der Verkleidung. Diese Praxis wird von der Kultur der *Mangas*, der *Fantasy*-Literatur[181] und der Science-Fiction inspiriert,

181 *Fantasy* ist eine literarische Gattung, die man auf andere kulturelle Produktionen wie Videospiele und Filme ausdehnen kann und in der das Irrationale dank der

und dort insbesondere von *Star Trek*. Dieses kulturelle Phänomen berührt einen grundlegenden Punkt: die Ankunft der Subkulturen, die oft mit dem Internet – wo sie sich entwickelten – zusammenhängen, im ›wahren Leben‹. Wenn Personen, ob Mann oder Frau, als *Sailor Moon* verkleidet auf der Straße herumlaufen – dieser Heldin eines Zeichentrickfilms, die mit einem langen Zauberstab ausgestattet ist –, dann wird die Welt außerhalb des Internets vorübergehend durch die Fantasien aus der Cyberkultur kolonisiert. Ebenso kann man sagen, dass die *Anonymous*-AktivistInnen, die zum ersten Mal vor den Sitz der Scientology-Kirche zogen, sich wie *Cosplayers* aufführten, nur dass die politische Dimension hinzutrat. Der Verkauf der Masken von *V wie Vendetta* erlebte aufgrund dieser Tatsache einen sehr bedeutenden Zuwachs, (die letzten verfügbaren Angaben beziffern den Verkauf auf 100.000 Masken pro Jahr). Ironischerweise ist mit Warner Bros., die die Eigentumsrechte an dem Film halten, einer jener Giganten der Unterhaltungsindustrie Nutznießer dieses Booms, mit dem *Anonymous* seit Jahren im Konflikt um die Frage der Urheberrechte steht.

Nach den Demonstrationen tauschen die *Anonymous*-AktivistInnen – wie bei den *Cosplay*-Kongressen – im Netz die vor Ort aufgenommenen Fotos der schönsten Kostüme oder der besten Posen. Dies führt uns zum letzten Aspekt der sichtbaren Identität von *Anonymous*: die massenhafte Verwendung von Bildern. In Anbetracht der Natur von *4chan* handelt es sich für die *Anonymous*-AktivistInnen um eine ursprüngliche, von Anfang an zu ihnen gehörende Praxis. Die Vielfalt an Videos und Bildern im Zeichen von *Anonymous* belegt die Größe der Community, die bereit ist, ihren Teil zum Erhalt des *Mem Anonymous* beizutragen. Man findet Übersetzungen in zahlreiche Sprachen, die die von uns ausgemachten Elemente wie die Guy-Fawkes-Maske übernehmen. Aber auch andere Symbole finden international Verwendung, wie das eines Mannes in Anzug, dessen Kopf durch ein Fragezeichen ersetzt worden ist – es wird bisweilen vor das Abzeichen der Vereinten Nationen gestellt und symbolisiert die Anonymität sowie das Fehlen eines Chefs innerhalb von *Anonymous*.

Obwohl sie von unterschiedlichen Personen verfasst wurden, die sich wahrscheinlich untereinander nicht kennen, haben diese Video-Botschaf-

Magie auf natürliche Weise in der Erzählung präsent ist. (Vgl. insbesondere André-François Ruaud: *Carthographie du merveilleux*, Gallimard, 2001.) Die Trilogie *Herr der Ringe* von J.R.R. Tolkien ist eines der berühmtesten Beispiele für *Fantasy*.

ten doch einen sehr hohen Wiedererkennungswert. Die Videos bilden im Allgemeinen (gefakte) Pressemitteilungen ab, in denen die *Anonymous*-AktivistInnen sich stets vorstellen, um daraufhin feierlich eine Botschaft an die Bevölkerung zu verkünden. Eingeleitet wird die Botschaft durch eine Erkennungsmelodie einer der großen Fernsehanstalten. Die Botschaft selbst wird von einer künstlichen Stimme aus dem Off verkündet, die in der ersten Person Plural spricht. Im Allgemeinen wird eine Kurzform des Gesagten von einer maskierten Person im Hintergrund pantomimisch darstellt. Das Ganze ergibt ein künstliches Ambiente, als ob die Videos aus einem weit entfernten und unzugänglichen Cyberspace kämen – auch wenn dieser Eindruck mitunter durch die Integration realer Bilder geschmälert wird. Die Botschaft besteht meistens aus drei Teilen: einer Darstellung der Lage, der Ankündigung des Nichteinverstandenseins und schließlich einem Aufruf zum Handeln. Die Botschaften nehmen einen absichtlich hochnäsigen Ton gegenüber den wirtschaftlichen und politischen Machthabern an, und jede Wortmeldung verläuft wie eine Warnung. Im Gegenzug laden die Videos im Allgemeinen die Bevölkerungsgruppen, die sie verteidigen, dazu ein, sich *Anonymous* anzuschließen. Unabänderlich enden die Botschaften mit dem Leitspruch von *Anonymous*: »Wir sind Anonymous. Wir sind Legion. Wir vergessen nicht. Wir verzeihen nicht. Fürchtet uns.«

Alle diese Videos, die manchmal mit der 3-D-Kamera hergestellt wurden, erlauben es, die Fähigkeiten der Einzelnen, die sich bei *Anonymous* zusammengeschlossen haben, zu ermessen. Wenn man sie auch mitunter als HackerInnen oder als kleine Programmiergenies bezeichnet – was wir ja angesichts ihrer großen Anzahl und ihrer Heterogenität bereits stark relativiert haben –, darf man doch nicht vergessen, dass ihre Fähigkeiten auch die graphischen Künste einschließen. Mit einem Computer und einigen Programmen können die neuen *Tech-Savvys* Videobotschaften in einer Qualität herstellen, die der von Fernsehanstalten oder PR-Agenturen nahekommt. Die Stärke der *Anonymous*-AktivistInnen liegt darin, mit den Bildern umgehen zu können. In diesem Sinne sind sie auch HacktivistInnen, die im Zeitalter der mittels YouTube geteilten Information verankert und dazu fähig sind, die Prioritätenliste der Medien zu beeinflussen.

Die Identität von *Anonymous* beruht also stark auf Bildern. Sie dient ihr als Standarte und als Parole um das Fehlen einer Führungspersönlichkeit auszugleichen und um die Elastizität ihrer Definition zu gewährleisten. Zwar gibt es keinen Chef, aber es gibt Bilder, und diese machen aus, was *Anonymous* ist.

Das Reich des ›Machens‹: Es lebe die Do-ocracy!

Die Kommunikation von *Anonymous* ist also nicht zentralisiert, und ihre Funktionsregeln sind nicht von vornherein definiert. Allerdings existiert eine Form von kollektiver Organisierung, ohne die es nicht vorstellbar wäre, gemeinsame Aktionen zu koordinieren. Willkommen in den geheimen Welten von *Anonymous*, wo die Beschlussfassung auf den Online-Diskussionskanälen vom Typ IRC und der Hacker-Ethik des ›Tuns‹ basiert.

Die Zahl der Personen, die sich im Internet zu *Anonymous* bekennen, lässt sich nicht berechnen. Bei Facebook, Twitter, YouTube oder Blogspot kann man zahlreiche Nutzerkonten im Zeichen der ›Anon‹, wie man sie nennt, ausmachen, die manchmal eigene Inhalte veröffentlichen oder auch als Relais) dienen, welche den Umlauf der Nachrichten begünstigen. Die Blogs und *Facebook*-Seiten, die mit *Anonymous* zusammenhängen, sind tatsächlich ›Legion‹; dazu gehören mehrere Hundert aktive Blogs und mehrere Tausend *Facebook*-Seiten, auf denen man mitunter Hunderttausende *Fans* oder *Likers* [Leute, die den ›Gefällt-mir-‹-Knopf betätigten, B.S.] zählt. Diese Räume weisen zudem eine sehr rege Aktivität im Bereich der Kommentare und der aufeinander verweisenden Links auf. Die äußerst berühmten *Anonymous*-Videos beeindrucken ebenfalls mit enormen Zahlen: über 180.000 auf YouTube gelistete Videos, von denen manche Millionen Male betrachtet wurden, und AbonnentInnenlisten von Menschen, die sich zu *Anonymous* bekennen, mit mehreren Millionen NutzerInnen. Auch bei *Twitter* werden die Nutzerkonten im Zeichen von *Anonymous* sehr stark verfolgt. Mehrere Dutzend Nutzerkonten kommen auf mehrere Hunderttausend *Followers*, die in Echtzeit über die Veröffentlichungen und Aktionen von *Anonymous* informiert werden (*AnonymousIRC* zählt zum Beispiel 150.000 AbonnentInnen).

Unter den Internetplattformen, die die zuverlässigsten Nachrichten verbreiten, sticht der Blog *AnonOps*[182] hervor. Insbesondere auf Letzterem wurden wichtige Nachrichten von *Anonymous*, die die *Operation Payback* betrafen, veröffentlicht. Es scheint jedoch nahezu unmöglich

182 Vgl. anonops.blogspot.com

herauszubekommen, wer sich hinter dieser Internetplattform verbirgt, die gut informiert zu sein scheint und – mit 86.000 AbonnentInnen bei ihrem Twitterkonto – ein gewisses Publikumsecho genießt. Die AutorInnen definieren sich selbst als Leute, die »ihren Arsch hochkriegen wollen, um die Dinge zu ändern«[183], ohne jedoch eine Entscheidungsmacht einzufordern, und auch ohne die Gesamtheit aller im Namen von *Anonymous* durchgeführten Aktionen zu unterstützen.

In der Tat spielen sich auf den IRC-Kanälen bei *AnonOps* die Diskussionen ab, die der Online-Veröffentlichung von bestimmten Aktionen vorausgehen. Diese Nachrichtenbox steht allen offen; es genügt, ein Nutzerpseudonym zu wählen, und man ist auf dem gewählten Kanal – in dem Falle ›#anonworld‹ – mit den dort anwesenden Personen verbunden. Die gemeinsame Sprache ist Englisch, aber während stärker ländergebundener Operationen kann man spezifische Kanäle entstehen sehen, besonders auf Spanisch und auf Französisch. Wie bei *4chan* sind diese Orte vor allem Räume für den Austausch, die man nicht als neuralgische Zentren der Entscheidungsfindung betrachten darf. Es herrscht dort eher eine gewisse Atmosphäre des Unter-Sich-Bleibens, mit besonderen Bezügen und Sprachcodes wie der *Leet-* oder *L33t-*Schrift, die den Buchstaben ähnliche Zahlensymbole benutzt (ursprünglich ein Mittel, um gewisse Wörter für die Suchmaschinen unauffindbar zu machen). Dieser Kanal ähnelt tatsächlich einem Café für Eingeweihte, in dem man über das aktuelle Geschehen debattiert oder über jedes andere Thema, das durch eines der Mitglieder angeschnitten wird, aber wo die Aktion – die nur einen Mausklick weit entfernt ist – schnell an die Stelle der Diskussion treten kann. In der Tat wurden von diesen Kanälen aus bestimmte DDoS-Attacken koordiniert, wie jene gegen Sony im Rahmen der *Operation Playstation* im April 2011. Die ›Verbreitung‹ des *Denial of service*, die am Ausgang des – zum Erzielen einer Wirkung nötigen – Massencharakters der Aktionen steht, findet hier ihre Wurzeln.

Allerdings werden nicht alle Beschlüsse auf vollkommen transparente Weise auf diesen Diskussionskanälen gefasst. Die Internetplattform IRC funktioniert mittels *›Sysop‹*, Moderatoren, die dazu befugt sind, manche Mitglieder aus dem Chat auszuschließen, und die über einen eigenen

---

183 Vgl. den Artikel *AnonOps: les dessous d'une organisation secrète* (AnonOps. Die Hintergründe einer Geheimorganisation) von William Audureau vom 13.5.2011, bei 01net.com.

Kanal – ›*#command*‹ – verfügen, auf dem sie unter Ausschluss der übrigen NutzerInnen miteinander kommunizieren können. Noch einmal, diese besonderen NutzerInnen dürfen absolut nicht als die ›Chefs‹ von *Anonymous* betrachtet werden – was keinen Sinn ergäbe –, aber sie haben mit Sicherheit ausreichende technische Fähigkeiten, um eine Internetplattform solchen Typs zu verwalten, und widmen deren Unterhaltung einen bedeutenden Teil ihrer Zeit. Aufgrund der Veröffentlichung von Informationen durch einen gewissen Ryan[184], der zu diesem engeren Kreis zählte, aber diesen in der Folgezeit kritisierte, wurden gespeicherte Kommunikationen auf ›*#command*‹ veröffentlicht. Obwohl aus Sicht dieses ›Renegaten‹ auf diesem Kanal »all die Macht, all das DDoS« liegt[185], findet man dort in Wirklichkeit im Wesentlichen ähnliche Diskussionen wie im Hauptkanal.

Die Beschlüsse werden also vor allem auf den IRC-Kanälen gefällt, wofür ›*#command*‹ und ›*#anonworld*‹ nur Beispiele sind. Es gibt andere Kanäle, ebenso wie es andere Internet-Diskussionsplattformen gibt, die *4chan* ähneln. Diese Netzwerke sind miteinander verknüpft, und *Anonymous* ist per Definition weder zentralisiert noch auf eine bestimmte Anzahl beschränkt. Doch wie schaffen es Personen, die diskutieren, so wie sie es auch an einem Tisch sitzend tun könnten, mit Aktionen die Webseiten von multinationalen Konzernen zu destabilisieren? Um dies zu verstehen, muss man auf diese Ethik des ›Tuns‹ der HackerInnen zurückkommen, die die Aktion in den Mittelpunkt rückt und den Wert von Individuen nach dem bemisst, was sie vollbracht haben. Der Hacker oder die Hackerin ist einE BastlerIn; er oder sie existiert durch die Aktion, und sei es nur der Versuch zu agieren. Manche nennen diese Organisationsform die ›Do-ocracy‹, ein zusammengezogener Begriff aus ›Demokratie‹ und dem Verb ›*to do*‹, den man mit ›Demokratie durch Aktion‹ oder – prosaischer – mit ›*erst schießen, dann fragen*‹ übersetzen könnte. Es handelt sich also um ein System, in dem die Individuen sich selbst ihre Aufgaben wählen und diese erfüllen, um danach die anderen aufzufordern, sie zu verbreiten oder weiterzutragen. Diejenigen Personen, die konkret etwas tun, sind dafür verantwortlich und werden dafür anerkannt. Von vornherein strukturierte Hierarchien, wie sie in den meisten

184 Vgl. den Artikel *Exclusive: AnonOps splinter group speaks out* von James Nixon vom 9.5.2011 bei www.thinq.co.uk
185 Ebd.

Organisationen vorkommen, verschwinden. Konkret wird die *Do-ocracy* von einem geheiligten Prinzip regiert, das sich so zusammenfassen lässt: »Mach' etwas, und Du kannst mitreden.«

Diese Denkweise ist vom *Burning-Man*-Festival[186] inspiriert, das 1986 in der Nähe von San Francisco gegründet wurde. Bei diesem ungewöhnlichen Festival, das jedes Jahr am Ende des Sommers stattfindet und mit dem Verbrennen einer Riesenstatue endet[187], wird jeweils eine provisorische Stadt aufgebaut. An diesem Ort, genannt *Black Rock City*, gibt es keine ZuschauerInnen. Alle sind dazu aufgefordert, Kreativität zu beweisen und dabei die kommerzielle Logik zu vergessen, die durch die Grundsätze der Beteiligung und der Austauschbeziehungen ersetzt wird.

Wie bei *Burning Man* beruht auch die *Do-ocracy* auf der Selbstverwaltung, der Kultur der Beteiligung und schwachen Bindungen zwischen den Einzelnen, welche sehr flexible Organisationsstrukturen und das Fehlen von Planung erlauben. Man begreift noch einmal die engen Verbindungen zwischen der US-amerikanischen Gegenkultur – die mit diesem Festival wieder auflebt – und dem Internet, das die geeigneten technischen Plattformen für die neuen und durch die Werte der Cyberkultur beförderten Organisationsformen bereitstellt. *Telecomix*, eine Gruppe von HacktivistInnen, die nicht mit *Anonymous* identisch, aber in ähnlicher Weise organisiert ist, beschreibt in einem Interview in folgenden Worten eine Organisation, die auf der *Do-ocracy* beruht:

> »Es genügt, Ideen zu haben, und dann können andere sich anschließen, helfen. Niemand hat einen Überblick über alle Projekte.«[188]

Diese sehr flexible Organisationsweise, zusammen mit der Größe, die ›Anonymous angenommen hat, führte zu einer großen Vielfalt bei den an den Beschlussfassungen beteiligten AkteurInnen. Eine gewisse Konfusion taucht daher manchmal auf, wenn bestimmte *Anonymous*-AktivistInnen sich zu Operationen bekennen, die von anderen bestritten werden, wie es besonders bei der *Facebook*-Operation der Fall war.

---

186 Vgl. www.burningman.com

187 Eher als um einen Anklang an die Guy-Fawkes-Nacht handelt es sich hier um eine Wiederentdeckung von heidnischen Traditionen, die gut zu einer Logik des kollektiven und den kleinen Leuten gehörenden Feierns passt.

188 Vgl. den Artikel *Telecomix: ›hacker pour la liberté‹* (Telecomix: ›Hacken für die Freiheit‹) von Quentin Noirfalisse vom 25.7.2011, bei Owni.fr.

Diese Nachricht, die von ›@anon_FR‹ – einem französischsprachigen Twitter-Nutzerkonto, das als *Anonymous* identifiziert ist – veröffentlicht wurde, belegt die Schwierigkeit, die Urheberschaft von Aktionen eindeutig zu bestimmen:

> »Danke für die Glückwünsche aber #Anonymous hat sich nicht zum Hack @orange ›bekannt‹. Dieser trägt keine Unterschrift. Sicher das Werk eines Anonymous :).«[189]

Dieser Tweet bringt auch die konzeptionellen Schwierigkeiten ans Tageslicht, die bezüglich der durchzuführenden Operationen bestehen können, aber auch, die grundsätzlicheren Schwierigkeiten hinsichtlich der Natur von *Anonymous*. Wir ziehen es vor, sie als ein Banner und als ein *Mem* zu betrachten, das die Aufmerksamkeit von Personen auf sich zieht, die sich dann untereinander organisieren können. Grundlage dieser Organisierung ist eine Logik der Beteiligung und schwacher Bindungen, die – in der Fortsetzung der Cyberkultur – die *Do-ocracy* auszeichnen. Die innere Logik von *Anonymous* ist es also, dass jede/r mitmachen kann, und diejenigen, die wirklich etwas tun, werden für ihre Aktion anerkannt.

Dennoch haben einige Persönlichkeiten und Führungsfiguren von *Anonymous* öffentlich im Mittelpunkt gestanden, oft weil sie verhaftet worden sind. Das gilt etwa für Topiary, der stellvertretend sowohl für die interne Organisierung von Operationen im Stil von *Anonymous* oder *LulzSec* – eine Gruppe, die sich ihnen angeschlossen hat – wie auch für den Diskurs und das Verhalten der Behörden gegenüber diesen ›Anführern‹ stehen kann. Im Juli 2011 verkündeten die britischen Polizeistellen per Presseerklärung die Festnahme eines 19-jährigen jungen Mannes in Schottland, genauer gesagt den Shettland-Inseln, der der Sprecher von *LulzSec* sein soll. Doch schnell dementierten die *Web Ninjas* – Hacker, die *LulzSec* ›enttarnt‹ hatten – die Information und behaupteten, dass Topiary ein 23-jähriger Schwede sei, der in Uppsala wohne. Der junge Jake Davis alias Topiary wurde gegen Zahlung einer Kaution und der Auflage, eine elektronische Fußfessel zu tragen, freigelassen. Die Strafverfolgungsbehörden leiteten ein Verfahren mit insgesamt fünf Anklagenpunkten gegen ihn ein, darunter »unerlaubtes Eindringen in ein Rechnersystem« sowie »Verschwörung mit dem Ziel, eine *Denial-of-service*-Attacke durchzuführen«. Es fällt letztendlich schwer, festzustellen, ob es sich um

189 Twitter.com/#!/anon.FR.

jenen Topiary handelte, der ein paar Monate vor der Verhaftung *Gawker* [Gruppe von Onlinemedien namens *Gawker Media*, B.S.] ein Interview gegeben hatte. Einem *Chat* zwischen Topiary und einem anderen Hacker zufolge soll der Festgenommene ein Internetnutzer sein, der sich in der Vergangenheit die Identität von Topiary missbräuchlich angeeignet hatte. Dem echten Topiary soll es daraufhin gelungen sein, seinen Doppelgänger verhaften zu lassen, und er soll beschlossen haben, ruhig zu bleiben, bis der Sturm vorübergezogen ist.

Auf alle Fälle zeigt diese Geschichte die Schwierigkeit für die Behörden, die Organisationsmechanismen zu verstehen, die bei *Anonymous* am Werk sind, und ihre Aktionen zu stoppen. Ob Topiary nun im Gefängnis sitzt oder nicht, *Anonymous* hat nicht aufgehört zu agieren.

Wenn *Anonymous* zu den Waffen greift

Das Teilen von Informationen ist die Basis der Organisation von *Anonymous*. Wenn ein bestimmtes Thema als problematisch oder interessant ausgemacht wird, kann eine ›Operation‹ lanciert werden. *Anonymous* verfügt über eine Palette von Aktionsmitteln, die zum Teil identisch mit jener der ihnen vorausgehenden HacktivistInnen – wie der *Zippies – ist.* Manche der benutzten Vorgehensweisen sind legal, andere nicht. Und nicht alle tauchten zur selben Zeit auf. Wir teilen hier die wichtigsten in vier Kategorien ein: die historischen Aktionsmittel; die Aktionsmittel, die massenhafte Verbreitung fanden; die neuen Vorgehensweisen und schließlich die legalen Aktionen. Wir stellen also die Hacking- (oder gar Netzpiraten-)Aktionen nicht ausdrücklich getrennt dar, denn weder sind sie eine Besonderheit von *Anonymous* noch sind sie – berücksichtigt man die Anzahl der Personen, die sich zu *Anonymous* bekennen – sonderlich stark verbreitet.

Vor der Aktion gegen Scientology sammelten die ersten *Anonymous* sich rund um koordinierte Aktionen zur Überflutung von Foren, wie wir es bei dem Überfall auf das *Habbo Hotel* gesehen haben. Andere Foren haben ebenfalls solche *Flood*-Attacken über sich ergehen lassen müssen, bei denen man Diskussionsräume mit unnötigen Inhalten überschwemmt. Das war besonders bei der Webseite *Support Online Hip Hop* der Fall, die 2008 attackiert wurde und dann ein *Defacing*, einen ›Gesichtsverlust‹, erlitt. Dieser Typ von Attacke erfordert enorme Informatikkenntnisse und -fähigkeiten, denn es geht darum, eine Schwachstelle bei dem Server zu finden, welcher eine Webseite beherbergt, um dort die Dateien zu verändern. Es wird dann die Startseite eines Webauftritts, die sein Schaufenster und seinen Eingang darstellt, verändert; im Allgemeinen, um zu zeigen, dass die Webseite gehackt worden ist, ohne dass die übrigen Daten in Mitleidenschaft gezogen wurden. Am Ende eines *Defacing* werden die InternetnutzerInnen eine gegenüber der Originalversion radikal veränderte Startseite vorfinden. Im Fall des Forums *SOHH*, das mehrfach solche Attacken erlitt, fand man auf der Homepage rassistische Beschimpfungen. Es war der *Lulz*, der die Vorläufer von *Anonymous* – die sich von *4chan* aus organisiert hatten – hierher geführt hatte, kombiniert mit Rachegelüsten gegenüber den Mitgliedern des Forums, die sie angeblich provoziert hatten. Wie auch immer, man trifft hier auf die Schadenfreude, die ein Wesensmerkmal von *Anonymous* war, die aber zu diesem Zeitpunkt noch keinerlei politische Dimension aufwies. Dies kam erst später hinzu.

In den Reihen von *Anonymous* findet man also sehr wohl einige HackerInnen, die dazu fähig sind, die Sicherheitsvorkehrungen von Webseiten zu durchbrechen, um ihre Daten zu verändern. Aber trotz der Vielzahl von Personen, die sich unter dieser Fahne sammeln und bereit sind, sich als *Anonymous* zu engagieren, sind nur wenige zu dieser Art von Datenmanipulation in der Lage. Im Jahr 2009 wurde ein Programm geschaffen, um eine Antwort auf dieses Problem der Zugänglichkeit der Aktionsmittel zu finden: LOIC, für *Low Orbit Ion Cannon*. Diese ›Waffe‹, deren Name den Imperator Palpatine[190] vor Neid erblassen lassen würde, markiert einen Wendepunkt für *Anonymous*, denn sie trug zu einer massenhaften Verbreitung der DDoS-Attacken bei, da jeder gute ›/b/tard‹ das Computerprogramm ohne besondere Informatikkenntnisse installieren und konfigurieren konnte.

Die DDoS-Attacken haben stets ein Problem ethischer Natur aufgeworfen, auf das die *Elektro-Hippies* antworteten, indem sie sich für das Internet auf dasselbe Demonstrationsrecht wie ihre KollegInnen in den Straßen von Seattle beriefen. Mithilfe von LOIC und aufgrund des Ansehens von *Anonymous* im Netz kann die Gesamtzahl der TeilnehmerInnen leicht sehr groß werden. Die Attacken gegen die Webseiten von Mastercard, Visa und PayPal aus Solidarität mit *WikiLeaks* haben

190 Der Imperator Palpatine befehligt in der Filmserie *Star Wars* den Todesstern, eine schreckliche Waffe. Der Name dieser Waffe ist deutlich von der Cyberkultur und ihren Bezügen zum Science-Fiction- und Fantasy-Universum inspiriert.

es gezeigt: die Schlagkraft kann beeindruckend sein. Es ist im Übrigen diese Dimension, die die BeobachterInnen am meisten erschreckt. Als das Erscheinen eines neuen Instruments für automatisierte DDoS-Attacken angekündigt wurde, das leistungsfähiger und ebenso leicht zu benutzen sei, waren manche beunruhigt und sprachen vom Auftauchen einer »verheerenden Cyberwaffe«[191]. Schlussendlich erwies sich ›#RefRef‹, das angebliche Instrument, als ein Hoax, eine Falschmeldung oder ein unbegründetes Gerücht, das sich virenartig im Internet verbreitete. Aber es ist nicht ausgeschlossen, dass eines Tages neue technische Instrumente die Armada von *Anonymous* vergrößern werden, und die Frage nach der Legitimität von DDoS-Attacken bleibt bestehen.

Innerhalb der HackerInnen-Community wird ein Instrument wie LOIC nicht von allen als ethisch vertretbar angesehen und auch nicht – was mindestens genauso wichtig ist – immer des Interesses für würdig befunden. Um damit umzugehen, braucht man in keiner Weise selbst ein Hacker zu sein, was bedeutet, dass es sich nicht um Hacking handelt. Das ist einer der Gründe dafür, dass manche bekannten HackerInnen sich öffentlich zu Wort gemeldet haben, um seine Verwendung zu kritisieren.

Koen Martens, der den *Hackerspace*[192] namens *Revelation Space* gründete, hat sich nach der Festnahme eines jungen Mannes, der an diesem Ort ein- und ausging und infolge der Benutzung von LOIC eines Vergehens beschuldigt wurde, in diesem Sinne geäußert:

> »Ein Hacker ist jemand Kreatives und Neugieriges, jemand, der herausfinden möchte, wie die Dinge funktionieren, und vielleicht Fehler darin finden möchte, wie sie angelegt sind. Ein ethischer Hacker wird auf verantwortungsvolle Weise mit dem Wissen, das er gewonnen hat, umgehen und wird es nicht missbrauchen. (...) Die Attacken von Webseiten wie der von MasterCard haben nichts mit Hacking zu tun. Alle Welt kann ein Computerprogramm herunterladen, installieren und starten, und an einem organisierten Verbrechen online teilnehmen.«[193]

---

191 Vgl. den Artikel *Les Anonymous développent une nouvelle cyber-arme dévastratrice* (»Die Anonymous entwickeln eine neue, verheerende Cyber-Waffe«) vom 5. August 2011 bei developpez.com.

192 Ein *Hackerspace* (oder *Hackspace*) ist ein realer Ort, an dem sich HackerInnen treffen, um sich über ihre Technologieleidenschaft auszutauschen. Es gibt solche Orte auf der ganzen Welt, die sozusagen die weiterentwickelte Variante der Garagen der ersten Hacker im Silicon Valley darstellen.

193 Vgl. den Artikel *Ethical hacking vs DoS: a workshop session at Revelation Space* vom 13.12.2010 bei blog.hackerspaces.org.

Manche HackerInnen haben sich auch auf grundsätzlichere Weise gegen das Prinzip von DDoS-Attacken gewendet, die sie als eine grundsätzliche Verletzung des Internet betrachten. Denn wenn das Bombardieren einer Webseite mit Anfragen zur Folge hat, dass neue Verbindungen mit seinen Inhaltsseiten verhindert werden, hat dies ebenfalls zur Folge, dass der globale Internetverkehr im Bereich des Servers verlangsamt wird. Doch für Viele ist nichts schlimmer, als das Internet insgesamt zu gefährden. Hinter diesen Kritiken spürt man einen ideologischen Kampf zwischen den ›historischen HackerInnen‹ und denen der neuen Generation heraufziehen, wobei die ›Alten‹ die Letztgenannten verächtlich als »junge Cyberpunker, die LOIC benutzen, ohne zu wissen, worum es sich handelt« abtun.

An einer DDoS-Attacke mittels eines Programms wie LOIC teilzunehmen, fordert nicht sehr viel Einsatz ab und ist auf individueller Ebene nicht mit dem bürgerlichen Ungehorsam gegenüber bewaffneten PolizistInnen oder SoldatInnen vergleichbar. Auf der Webseite *Personal Democracy* erzählt Matthew Burton beispielsweise sein Unbehagen, das er empfand, als er eines Morgens beschloss, an einer DDoS-Aktion gegen Webseiten der iranischen Regierung während der Demonstrationen in diesem Land [nach der manipulierten Präsidentschaftswahl im Juni 2009, B.S.] teilzunehmen. Obwohl er von der Zielsetzung dieser Aktion überzeugt war, störte es ihn, ohne Anstrengung und ohne Zeitaufwand an einer Aktion des ›interaktiven Krieges für die Bürgerrechte‹ teilnehmen zu können. Für ihn war das Missverhältnis zwischen dem schwachen Aufwand für sein Engagement und den Auswirkungen seiner Aktion zu groß. Um es kurz zu fassen, er fühlte sich nicht dazu berechtigt, Mahmud Ahmadinedschad beim Frühstück vor seinem Bildschirm sitzend zu bekämpfen.

Dennoch können andere Argumente diese Position abschwächen. Der berühmte Verteidiger der Freiheit im Internet, Richard Stallman, ist der Auffassung, dass die Attacken von *Anonymous* von ihrer Natur her öffentliche Massendemonstrationen im Internet darstellen[194]. Ihm zufolge handelt es sich dabei nicht wirklich um Hacking, sondern um eine legitime Notwehrhandlung vonseiten der BürgerInnen. Und *Anonymous* verlautbart gewöhnlich, dass eine Kriminalisierung von DDoS ungefähr so sei, als wolle man die Personen ins Gefängnis stecken, die auf friedliche Weise

194 Vgl. den Artikel The Anonymous *WikiLeaks protest are a mass demo against contro,* von Richard Stallman vom 17.12.2010 bei www.guardian.co.uk

in ihrer Geburtsstadt demonstrierten, indem sie den Marktplatz besetzen. Diese Angriffe erfordern keinen hohen Einsatz, stellen aber dennoch eine Willenshandlung seitens der Individuen dar. Mehr noch, in Anbetracht der entsprechenden Kräfteverhältnisse im Internet sind die UserInnen weit davon entfernt, bestens vor der staatlichen Überwachung und den Rechtsansprüchen der Unternehmen, die das Netz kontrollieren, gewappnet zu sein. Die kollektiven Aktionen der *Anonymous*-AktivistInnen vom Typ DDoS sind demzufolge also eine legitime Antwort auf wirtschaftliche und staatliche Machthaber, deren Machtfülle als übergroß betrachtet wird – zumal sie keine Zerstörung und auch keine Schädigung von Eigentum beinhalten, sondern eine einfache Behinderung darstellen. Manche Staaten haben übrigens ebenfalls DDoS benutzt, gegen innenpolitische OpponentInnen oder in Konflikten mit anderen Ländern[195].

Kann man die DDoS-Attacken noch von einem ethischen Standpunkt aus verteidigen, so erscheint das bei einem anderen Aktionsmittel von *Anonymous*, dem DOX, nur schwer möglich. Das in jüngerer Zeit erschienene und seitdem bedeutende Kontroversen auslösende DOX besteht darin, persönliche Informationen über jemanden im Internet zu veröffentlichen. Der Begriff ›DOX‹ ist eine verfremdete Schreibweise für ›docs‹, also persönliche Dokumente. Im September 2011 hatten *Anonymous*-AktivistInnen etwa Informationen über rund 25.000 österreichische PolizistInnen ins Netz gestellt und dabei ihre Namen, Geburtsdaten und Adressen enthüllt[196]. Die Gruppe rechtfertigte diese Operation damit, dass es darum gehe, ein vom österreichischen Parlament verabschiedetes Gesetz zur Speicherung von personenbezogenen Daten zu kritisieren. Nicht ohne Ironie kündigte das Twitter-Nutzerkonto ›AnonAustria‹ seine Veröffentlichung so an: »Niemand hat etwas zu verbergen, nicht wahr?«[197]

Diese Praxis hat ihren Ursprung in den Webforen, wie wir es bei *4chan* gesehen haben, wo die Suche nach und die Veröffentlichung von

195 Estland wurde etwa im April und Mai 2007 zur Zielscheibe von DDoS-Attacken, die das estnische Internet während mehrerer Tage lahmlegten. Obwohl die Offensive aus Russland kam, konnte nie bewiesen werden, dass es sich um eine vom Kreml gesteuerte Operation gehandelt hätte.

196 Vgl. den Artikel *Anonymous diffuse les identités de 25.000 policiers. A tort* (*Anonymous verbreitet die Identität von 25.000 Polizisten. Zu Unrecht*) vom 28.9.2011, bei Numerama.com

197 Vgl. Twitter.com/#!/AnonAustria

persönlichen Daten dazu dienen kann, jemanden zu diskreditieren. Mit dieser massenhaften *Aufdeckung* von Daten gehen die österreichischen *Anonymous* eine Stufe weiter, und man könnte darin einen Versuch der Annäherung an *WikiLeaks* erkennen, angesichts des Umfangs der veröffentlichten Daten. Die beiden Logiken unterscheiden sich jedoch, weil *WikiLeaks* danach strebt, die in öffentlichen Dateien erwähnten Privatpersonen zu schützen und darauf zielt, ein System zu destabilisieren, ohne direkt die Individuen zur Zielscheibe zu machen. In diesem Falle scheint eine Art von Unreife kombiniert mit dem Streben nach Schadenfreude die Oberhand gewonnen zu haben, denn die Enthüllung von Informationen geht überhaupt nicht mehr in die Richtung einer Verteidigung des Anonymitätsprinzips, obwohl dieses für *Anonymous* doch von zentraler Bedeutung ist.

Im Gegensatz zu diesen umstrittenen Aktionen haben sich andere, traditionellere Forderungsmethoden entwickelt, ausgehend von der Warnung des *Wise Beard Man* nach der Episode rund um die Scientology-Kirche von 2008. *Anonymous* neigt nunmehr stärker dazu, auf die Straße zu gehen. Die Mobilisierung gegen BART, den öffentlichen Verkehrsbetrieb von San Franciso, im Sommer 2011 ist bezeichnend. Am Anfang der ›#opBart‹-Aktion stand die Entscheidung des Unternehmens, die drahtlose Kommunikation zu stören, um die Organisierung von bereits geplanten Demonstrationen der Passagiere zu behindern. Wer jedoch das Internet angreift, läuft Gefahr, die Aufmerksamkeit von *Anonymous* auf sich zu lenken, was auch in diesem Fall nicht ausblieb.

Nach einer Mobilisierung im Internet und der massenhaften Aussendung von Spams an die Adressen der Verkehrsbetriebe organisierte *Anonymous* eine Demonstration, an der über 200 Personen teilnahmen, die alle Guy-Fawkes-Masken trugen[198]. Die Zahl der Demonstranten ist vielleicht nicht sehr hoch, aber die Operation sorgte für beträchtliche Publicity, und BART musste in der Folge eine Untersuchung der US-Bundesregierung über sich ergehen lassen.

Auf symmetrische Weise scheinen die öffentlichen Demonstrationen stärker für das *Mem* von *Anonymous* durchlässig zu werden, deren Masken immer häufiger auf öffentlichen Demonstrationen auftauchen. So benutzt

---

198 Vgl. den Artikel *Anonymous porte son combat du cyberspace vers la rue* (»Anonymous trägt seinen Kampf aus dem Cyberspace auf die Straße«) vom 18.8.2011 bei France24.com

die Bewegung der *Indignados* (Empörten), die von Spanien ausging, bevor sie unter dem Namen *Occupy* die USA erreichte, häufig die ›Kriegsbemalung‹ von *Anonymous*, die ihrerseits ebenfalls massenhaft Nachrichten und Aufrufe zur Mobilisierung in ihren Netzwerken weiterverbreite. Die Bewegung *Occupy Wall Street* wird in starkem Ausmaß durch die Webseite *AnonOps* begleitet, und *Anonymous* agiert– durch die Schaffung und Verbreitung von Bildern – als eines der Kettenglieder dieser weltweiten Mobilisierung – ohne jedoch an ihrem Ausgang zu stehen. Die *Paperstorm* genannten Operationen, die darin bestehen, die Botschaften von *Anonymous* durch Flugblätter auf der Straße zu verbreiten, tragen zu derselben Dynamik bei: Man strebt vor allem danach, Informationen zu verbreiten und die Aufmerksamkeit des Publikums zu wecken. Man findet im Internet auch zahlreiche Flugblätter von *Anonymous* in digitalem Format. Es handelt sich um Infografiken, solche Bilddateien, die man von oben nach unten liest, die leicht zu teilen sind und die Bildelemente mit Texten mischen. Die Aufrufe zur Mobilisierungen für Operationen, die off- oder online stattfinden, werden im Allgemeinen auf diesem Wege verbreitet.

Das letzte traditionelle Mobilisierungsmittel, das bei *Anonymous* Aufnahme fand, ist der Boykott. Während der Konfrontation mit PayPal, im Zusammenhang mit der Operation zur Unterstützung von *WikiLeaks*, rief *Anonymous* die InternetnutzerInnen dazu auf, ihre Konten bei dieser Tochterfirma von eBay zu schließen. Mehrere Tausend Konten wurden so in den Stunden, die der Anzeige folgten, geschlossen. Parallel dazu gab der Aktienkurs des Mutterunternehmens nach, und verlor 3% am selben Tag[199]. *Anonymous* triumphierte daraufhin, da sie es geschafft hatten, durch eine Mobilisierung in der Bevölkerung ihre Aktion auf das zuzuspitzen, was für die multinationalen Konzerne vielleicht die größte Bedeutung hat, ihre Börsennotierung.

Die Stärke der Waffen von *Anonymous* hängt schlussendlich von der Anzahl der Personen ab, die ihren Aufrufen folgen. Was ihre Operationen auszeichnet, neben der Verbreitung von personenbezogenen Daten, ist das Streben nach und die Notwendigkeit von massenhafter Beteiligung. Was ist da natürlicher, als Guy Fawkes-Masken anlässlich von Kundgebungen

199 Vgl. den Artikel *Opération Wall Street: Anonymous se venge de PayPal* (»Operation Wall Street: Anonymous rächt sich an PayPal«) von Augustin Scalbert vom 27.7.2011 bei der französischen Online-Zeitung *Rue89*.

und Demonstrationen auftauchen zu sehen? Wenn *Anonymous* in Verbindung mit anderen Bewegungen tritt, dann hebt sie sich durch ihre Fähigkeit zur Verbreitung einer Information im Netz hervor.

Wir sind das Arsenal der Waffen von *Anonymous* – die die Medien so gerne beschreiben – durchgegangen. Aber jenseits dieser Werkzeuge, die gewiss wirksam sein können, sind es sicherlich die Hartnäckigkeit und die Verbreitung des *Mem* von *Anonymous* in Verknüpfung mit ihren unterschiedlichen Anliegen, die ihre größte Stärke ausmachen. In diesem Sinne ist *Anonymous* keine HackerInnenbewegung, sondern eher ein cyberkultureller Bestandteil der Protestbewegungen, dessen Aktionsfelder und Waffen auf dem Gebiet des Internets und somit der Information angesiedelt sind.

Die Wahl der Angriffsziele

Anonymous verfügt über eine Palette von Aktionsmitteln, die sie für die verschiedenen Angriffsziele benutzt, welche sie attackiert. *Anonymous*, am Anfang auf Internetthemen beschränkt, hat sich immer unterschiedlicheren Kämpfen angeschlossen, und im Laufe der Jahre vervielfachten sich die Kämpfe mit ihrer Beteiligung in einem enormen Ausmaß: Waren es im Jahr 2009 in Frankreich noch um die zehn Attacken auf internationaler Ebene, die in den Medien Erwähnung fanden, so waren es im Jahr 2010 um die zwanzig, und im Jahr 2011 über einhundert.

Wie wir sahen, bildete historisch die Scientology-Kirche das erste Angriffsziel von *Anonymous*. Ab 2008 griffen die *Anonymous*-Aktivistinnen diese Organisation, welcher sie insbesondere ihre Vernunftfeindlichkeit vorwarfen, im Internet und danach bei öffentlichen Demonstrationen an. Dieser Kampf umfasste auch Mobilisierungsformen, die einen stärker institutionalisierten Charakter als die anderen *Anonymous*-Operationen aufwiesen. Eine Webseite, *Anonstillalive*[200], zählte etwa sämtliche Städte auf, in denen sie präsent waren. In der Praxis war das Projekt *Chanology* (siehe S. 66 ff) noch immer aktiv, selbst wenn es nicht mehr für Schlagzeilen sorgte, und verfügte über zahlreiche Webseiten und -foren. In Frankreich zum Beispiel machte es eine einzigartige Wandlung durch, weg vom Hacking und hin zu stärkerer Präsenz bei Demonstrationen auf der Straße, sprich vor den Räumlichkeiten der Scientology-Kirche. Es handelte sich also um Personen, die sich kannten und regelmäßig

200 www.anonstillalive.com

trafen, ob im Internet oder nicht. *Chanology* brachte so einen Spross der Bewegung hervor, dessen Organisation sich der einer Bürgerinitiative oder Vereinigung annäherte, das Drumherum der *Anonymous* aber beibehielt und informeller agierte als eine echte Initiative.

In derselben Tradition der im Netz geführten historischen Kämpfe mobilisierte *Anonymous*, um die Konsumenten von Kinderpornographie und die rechtsextremen Bewegungen – in Frankreich und in England – anzuprangern, beispielsweise im Rahmen der Operation ›#blitzkrieg‹.

Die zweite Kategorie von Angriffszielen von *Anonymous* umfasst die Sphäre der Privatwirtschaft. Die ersten Angriffsziele waren – im Rahmen der ›#Payback‹-Kampagne – Unternehmen der Unterhaltungsindustrie, welche die Urheberrechte verteidigt und gegen die ›widerrechtliche‹ Nutzung von Kulturprodukten gekämpft hatten. In der Hacker-Logik, die von *Anonymous* aufgegriffen wurde, handelte es sich dabei um Eingriffe in die Freiheit des Internets, das notwendig frei sein muss und nicht gefiltert oder beschränkt werden darf. Deshalb wurden die Webseiten der MPAA und der RIAA (siehe S. 92), die die Urheberrechte in den USA verteidigen, im Herbst 2010 mit ersten DDoS-Attacken angegriffen. Im folgenden Jahr war Universal, einer der großen Branchenführer der Unterhaltungsindustrie, an der Reihe und erlebte eine Attacke. Die UserInnendaten der Online-Dienstleistungen des Unternehmens wurden massenhaft von einer Gruppe namens *Lulzsec* aufgedeckt – einem Kollektiv, das seine Nähe zu *Anonymous* proklamiert.

Eine der aufsehenerregendsten Operationen wurde gegen Sony durchgeführt und mobilisierte die Kräfte von *Anonymous* und von *Lulzsec*. Der Prozess, den Sony am 11. Januar 2011 gegen George Holtz – alias *GeoHot* – anstrengte, erregte den Zorn von *Anonymous*. George Holtz war des *Jailbreak*[201] der PlayStation 3 beschuldigt worden, und alle IP-Adressen der BesucherInnen seines Blogs, auf dem er den *MasterKey* veröffentlicht hatte, waren beschlagnahmt worden. Im April wurde Sony daraufhin angegriffen, und 77 Millionen persönliche Nutzerkonten von BenutzerInnen des *PlayStation Network* wurden entwendet. Im Übrigen war das Netzwerk infolge einer DDoS-Attacke 24 Stunden lang nicht

201 *Jailbreak* ist das Knacken der Zugangscodes zu Funktionen, die durch ein Material geboten werden, das mit einem gesicherten Betriebsprogramm verkauft wird. Für die HackerInnen handelt es sich natürlich um eine spannende Herausforderung, weil es darum geht, die Barrieren zu überwinden, die von den Firmen zwecks Kontrolle und Einschränkung der Nutzung ihrer Produkte eingerichtet wurden.

zugänglich. Zwar kann man es Sony schwerlich anlasten, dass es jemanden gerichtlich verfolgt, der eine Straftat begangen hat; doch weniger leicht ist zu akzeptieren, dass das Unternehmen Abkommen mit *YouTube* einging, um den Zugang zu Videos zu blockieren, in denen man das Hacking der PS3 ansehen konnte – Videos, die jedoch nicht enthüllten, auf welche Weise man das Hacking durchführt

Diese Verteidigung des Urheberrechtskonzepts um jeden Preis, durch die Großunternehmen weckte im Übrigen aus mehreren Anlässen die Aufmerksamkeit von *Anonymous* – selbst außerhalb des Zusammenhangs mit Computersystemen. Im März 2011 wurde etwa die Operation *ShankBag* gestartet, um zum Boykott der Luxusmarke Louis Vuitton aufzurufen. Diese befand sich damals in einem Rechtsstreit mit der dänischen Künstlerin Nadia Plesner, die T-Shirts herstellte, um die Bevölkerung auf die Situation in Darfur aufmerksam zu machen. Diese Kleidungsstücke zeigten ein schwarzes Kind, das eine Tasche trägt, welche die Firma als eines ihrer Produkte ansah. Vuitton verlangte daraufhin, dass das Bild aus dem Verkehr gezogen werde, und bedrohte die junge Frau mit astronomischen Geldstrafen. Für *Anonymous* handelte es sich um einen Akt der Zensur gegen die freie Meinungsäußerung, der in der Folge eine Solidaritätsbewegung für die Künstlerin auslöste. In den Infographiken, die zu ihrer Unterstützung aufriefen, wurde vorgeschlagen, nur gefälschte Louis-Vuitton-Handtaschen zu kaufen oder echte an Obdachlose zu verschenken. Das Ziel: »finanzielle Schäden für Vuitton. Je mehr, desto besser«.[202]

Am 5. Februar 2011 kündigte Aaron Barr, der Sicherheitschef von *HG-Bary Federal*[203], an, dass er *Anonymous* infiltriert habe, in Kürze mit seinen Enthüllungen an die Öffentlichkeit gehen und seinen Bericht über *Anonymous* gegen Geld dem FBI anbieten werde. Schon am darauffolgenden Tag hackte *Anonymous* die institutionelle Webseite *HBGary* sowie die Twitter-Nutzerkonten des Unternehmens und gelangte in den Besitz von E-Mails einiger Führungsleute von *HBGary Federal*, die sich als sehr belastend für die Firma herausstellten. Tatsächlich zeigten die E-Mails und der famose Bericht über *Anonymous* starke Verbindungen

202 Siehe den Artikel *Anonymous vs. Louis Vuitton* von Dave Stopera vom 11.3.2011 bei www.buzzfeed.com

203 HBGary Federal ist eine bedeutende Firma für Computersicherheit, die insbesondere mit der US-amerikanischen Regierung zusammenarbeitet.

zwischen dem Unternehmen und der NSA[204] auf, offenbarten aber auch die Schwäche ihrer eigenen internen Sicherheitsvorkehrungen. Letzteres löste eine Untersuchung im US-Kongress aus, führte zum Rücktritt des *Chief Executive* und der Aufkündigung von Verträgen durch Partner des Unternehmens wie Palantir [Palantir Technologies ist ein großes Software-Unternehmen, B.S.], das ankündigte, alle Kontakte zu ihm abzubrechen. *Anonymous* wies zudem nach, dass die Firma Programme entwickelt hatte, um die öffentliche Meinung zu beeinflussen, indem sie falsche Blogs und Nutzerprofile bei den sozialen Netzwerken einrichtete, und dass sie vorhatte, Personen einzuschüchtern oder abhören zu lassen, die mit *WikiLeaks* zusammenarbeiteten oder es unterstützten. Anstatt den Bericht über sich zu verbergen, veröffentlichte *Anonymous* ihn kostenlos und veränderte die Webseite von *HBGary*, indem sie den folgenden Satz dort publizierte: »Ihr habt versucht, die Hand von Anonymous zu beißen, und jetzt ohrfeigt die Hand von Anonymous Euch.«[205]

Auf dieselbe Weise stellte sich *Anonymous* auf die Seite von Personen, die die gleichen Werte verteidigten wie etwa der US-Soldat Bradley Manning, oder direkt mit *Anonymous* in Verbindung stehende Personen wie Topiary, dessen angekündigte Festnahme durch die britischen Behörden eine Welle der Unterstützung in den sozialen Netzwerken hervorrief.

Die dritte Kategorie von Angriffszielen steht in Zusammenhang mit Forderungen politischer Natur, mit denen *Anonymous* Regierungen, Staaten oder deren bewaffneten Kräfte konfrontiert. Bereits im Jahr 2007 hatten sich einige Personen, die sich zu *Anonymous* bekannten, zusammengeschlossen, um die Mönche in Birma gegen die dort regierende Militärjunta zu verteidigen. Seitdem ist die *Anonymous*-Flagge in zahlreichen Fällen überall auf der Welt aufgetaucht, und mit den Interventionen im Jahr 2011 nahmen diese Aktivitäten rasant zu. Denn ein Großteil dieser Operationen hing mit den Aufständen im Nahen und Mittleren Osten zusammen, die unter der Bezeichnung ›Arabischer Frühling‹ zusammengefasst werden. Systematisch hat *Anonymous* sich gemeldet, um die

---

204 Die NSA (*National Security Agency*) ist ein mächtiger zentraler Nachrichtendienst in den USA, der insbesondere zum Ziel hat, die Kommunikation der Regierung zu schützen.

205 Vgl. den Artikel *Comment Anonymous a réussi à pirater une entreprise de sécurité* (sinngemäß: »Wie Anonymous es schaffte, illegal in ein Unternehmen für Computersicherheit einzudringen«) vom 17.2.2011 bei LeMonde.fr, siehe auch das Video dazu bei RéZoCitoyen.fr

Rebellierenden gegen ihre Regierungen zu unterstützen. In Tunesien wurden Aufrufe zum Ungehorsam in den sozialen Netzwerken schnell durch die Tunesier selbst weiterverbreitet, wo sie unvermeidbar von *Anonymous* gelesen wurden. Anbieter wie *Facebook* oder *Twitter* dienten dabei als Brücken, die ein neues Näheverhältnis herstellten, welches über die Grenzen hinweg ein Bewusstwerden über die geopolitischen Aspekte erlaubte. Die sozialen Netzwerke hatten so eine einebnende Wirkung, die mitunter dabei half, die von der Regierung errichteten Grenzen zu Fall zu bringen, und die die Kommunikation unter InternetnutzerInnen verschiedener Länder erleichterte – selbst wenn die Realität hinter jedem Bildschirm dabei unverändert blieb. Um solche Situationen starker informationeller Durchlässigkeit zu vermeiden, die auch die Organisierung von Bevölkerungsgruppen im Landesinneren erlaubten, schaltete die Ben Ali-Regierung das globale Internet in Tunesien ab. Dadurch ließ sie ein doppeltes Paradox hervortreten: Auf der einen Seite räumte sie ein, dass das Internet eine unmittelbare Rolle in der sich abzeichnenden Revolution spielte, und andererseits bestätigte sie, dass sie die Informationsmittel des Landes mit eiserner Hand kontrollierte. Eine Situation, die die VerteidigerInnen der freien Meinungsäußerung und der Informationsfreiheit zum Reagieren brachte und naturgemäß *Anonymous* dazu drängte, sich zu engagieren. Sie erklärten:

> »Ihr habt der freien Meinungsäußerung, der Demokratie und Eurem eigenen Volk einseitig den Krieg erklärt. (...) Je mehr Ihr Eure eigenen Bürger zensiert, desto mehr müssen sie über Euch wissen und über das, war Ihr tut. Die Zeit der Wahrheit ist gekommen. Die Zeit für die Leute, sich frei zu äußern und überall in der Welt gehört zu werden. (...) Anonymous hat den Schrei des tunesischen Volkes nach Freiheit gehört. Anonymous ist bereit, dem tunesischen Volk beim Kampf gegen diese Unterdrückung zu helfen.«[206]

Einige Wochen später – in Ägypten – war *Anonymous* ebenfalls im Internet präsent, um den Diskurs der dortigen RebellInnen zu unterstützen. Auch dort forderte sie den Stopp der Zensur und die Befreiung der Medien, damit jenseits staatlicher Strukturen Informationen verbreitet

206 Vgl. den Artikel *En Tunisie, le régime se durcit pour éviter qu'Internet le renverse* (sinngemäß: »In Tunesien legt das Regime eine härtere Gangart ein, um nicht durchs Internet gestürzt zu werden«) von Guillaume Champeau vom 15.1.2011 bei Numerama.com

und geteilt werden könnten. Solidaritätsbande wurden nicht nur über die Grenzen hinweg, sondern auch direkt zwischen den Individuen geknüpft. *Anonymous* ist keine NGO, und dennoch wurden zahlreiche mit ihrem Namen unterzeichnete Solidaritätsbotschaften – ähnlich denen der Menschenrechtsvereinigungen – spontan im Internet veröffentlicht.

> »An die ägyptische Regierung: Anonymous möchte, dass Ihr vollständig freien Zugang zu den Medien in Eurem Land gewährt, ohne Zensur. Wenn Ihr diese Botschaft ignoriert, werden wir nicht nur die Webseiten Eurer Regierung angreifen, sondern Anonymous wird dafür Sorge tragen, dass die internationalen Medien die Wahrheit wissen und den schrecklichen Alltag, den Ihr Eurem Volk aufzwingt, sehen.«[207]

Der Iran, der schon im Jahr 2009 die Aufmerksamkeit von *Anonymous* geweckt hatte, wurde nun erneut zu ihrer Zielscheibe. Und ihr Focus lag auch dort auf den Medien. Anlässlich des Internationalen Tag der Arbeit wurde die Waffe LOIC gegen die Presseagentur des Regimes eingesetzt. Ein Ziel, das *Anonymous* zufolge aufgrund der Beziehungen mit im Iran lebenden RegimegegnerInnen definiert worden war.

> »Normalerweise greifen wir nicht die Webseiten von Medien an, weil die Freiheit der Meinungsäußerung sehr wichtig für uns ist. Aber sie haben die Grenzen überschritten, indem sie die Fotos von Demonstranten verbreiteten. [Gemeint ist, dass DemonstrationsteilnehmerInnen öffentlich diffamiert und/oder ihre Bilder an Repressionsorgane weitergegeben wurden. B.S.] Sie haben sich selbst unter die Webseiten, die wir angreifen, eingeordnet.«[208]

Als bisher letztes Land ging es um Syrien, das sich im Sommer 2011 [genauer seit dem 18. März 2011, B.S.] gegen Baschar Al-Assad zu erheben versucht, aber dabei mit starker militärischer Gewalt konfrontiert ist. *Anonymous* setzet in diesem Fall u.a. auf *Defacing*-Aktionen. So wurde auf der Startseite des Internetauftritts des Verteidigungsministeriums die syrische Fahne verfremdet, indem man den für *Anonymous* charakteristischen Mann ohne Kopf einbaute. Die Botschaft war klar: Es ging darum,

---

207 Vgl. die Nachricht *Après la Tunisie, les Anonymous s'attaquent à l'Egypte* (»Nach Tunesien greift Anonymous Ägypten an«) der Agentur AFP vom 27.1.2011, verfügbar bei LaPresse.ca

208 Vgl. den Artikel *Les Anonymous contre la République islamique* (»Anonymous gegen die Islamische Republik«) von Pierre Alonso vom 6.5.2011 bei Owni.fr

den Volksaufstand zu unterstützen, indem man die Militärs selbst dazu ermunterte, sich gegen das Regime in ihrem Land zu wenden. *Anonymous* verbreitete eine direkt an sie gerichtete Botschaft auf Arabisch, die den Propagandaaktionen moderner Armeen zur Gewinnung der öffentlichen Meinung ebenbürtig ist:

> »An die syrischen Militärs: Ihr seid verantwortlich für den Schutz des syrischen Volkes; und jede Person, die von Euch verlangen wird, Frauen, Kinder und alte Personen zu töten, verdient es, wie ein Verräter behandelt zu werden. (...) Verteidigt Euer Land: Erhebt Euch gegen das Regime!«[209]

Auch in der westlichen Welt trotzte *Anonymous* den Regierungen, im Allgemeinen dann, wenn auf die Regulierung des Internets abzielende Gesetze verabschiedet wurden. Die betreffenden Staaten wurden in diesen Fällen nicht anders als die Unternehmen behandelt, die die freie Meinungsäußerung im Internet beeinträchtigen – die Operation ›#payback‹ ist im einen wie im anderen Fall anwendbar.

So griff *Anonymous* im Januar 2011 die Webseite des spanischen Parlaments mittel DDoS-Attacken an, um ihren Protest gegen das *Sinde*-Gesetz auszudrücken. Dieses legt vor allem einen strengeren gesetzlichen Rahmen für das Internet fest, mit einer Kommission für Urheberrechtsschutz, die eine Beschleunigung der gerichtlichen Verfahren im Falle einer Straftat zum Ziel hat.

In dem Moment, in dem die Webseite unzugänglich wurde, wurden Siegesnachrichten bei *Twitter* veröffentlicht, die den militärischen Begriff *Tango down* übernahmen, begleitet von Screen Shots, die die unzugängliche Webseite zeigten. Zahlreiche Institutionen in anderen Ländern erlitten ähnliche Attacken: Neuseeland im Mai 2011, Italien im Juli und Großbritannien im August. Als David Cameron – dessen Regierung Mühe hatte, die Revolten in der Londoner Innenstadt einzudämmen – ankündigte, dass er bereit sei, den Zugang zu den sozialen Netzwerken zu sperren – unter dem Vorwand, sie würden für die Koordinierung von Gewalttaten benutzt –, wendete sich *Anonymous* über Twitter an ihn. Wie Saurons Auge in *Der Herr der Ringe*, das seine Feinde anschielen würde, was auch immer sie zu verbergen suchten: »Der angelsächsische Premierminister

209 Vgl. den Artikel *Syrian Ministry of Defense Website Hacked by Anonymous* von Brad Shannon vom 8.8.2011 in *The Huffington Post*, online verfügbar.

ruft zu Einschränkungen im Gebrauch des Internet (insbesondere der sozialen Netzwerke) auf. Wir beobachten die Lage.«[210]

Manchmal wurden Regierungen auch zur Zielscheibe von *Anonymous*-Attacken im Gefolge von sozialen Protesten und deren Bewegungen, ohne notwendig mit der Meinungsfreiheit im Internet zusammenzuhängen. So erhob sich *Anonymous* in Chile, wo im Laufe des Sommers 2011 bedeutende Demonstrationen gegen die Privatisierung des Bildungswesens stattfanden, um ihr »Recht auf den Zugang zum Wissen und zur Bildung für alle Menschen« zu verteidigen[211]. Einige *Anonymous*-AktivistInnen tauchten im Übrigen auch im Rahmen lokaler und eher spezifischer Kämpfe auf. Die Unterstützung für gewerkschaftliche Kämpfe z.B., wie im US-Bundesstaat Wisconsin, oder die Verteidigung von Tierrechten wurden mitunter von Personen unterstützt, die sich zu *Anonymous* bekannten.

Politik, Wirtschaftswelt, Medien, Umwelt, extremistische Organisationen ... *Anonymous* scheint an allen Fronten zu sein, und man erwartet sogar geradezu, sie bei jeder neuen Mobilisierung auftauchen zu sehen. Unter all diesen Kämpfen, die eine große Bandbreite abdecken und sehr unterschiedlicher Art sind, sind interessanterweise einige Parallelen festzustellen. *Anonymous* mit ihrer Organisationsform hat einen Sinn. Als Banner – Erkennungszeichen und Identitätsmerkmal zugleich – erlaubt sie es einzelnen Gruppen und Personen, den eigenen Kampf bekannt zu machen und dadurch in Kontakt zu ähnlichen Kämpfen anderer *Anonymous*-AktivistInnen zu kommen, auch wenn diese für andere Anliegen aktiv sind. In diesem Sinne ist *Anonymous* ein *Mem*, beliebig formbar, aber immer erkennbar.

So wurden die Demonstrationen gegen BART von der ägyptischen Situation inspiriert, wo die Machthaber ebenfalls und zum selben Zeitpunkt versuchten, das Internet für die Bevölkerung zu sperren. Das Niveau ist sicherlich nicht das gleiche, aber die Resonanzen zwischen diesen beiden Ereignissen – wo im Grunde die Behörden einer Bevölkerung das Recht entzogen, sich zu versammeln und zu protestieren – waren stark. So tauch-

210 Vgl. den Artikel *Anonymous Hackers Take Notice of UK Prime Minister David Cameron's Social Network Plans* von Alastair Stevenson vom 11.8.2011 in *International Business Times*, bei uk.ibtimes.com

211 Vgl. den Artikel *Chili: ›Une révolution de la classe moyenne‹* (»Chile: ›Eine Revolution der Mittelschicht‹«) vom 12.8.2011 in *Le Nouvel Observateur*, verfügbar bei tempsreel.nouvelobs.com

ten in San Francisco Transparente mit der Inschrift »MuBARTak« auf und zogen eine Parallele zwischen BART und dem damaligen ägyptischen Präsidenten Hosni Mubarak. Auf dieselbe Weise wurden sofort Vergleiche mit den diktatorischen Regimes angestellt, als David Cameron Beschränkungen beim Zugang zu den sozialen Netzwerken in Erwägung zog.

Anonymous, die aus dem Internet hervorging und dieses um jeden Preis verteidigt, tauchte auf der weltweiten politischen Agenda auf – und fand sich in einer gleichzeitig globalen und dezentralen Position wieder. Dies gelang ihr, weil sie Brücken zwischen unterschiedlichen Kämpfen baute und die Grundrechte verteidigte, aber auch dank ihrer radikalen Öffnung und ihrer Zugänglichkeit für Otto Normalverbraucher (denn es gibt kein ›*Anonymous* aus kontrolliertem Anbau‹). Man kann schlussendlich nicht den ›einen Kampf von *Anonymous*‹ ausmachen, sondern eher viele Bürgerrechtsmobilisierungen, die dieses Banner und dieses *Mem* als Emblem übernehmen.

Typologie des Hacktivismus, durch das *Anonymous*-Prisma betrachtet

Das Handlungspotenzial der Personen, die sich zu *Anonymous* bekennen, ist groß, denn es deckt Handlungsweisen unterschiedlicher Natur ab. Manche Mobilisierungsformen sind traditioneller Art, wie öffentliche Demonstrationen oder Flugblattverteilen, und kommen also AktivistInnen im klassischen Sinne entgegen. Andere sind von einem ethischen Standpunkt aus weniger selbstverständlich, wie das DOX, und führen zu Divergenzen innerhalb von *Anonymous*. Seit 2008 und dem Gründerkampf gegen Scientology haben sich auch die Themenfelder, die die Unterstützung der *Anonymous* genießen, stark erweitert.

Die Bewegung nimmt so eine immer größere Breite an und tritt aus den dunklen Ecken des Internets wie dem Board von *4chan* heraus, um mehr Leute anzuziehen und mehr Licht auf ihre Aktionen zu lenken. Unter den am stärksten engagierten Personen rund um *Anonymous* findet man Personen, die der Cyberkultur sehr nahestehen. Wie wir bereits sagten, existieren keine ›Chefs‹, aber es gibt immer Personen, die sich stärker als andere daran beteiligen, *Anonymous* am Leben zu halten. In der Logik der HackerInnen sind diejenigen, die am meisten tun, auch jene, die am stärksten von Ihresgleichen anerkannt werden. Man sieht also manchmal Ego-Kämpfe ausbrechen, die zu internen Streitigkeiten führen können, wie es der Fall des Hackers Ryan zeigt, der nicht davor zurückschreckte, seine Mit-Aktivisten zu enttarnen.

Das Ökosystem des Hacktivismus erweiterte sich mit *Anonymous* und bildete so eine Bewegung mit unscharfen Konturen, die man mithilfe der dreifachen Fragestellung nach der Anonymität, nach den Aktionsmitteln und nach den verfochtenen Anliegen einteilen kann.

Anonymous, das neue Banner des Hacktivismus

Indem sie für aktuelle Schlagzeilen sorgte, hat *Anonymous* zahlreiche ›Fans‹ angezogen, Personen, die sich unter diesem Label engagieren möchten. Doch wenn auch alle Welt sich zu *Anonymous* bekennen kann, so gibt es kein Einschreibebüro und auch keine Beitrittsformulare Auf seine Benutzerikone in Internetforen ›Anonymous› draufzuschreiben, hat sicherlich einen Performancewert; und das Konzept ist so aufnahmewillig, dass jeder es sich aneignen kann, um selbst *Anonymous* zu werden, indem er oder sie es einfach erklärt. Allerdings wollen viele weitergehen und werden dabei insbesondere von den digitalen Waffen wie dem berühmten LOIC angezogen. Was ist schlussendlich logischer? Denn in der Auffassung der HackerInnen sind eben ›diejenigen, die etwas tun, jene, die etwas sind‹.

In den IRC-Nachrichtenboxen von *Anonymous* – die in ihrer relativen Ruhe von jenen aufgeschreckt wurde, die mitunter ›n00bs‹[212] genannt werden, die ›blutigen Neulinge‹ des Internets – wurde ein besonderer Kanal unter dem Namen *New Blood* eingerichtet. Anlässlich von Operationen wie ›#Payback *versus* PayPal‹ wurden diese Räume eingerichtet, um auf die Fragen der Neuankömmlinge zu antworten und ihnen dabei zu helfen, an den laufenden Aktionen teilzunehmen. Eine der Personen, die für ihre Nähe zu *Anonymous* bekannt ist, Gregg Housh, erklärte etwa[213], dass er unzählige E-Mails erhalten habe, in denen Leute ihn gefragt hätten, ob sie bei‹Anonymous‹ mitmachen könnten und ob er Tipps für Aktionen geben könne.

Ein ›Phantombild‹ des typischen *Anonymous*-Aktivisten zu erstellen, erscheint also unmöglich. Aufgrund der Natur des Internets selbst finden sich einfach zu viele unterschiedliche und nicht fassbare Personen unter dem Banner von *Anonymous* ein. Die US-Regierung – beunruhigt durch die Breite, die die Mobilisierungen annahmen – hat nichtsdestotrotz versucht, das psychologische Profil eines typischen *Anonymous*-Aktivisten zu erstellen. Das Ergebnis war jedoch wenig zutreffend, und die Studie führte nach Ansicht mancher Leute dazu, »die Hälfte des Planeten« zu verdächtigen[214]. Ihre Schlussfolgerungen erinnerten letztendlich in gewisser Weise an die Ambitionen von *Anonymous* selbst. Ausgehend von den paar Festnahmen, die die Behörden vorzuweisen hatten, von der Lektüre der Diskussionen auf den Internetplattformen und den wenigen Zeugenaussagen, die man einsammeln konnte, wurde bereits deutlich, dass die Individuen bei *Anonymous* sehr unterschiedliche Profile aufweisen.

212 Eine Zusammenziehung des Worts *newbie* (das so viel wie ›Anfänger‹ bedeutet).

213 Erklärung von Gregg Housh anlässlich der Konferenz DefCon, vgl. den Artikel *DefCon: des experts en sécurité informatique donnent trois conseils aux Anonymous* (»DefCon: Experten für Computersicherheit geben Anonymous drei Ratschläge«) vom 8.8.2011 bei LeMondeInformatique.fr

214 Vgl. den Artikel *Anonymous: le FBI dresse un portrait-robot* (»Anonymous: Das FBI erstellt ein Roboterbild«) von Mélanie Mendelewitsch, verfügbar in den Archiven der inzwischen eingestellten französischen Onlinezeitung Bakchich, unter www.bakchich.info

Auch wenn sie im Allgemeinen eher jung sind und über ein Mindestmaß an Informatikkenntnissen verfügen, sind nur einige tatsächlich HackerInnen.

Diese Vielfalt erwies sich umso stärker, je mehr sich die Palette der Aktionsformen von *Anonymous* verbreiterte. Die von *Anonymous* verteidigten Werte und ihre Positionen in Bezug auf die Grundrechte hatten eine vereinigende Wirkung und erlaubten es Personen, die ursprünglich nicht der Cyberkultur und *4chan* nahestanden, sich aber zunehmend angenähert hatten, sich zu beteiligen. Die wenigen Personen, die aufgrund von Cyber-Attacken festgenommen wurden, waren im Allgemeinen männlichen Geschlechts und zwischen 15 und 40 Jahre alt. In den Zeugenaussagen ist von unterschiedlichen sozialen Milieus und ausgeübten Berufen die Rede. Doch insgesamt sind die Quellen so wenig zuverlässig, dass es ein großes Wagnis wäre, auf ihrer Basis ein ›Phantombild‹ von *Anonymous* zu zeichnen.

Auf dieselbe Weise gibt es – auch wenn die *Anonymous*-Attacken im Allgemeinen in den USA und in Europa angesiedelt sind – eine Geographie von *Anonymous* mit nationalen oder regionalen Besonderheiten. Italien und Österreich zum Beispiel erlebten besonders markante und zielgerichtete Attacken gegen die dortige Polizei. Ebenso wurde Lateinamerika im Jahr 2011 besonders stark ins Visier genommen. Während der zweiten Augusthälfte war *Anonymous* besonders aktiv, und veröffentlichte die Namen, Geburtsdaten und Dienstnummern von 45.000 Polizisten in Ecuador. Zur selben Zeit wurden die Twitter-Nutzerkonten des kolumbianischen Innenministeriums und des Justizministeriums gehackt, während *LulzSec Brasilien* acht Gigaoctets an Daten, die der Bundespolizei des Landes gehörten, nach außen dringen ließ. In Mexiko griff *Anonymous Iberoamericana*[215] am 6. Oktober zum ersten Mal nicht die Regierung, sondern ein großes Drogenkartell an, die *Zetas*, welche sie beschuldigten, einen der Ihren entführt zu haben, während er an einer Flugblattverteilaktion auf der Straße teilnahm. Das Schweigegesetz durchbrechend, das von den örtlichen Mafiagruppen durchgesetzt wird, drohte *Anonymous* damit, Informationen über die Wohnorte und die von dem Kartell kontrollierten Betriebe offenzulegen.

215 Vgl. die ihnen gewidmete Webseite: www.anonhispano.tk

Anonymous und andere anonyme HackerInnen

Unter dem Schutzmantel der Anonymität sind mehrere Gruppen im Umkreis von *Anonymous* unterwegs. Wir erwähnten bereits das informelle Kollektiv mit dem Namen *Lulzsec* (*Lulz Security*), das aus *Anonymous* nahestehenden Personen besteht, aber vor allem HackerInnen umfasst. Diese kleine Gruppe versucht nicht, die Gesamtheit der Bevölkerung mitzuziehen, folgt aber manchmal *Anonymous* bei gemeinsamen Operationen wie in diesem Falle gegen PayPal: *»This is a joint statement from #Anonymous (@AnonymousIRC) and Lulz Security to PayPal (@PayPal) and ist customers: http://pastebin.com/LAykd1es«*[216]

Die Wortmeldungen von *Lulzsec* sind im Allgemeinen in weniger ernstem Tonfall als bei *Anonymous* verfasst. *Lulzsec*, das im Mai 2011 auf der Kommandobrücke seines digitalen Boots – des *Lulz Boat* – auftauchte, ist vor allem bestrebt, sich über die Schwächen der Sicherheitsvorkehrungen im Internet lustig zu machen; besonders wenn es darum geht, bedeutende Strukturen zu attackieren. Eine wahre Hacker-Logik, die das Internet durchforstet, um seine Mechanismen auseinanderzunehmen, aber mit einer arroganteren und sehr nach *4chan* klingenden Dimension, dem *Lulz* eben. Wichtig ist hier, sich zu amüsieren und die Riesen des Internets, das zu einem großen Spielplatz geworden ist, herauszufordern. Auf ihrer Webseite, die derzeit offline ist, konnte man die Devise lesen: »Wir lachen seit 2011 über Ihre Sicherheitsvorkehrungen.«

Die CIA oder das FBI wurden etwa zu Opfern von Attacken von *Lulzsec*, das es schaffte, ihre Webseiten lahmzulegen und – in manchen Fällen – vertrauliche Daten zu veröffentlichen. Diese Gruppe, die seit der mutmaßlichen Verhaftung eines ihres wichtigen Mitglieder durch die US-Behörden im Spätsommer 2011 weniger präsent ist, weist nicht dieselben ethischen Dimensionen auf wie *Anonymous*, selbst wenn sie sich in manchen Punkten treffen.

Lulzsec ist stärker elitär ausgerichtet und sarkastischer in seinen Wortmeldungen. Zwar besteht es nicht aus politisch oder sozial motivierten HacktivistInnen, doch steht es andererseits auch nicht auf dem Niveau von Söldnern, die für den Meistbietenden arbeiten. Als sie eine Schwäche bei den Servern von *Nintendo* entdeckten, zögerten sie nicht, diese auszunutzen, aber richteten keinerlei Schaden an. »Wir sind nicht dabei, Nintendo anzugreifen. Wir mögen dafür den Nintendo 64 zu sehr – wir

216 Vgl. twitter.com/#!/LulzSec/status...

hoffen wahrhaftig, dass Nintendo die Schwäche korrigieren wird. Es ging nur darum zu lachen, Küsschen.«[217]

Sie führten sich dieses Mal als Hacker auf, mit dem gesamten Edelmut, den dieser Begriff umfassen kann; jedoch nicht ohne die Ironie, die unterstreicht, dass das Wichtigste dabei war, der Welt eine Leistung auf dem Gebiet der Informatik zu zeigen. Die Gruppe hatte im Übrigen eine starke Publicity durch die Medien genossen. Die Twitter-Meldungskette von *Lulzsec*, die kaum drei Monate lang während des Sommers 2011 aktiviert war, wurde von rund 350.000 AbonnentInnen verfolgt.

Auch andere HackerInnen agieren von Zeit zu Zeit gemeinsam mit *Anonymous*, immer im Schutze der Anonymität, wie das Kollektiv *Antisec* oder der Einzelgänger *Thehacker12*. Manche siedeln sich in derselben Tradition wie *Anonymous* an, ohne diese offen zu unterstützen, wie beispielsweise eine Gruppe, die sich *The Script Kiddies* nennen lässt. Diese erwähnt übrigens in einem Interview die Durchlässigkeit all dieser Gruppen, die entstehen und sich auf interaktive Weise strukturieren: »Ich betrachte uns als *Anonymous* nahestehend, zwei Mitglieder der Gruppe waren Mitglieder von *Anonymous*. (...) Ich war ein Mitglied von *Anonymous*. Ich hoffe, dass wir bald mit ihnen zusammenarbeiten werden.«[218]

Diese Gruppe ist verantwortlich für die widerrechtliche Benutzung des Twitter-Nutzerkontos der konservativen US-amerikanischen Fernsehanstalt *Fox News*, das im Juli 2011 den Tod von Barack Obama verkündete. Eine Mischung aus technischem Hack und Medienereignis nach dem Geschmack des *Lulz*, die eher einem schlechten Scherz gleichkommt als einem echten Versuch, die Glaubwürdigkeit von *Fox News* zu untergraben.

Parallel zu diesem langen Schlepptau von HackerInnen, die *Anonymous* nahestehen, gibt es eine ganze Reihe von Gegenspielern, die ebenfalls im Internet unter dem Schutz der Anonymität auftreten. Einer der bekanntesten, *The Jester*, definiert sich selbst als »ein Hacktivist des

217 Vgl. den Artikel *Les serveurs de Nintendo victimes d'un hack ›amoureux‹* (»Die Server von Nintendo wurden Opfer eines ›verliebten‹ Hacks«) von William Audureau vom 6.6.2011 bei 01net.com

218 Vgl. den Artikel *Updated: Think talks with the group that hacked a fox news twitter account* von Adam Peck in *Stony Brook Press*, verfügbar bei sbpress.com

Guten«[219]. Als ehemaliger Militärangehöriger ist er ein Patriot, der die Interessen der Vereinigten Staaten im Internet verteidigt und besonders mit der djihadistischen Bewegung verbundene Webseiten attackiert, aber auch die Webseite *WikiLeaks*, als sie begonnen hatte, US-amerikanische Diplomatentelegramme zu veröffentlichen. Als *Anonymous* Partei für *WikiLeaks* ergriff, betrachtete *The Jester* sie automatisch als seinen Feind. Doch auch wenn es relativ leicht ist, eine Webseite im Internet lahmzulegen, ist es doch sehr viel komplexer, *Anonymous* in ihrer Gesamtheit anzugreifen, selbst mit Hackermethoden. Und so wurden Personen, die als *Anonymous* nahestehend identifiziert sind, wie etwa *Lulzsec* zu seinen bevorzugten Zielscheiben. Sein Ziel: ihre Identität aufzudecken und so ihr schwaches technisches Niveau aufzeigen.

In diesem neuen Kampffeld stehen also HackerInnen einander gegenüber. Gegen *Lulzsec* sind auch die *Web Ninjas* unterwegs, die ihnen vorwerfen, nicht die HackerInnenethik zu respektieren und nur schwache Angriffsziele zu attackieren, wozu es keinerlei Genie bedürfe. Im selben gestelzten Tonfall wie *Anonymous* geben die *Web Ninjas* an, sie wollten die Witwen und Waisen gegen diese Leute, die sich für die ›Götter‹ des Internets hielten, verteidigen. In diesem Sinne handelt es sich um einen internen Kampf unter HackerInnen, bei dem es in erster Linie um Aspekte der Cyberkultur geht.

> »Unsere Mission: Wir möchte ein sichereres und friedliches Internet für alle sehen, keine Gruppe von Kindern, die das Netz für den Lulz oder im Namen einer regierungsfeindlichen Agenda terrorisiert.«[220]

Selbst wenn sie sagen, sie seien total unabhängig von den Behörden, freuen sich die *Web Ninjas* ebenso wie *The Jester* doch, die Mitglieder von *Lulzsec* im ›Van‹ enden zu sehen, dem Polizeifahrzeug, dessen Ankunft vor der eigenen Tür jedeR HackerIn fürchtet.

Anonymous und jene, die sich in ihrem Dunstkreis bewegen, engagieren sich also in virtuellen Kämpfe und finden auf ihrem Weg und in ihrem Aktionsfeld Verteidiger der von ihnen ins Visier genommenen Angriffsziele. Diese Gegenspieler verteidigen in erster Linie Regierungen, und nicht

219 *The Jester*, auch unter dem *leetspeak* ›th3j35t3r‹ bekannt, ist ein Racheengel per Computer, der sich als *Grey-Hat*-›Hacktivist‹ [Grey Hat = Aktivist in der Grauzone zwischen illegalen, doch rein uneigennützigen, und kriminellen Handlungen, B.S.] bezeichnet.

220 Vgl. lulzsecexposed.blogspot.com/p/web-ninjas

allein die der Vereinigten Staaten. So wurde die Webseite *Anonops* von einer gewissen ›syrischen Cyber-Armee‹ attackiert, die auf die Startseite des Internetauftritts eine Botschaft zur Unterstützung des Regimes von Baschar Al-Assad stellte:

> »Als Antwort auf Ihre Attacke gegen die Webseite des syrischen Verteidigungsministeriums hat das syrische Volk beschlossen, das Internet von Ihrer pathetischen Webseite zu säubern.«[221]

Diese Organisation, die von der syrischen Regierung unabhängig zu sein scheint, legt die Grundlagen für neuartige Konfrontationen – neu nicht so sehr aufgrund des Feldes, auf dem sich abspielen, sondern aufgrund ihrer Struktur: Die Akteure dieser Kämpfe lösen sich aus den traditionellen staatlichen Rahmen heraus, um sich auf autonome Weise zu verbünden oder zu bekämpfen.

Anonymous trifft die *Indignados*

Auf der anderen Seite des *Anonymous*-Spektrums stehen die Versuche, den ursprünglichen und strukturierenden Rahmen der Cyberkultur auszuweiten. So versucht die Initiative WITP (*What is the plan*) – die sich dazu bekennt, Bestandteil des Konzepts *Anonymous* zu sein –, konkrete Lösungen vorzuschlagen, um die Dinge voranzubringen.

Sie geht von der Feststellung aus, die von *Anonymous* geteilt wird, dass Tyrannei und Unterdrückung unerträglich sind und dass man alles bewerkstelligen muss, um die Grund- und Freiheitsrechte zu verteidigen. Diese Ideen sollen als Parole für alle, die sich anschließen möchten, dienen, und nicht ein klassischer Forderungskatalog. Ihre Lösung: ein ›Plan‹, anfänglich für ein Jahr erstellt, der dazu bestimmt ist, eine weltweite soziale Bewegung zu schaffen, welche in der Lage ist, Dinge zu ändern.

> »Der Plan ist ein einjähriger Prozess, in drei Phasen, um die Massen zu organisieren und für die Sache der Freiheit zu gewinnen. Das Ziel ist eine bessere Welt, befreit von den Regeln der Unternehmen, die mittels eines korrupten Systems durchgesetzt werden. Befreit von tyrannischen und unterdrückerischen Regierungen, die die Rechte der Völker verletzen.«[222]

221 Vgl. den Artikel *Une ›cyber-armée syrienne‹ s'attaque à Anonymous* (»Eine ›syrische Cyber-Armee‹ knöpft sich Anonymous vor«) vom 9.8.2011 bei Numerama.com

222 Vgl. www.whatis-theplan.org/h2-visitor-and-new-member-information

Von einer Diskussionsplattform im Internet ausgehend, ist es das Ziel, die Verbreitung der *Anonymous*-Ideen zu befördern, um eine Bewegung der globalen Bewusstwerdung zu schaffen. Von diesem Standpunkt aus betrachtet, wandelt WITP auf den Spuren der globalisierungskritischen Bewegungen, insbesondere denen von *Indymedia*, die gemeinsam mit den HackerInnen an die befreiende Wirkung der Information glauben.

Der große Unterschied zu *Anonymous* liegt darin, dass WITP sich als eine legale Bewegung und explizit als »Nicht-Hacker« definiert. Hier ist kein Raum für DDoS-Attacken, auch nicht für *Defacing*-Aktionen bei Webseiten und noch weniger für L*ulz*. Ohne die gesamte Hacker-Ethik zu verleugnen, lehnt WITP die Illegalität ab wie auch deren Eingeschränktheit in Bezug auf alle Aspekte, die über den Rahmen des Internets hinausgehen. Die Charta zur Benutzung ihres Forums illustriert diese Logik auf perfekte Weise: Man wird dazu aufgefordert, sich anzumelden, um den Diskussionsfluss zu kontrollieren. Doch die Webseite rät im Übrigen dazu, Instrumente zur Verschlüsselung der Verbindungen zu benutzen, um zu vermeiden, dass die Spuren verfolgt werden können. Wir sind also weit entfernt von *4chan*, wo die Wortmeldungen vollständig frei sind. Aber die Idee läuft trotz allem darauf hinaus, die Selbstorganisation nach dem Modell der *Do-ocracy* zu fördern.

Andere Mitglieder von *Anonymous* haben auf klare Weise ihren Bruch mit der ›Hacker‹-Dimension des Konzepts, einschließlich der Anonymität, zum Ausdruck gebracht. In New York erklärten einige Gruppen, die sich noch immer zu *Anonymous* bekennen und den Kampf gegen die Scientology-Kirche nun mit offenem Visier fortsetzen, dass das Hacking nicht die Lösung sei: »Das bringt keine Botschaft rüber; das führt bloß zu mehr Festnahmen in Verbindung mit Anonymous.«[223]

Während sie gleichzeitig die *Anonymous*-Kultur und die Grundlage dieses *Mem* beibehält, erklärt die Gruppe namens *NYC Anonymous*, dass sie gegen alle Organisationen kämpft, die ein ungerechtes Verhalten gegenüber der Bevölkerung an den Tag legen. Zwar sind ihre Aktionsformen gewaltfrei, doch sie ersetzen die Heftigkeit der Attacken durch DDoS-Attacken, durch Respektlosigkeit und Vulgarität. Was sie zusammenhält ist eine Neigung zur *Motherfuckery*[224], die sie dazu treibt, ohne allzu

223 Vgl. den Artikel *Anonymous unmasked: Meet the hacktivist group's non-hackers* von Emily Anne Epstein vom 24.7.2011 in *Metro US*, New York. Online verfügbar.

224 Ursprünglich ist *Motherfuckery* eine Beleidigung, doch mittlerweile bezeichnet dieser Begriff auch kleinere Straftaten, die in vollem Bewusstsein und um ihren

großen Ernst als Außerirdische verkleidet durch die Straßen zu ziehen, um die ›Gottheiten‹ der Scientologen nachzuäffen oder Passanten zu belästigen, indem sie die Anwerber der Sekte nachahmen.

> »Wir betrachten uns nicht als tugendhafte Helden. Unser Ziel ist es nicht, die Welt zu verändern. Wir sind hier, um den Zeigefinger zu heben und über die Idiotie und die Korruption, die uns umgeben, zu spotten sowie die Verfolger zu Opfern zu machen. Wir sind Motherfuckers[225]. Wir sind Anonymous.«[226]

Sie halten sich an die Gesetze und tragen gleichzeitig den Geist von *4chan* auf die Straße. Sie agieren zu ihrem Vergnügen und streben dabei gleichzeitig danach, das Bewusstsein der Leute zu verändern. Sie haben sich rund um das *Anonymous*-Konzept getroffen, aber beschlossen, es auf anderer Ebene fortzusetzen: lokal verankert und außerhalb des ursprünglichen Tätigkeitsfelds, des Internets. Dadurch wird der Brückenschlag zwischen *Anonymous* und Bewegungen wie der *Clownbrigade* vollzogen, selbst wenn es nur eine kleine Anzahl von Personen betrifft.

Die Bewegung der *Indignados* [Empörten] – oder ›15-M‹-Bewegung –, die in Spanien am 15. Mai 2011 ihren Anfang nahm, ist ein neues Anzeichen für die stattfindenden Übergänge zwischen den Bewegungen offline und *Anonymous*. Als die Plaza del Sol [in Madrid, B.S.] von Tausenden Personen eingenommen wurde, die eine direktere Demokratie und grundlegende ökonomische Reformen forderten, dauerte es nicht lange, bis *Anonymous* die Bewegung unterstützte. Diese *Indignados*, deren Name sich von dem berühmten Buch von Stéphane Hessel ableitet[227], trugen ihre Forderungen vor, indem sie öffentliche Räume in ganz Spanien besetzten – nach dem Modell der arabischen Revolutionen und insbesondere der Besetzung des Tahrir-Platzes in Kairo. Am Ausgangspunkt stand die Verzweiflung der Bevölkerung, die mit voller Wucht die Wirtschaftskrise erlitt und parallel dazu die Unbekümmertheit und die Korruption ihrer Eliten feststellen musste. Diese spontanen und selbstorganisierten Bewegungen standen also schon von ihrer Art her den *Anonymous* nahe, auch

---

Urheber zu amüsieren durchgeführt werden.

225 [Hier:]Substantiv, um die Personen zu bezeichnen, die *Motherfuckery* an den Tag legen [vgl. vorausgehende Fußnote, B.S.]

226 Vgl. www.motherfuckery.org

227 Vgl. Stéphane Hessel: *Indignez-vous!* (»Empört Euch!«), Indigène éditions, 2010.

wenn ihre Forderungen stärker systembezogen waren. Sie schlugen neue Formen der Regierung und der wirtschaftlichen Regulierung vor, dort, wo *Anonymous* auf allgemeinere Weise die Freiheitsrechte verteidigte. Die Bewegung, die Monate lang andauerte, hatte einen Ansteckungseffekt auf die Menschen in ganz Europa, besonders in Griechenland, bevor sie in einer anderen Form in den USA neu in Gang kam – mit der Bewegung *Occupy Wall Street*, die im Herzen der Weltfinanz campierte.

Am 15. Oktober 2011 schlossen sich diese beiden Bewegungen mit anderen zu einer internationalen Demonstration zusammen, die in über 90 Ländern – mit unterschiedlich starker Beteiligung – stattfand. In den USA wurde *Occupy Wall Street* von dem Netzwerk antikapitalistischer AktivistInnen *Adbusters* mit folgendem Slogan ins Leben gerufen:

> »Was wir alle gemeinsam haben, ist, dass wir die 99% sind, die nicht länger die Gier und die Korruption der übrigen 1% hinnehmen.«[228]

Auf noch selbstverständlichere Weise als bei den *Indignados* sprach *Anonymous* sich schnell für die Bewegung aus, der sie im Übrigen oft ihre Symbole lieh. Die Guy-Fawkes-Masken wurden in den Demonstrationen wie im Internet benutzt, und die Webseite *Anonops* war eine wichtige Übermittlungsstation für die *Anonymous*-Videos, die von *Occupy Wall Street* handelten. Ebenso wurden noch die geringfügigsten Nachrichten aus der Bewegung ebenso schnell über jene Nutzerkonten bei den sozialen Netzwerken weiterverbreitet, die sich zu *Anonymous* bekannten.

Die Forderungen von *Occupy Wall Street* trafen selbstverständlich auf Resonanz bei *Anonymous*, nicht in ihrer wirtschaftlichen Dimension und bezüglich des Teilens der Ressourcen, sondern grundlegender bezüglich des Verhältnisses zwischen Eliten und Bevölkerung. Zwischen der ›Legion‹ von *Anonymous* und den ›99%‹ von *Occupy Wall Street* liegt nur ein Schritt, den die Masken tragenden DemonstrantInnen zurücklegen. In dieser heterogenen Mobilisierung findet *Anonymous* sich an der Seite von Gewerkschaften und sogar von Unternehmen[229] wieder, was zwei am Werk befindliche Dynamiken aufzeigt: Auf der einen Seite sieht man daran das Akzeptanzniveau in der Gesellschaft, auf dem *Anonymous* angelangt ist, seit sie sich mit auf der Straße konkret werdenden

228 Vgl. occupywallst.org

229 Siehe dazu besonders den Eiscremefabrikanten Ben & Jerry's, vgl. bei www.benjerry.com/activism/occupy-movement/

sozialen Bewegungen zusammengetan haben; und auf der anderen Seite das Zugehen dieser traditionellen Organisationen auf die von der Basis ausgehenden rebellischen Bewegungen, von denen *Anonymous* eine der Ausdrucksformen ist.

Die *Anonymous*-Kultur ist im Inneren der *Indignados*-Bewegung und von *Occupy Wall Street* präsent, die mehr oder weniger starke und konkrete Verbindungen zu den *Anonymous*-AktivistInnen vor Ort und im Internet unterhalten. Eine der größten weltweiten Mobilisierungen der *Occupy*-Bewegung wurde auf den 5. November 2011gelegt [und damit auf die ›Guy-Fawkes-Night‹, B.S.], und dies ist kein Zufall.

Der Hacktivismus mit offenem Visier: Wenn *Telecomix* auf *Anonymous* trifft

Der Nachrichten-Hacktivismus, der *Anonymous* dazu treibt, die Videos der Empörten von der Wall Street herzustellen und weiterzuverbreiten, ist nicht die einzige Art und Weise, in welcher sich das Internet an der Seite der Rebellierenden in der ganzen Welt engagiert. Andere HackerInnen wie jene, die auf den Aufruf von *Telecomix* antworteten, haben einen anderen Zugang zum Hacktivismus. Mit mehr oder weniger offenem Gesicht melden sie sich zu Themenfeldern zu Wort, die denen von *Anonymous* ähnlich sind. Aber ihre Vorgehensweise entspricht eher der Zurverfügungstellung einer Dienstleistung. *Telecomix* organisiert nämlich HacktivistInnen des Improvisierens, HackerInnen, die versuchen, technische Lösungen zu bauen, um den freien Nachrichtenverkehr zu verteidigen. Es handelt sich um HacktivistInnen ›aus der Praxis‹, während die *Anonymous*-AktivistInnen eher in der Medienwelt zuhause sind.

Telecomix tauchte 2009 in Schweden auf und verbreitete sich anschließend über mehrere Länder, darunter Frankreich. Im Vergleich zu *Anonymous* sind es nur relativ wenige Individuen, die sich zu *Telecomix* zählen, aber sie sind stärker identifizierbar. Personen wie Bluetoff zum Beispiel sind dafür bekannt, dass sie Aktionen mit *Telecomix* durchführen und nicht zögern, mit offenem Visier vorzugehen[230]. Ihre Organisationsform ist jedoch jener von *Anonymous* ähnlich, d.h. es handelt sich weniger um eine Gruppe oder um eine Vereinigung als um ein Konzept, um das herum sich auf informelle Weise die Personen versammeln, die sich engagieren

230 Auf seinem Blog enthüllt *Bluetoff* seine Identität, vgl. http://bluetoff.com

möchten. Wie bei *Anonymous* gibt auch *Telecomix* der Do-ocracy Gestalt, wie es einer seiner »Agenten« – so die Selbstbezeichnung – in einem Interview erklärte: »*Telecomix* ist eine Desorganisation ohne formelles Beitrittssystem und ohne Bürokratie, in welcher eine verstreute Gruppe von Freiwilligen eine technische und kommunikationsorientierte Hilfe erteilt.«[231]

Die Besonderheit von *Telecomix* besteht also darin, wie eine internationale Internet-Pannenhilfsagentur für die Bevölkerungen zu agieren, die sich im Falle einer Netzsperre oder Zugangsbeschränkung selbst einschaltet. Im Januar 2011 griff *Telecomix* etwa ein, als die tunesische Regierung das Internet in ihrem Land abschaltete. Um die Verbindungen wiederherzustellen, schlugen die HackerInnen den TunesierInnen vor, auf alte 56k-Modems zurückzugreifen, die Telefonnummern anrufen und dabei sehr charakteristische Geräusche von sich geben. Indem sie Anleitungen dafür lieferte, wie man eine Verbindung herstellen konnte, gelang es *Telecomix*, stellenweise den Zugang zum Internet aufrechtzuerhalten – was von erstrangiger Bedeutung war, da die Informationen über die Situation vor Ort aus dem Land herauskamen und verbreitet wurden.

In Syrien – im Kampf gegen das Regime von Baschar Al-Assad – konnte man die Verbindungen zwischen *Telecomix* und *Anonymous* konkret werden sehen. *Telecomix* trat von sich aus mit InternetnutzerInnen vor Ort in Kontakt und bot ihnen Tutorials zu Anonymisierungsprogrammen und gesicherten Verbindungen an, damit sie Zugang zum Internet haben könnten, ohne ihre Entdeckung durch die Behörden zu riskieren. *Anonymous* ihrerseits kümmerte sich um den stärker kommunikationsorientierten Teil, indem sie – wie gewohnt – einen Videoinhalt schuf, um zur Revolte aufzurufen und ihre Unterstützung zu zeigen. Die informelle Hackergruppe *RevoluSec* wiederum, die zum Umfeld von *Anonymous* gehört, kümmerte sich darum, eine Operation zu koordinieren, die an jene des *Eletronic Disturbance Theatre* zur Verurteilung der Übergriffe der mexikanischen Regierung in Chiapas (siehe S. 35 ff) erinnerte. *RevoluSec*, die die Startseiten mehrerer offizieller Internetauftritte von syrischen Städten löschte und abänderte, schuf eine Art digitaler Gedenkstätte für alle Opfer der Kämpfe. Auf der ersten Seite der Webauftritte traf man so mehrere Stunden lang auf rote Bildsymbole in menschlicher Form, die

231 Vgl. den Artikel *Telecomix* (auf französisch), a.a.O., vom 25.7.2011 bei Owni.fr

jeweils ein Opfer darstellten[232]. *Anonymous* ist hier auf ihrem ureigenen Aktionsfeld: der Inszenierung der Nachricht und ihrer Verbreitung. Mit diesen *Defacing*-Aktionen gab *Anonymous* der Realität der Kämpfe vor Ort eine digitale Gestalt.

Telecomix und *Anonymous* unterhalten also enge Verbindungen, weil sie sich bei denselben Kämpfen treffen, die auf denselben Idealen von Freiheit und dezentralisierter Regierung beruhen, und dabei dieselben Werkzeuge benutzen. Im Internet sind sie in gewisser Weise Nachbarn in ihrem IRC-Kanal. Dies schafft naturgemäß Synergieeffekte, wie es bei dieser Operation zur Verteidigung der syrischen Bevölkerung der Fall war, zu der *Fein* – einer der Agenten von *Telecomix* – erklärt:

> »Es gibt mitunter Raum für Zusammenarbeit. Schließlich versuchen alle beide, Telecomix und Anonymous, ein freies und offenes Internet zu bewahren, aber wir tun es auf unterschiedliche Weise. Sie stemmen große rote Fahnen, und wir tun es, indem wir Werkzeuge bauen, die von Nutzen sein können.«[233]

Telecomix und *Anonymous* ähneln sich, auch wenn keine Verwechslungsgefahr zwischen beiden besteht. Letztendlich erscheint *Telecomix*, auch wenn die Gruppe jüngeren Entstehungsdatums ist, als reifer; und manche ihrer Mitglieder verteidigen ein freies Internet auf einer stärker institutionalisierten Ebene. Strukturen wie die *Electronic Frontier Foundation*, über die wir sprachen, aber auch *La Quadrature du Net* in Frankreich, der *Chaos Computer Club* oder die *Digitale Gesellschaft* in Deutschland, sind alles Organisationen zur Verteidigung der Bürger- und Freiheitsrechte im Internet, die auch teilweise im Namen derselben Ideale wie *Anonymous* kämpfen, ohne jedoch dieselben Methoden einzusetzen. Für diese Organisationen, die amtlich eingetragen sind, geht es mehr darum, Lobbyismus zu betreiben und bei den Regierungen für ihre Anliegen zu plädieren, sowie das Hacking auf legale Weise zu benutzen, um die Aufmerksamkeit der Medien zu wecken. Eine stärker durchstrukturierte und argumentierte Vorgehensweise als bei *Anonymous*, aber auch eine institutionalisiertere, elitärere, spezifischere Version, die deswegen auch weniger unmittelbar durch die Öffentlichkeit anerkannt und legitimiert wird.

---

232 Vgl. den Artikel *Les cadavres syriens attaquent* (»Die syrischen Leichen greifen an«) von Pierre Alonso vom 30.9.2011 bei Owni.fr

233 Vgl. den Artikel *Telecomix*, a.a.O., vom 25.7.2011 bei Owni.fr

Anonymous, die Grundlagen für eine neue Welt?

Die *Anonymous*-AktivistInnen erscheinen aus Sicht mancher historischer HackerInnen als junge Unruhestifter, die im Internet ihre Informatikkenntnisse ausspielen, ohne sich über die Risiken oder Konsequenzen ihrer Handlungen bewusst zu sein. Zwar sind sie zweifellos von der Cyberkultur und ihren Wurzeln im Hackerwesen geprägt, doch die *Anonymous*-AktivistInnen sind zweifellos auch Kinder einer Populärkultur, die – im Guten wie im Schlechten – durch Webseiten wie *4chan* aufbereitet wurde.

Dennoch hat *Anonymous* mit *WikiLeaks* einen Sprung in die oberste Liga vollzogen. Für die Personen, die sich unter ihrem Banner zusammenfinden, geht es nunmehr um ganz andere Dinge. Scientology in den USA zu attackieren, war bestimmt keine Kleinigkeit; aber eine Unterstützungsoperation für die syrischen Rebellen oder die Infragestellung der Weltwirtschaftsordnung an der Seite der *Indignados* und *Occupy Wall Street* spielt sich doch in einer wesentlich bedeutenderen Dimension ab. *Anonymous* greift nicht mehr eine Sekte, sondern Staaten und die größten multinationale Konzerne an. Die Resonanz der *Anonymous*-Aktionen wird dadurch notwendig vervielfacht: Die Medien richten ihre Scheinwerfer auf dieses *Mem*, das man überall sich entwickeln sieht, von den sozialen Netzwerken bis hin zur Straße. Guy Fawkes, dessen Gedenken verblasst war, ist für viele InternetbenutzerInnen zu einem Idol – vergleichbar mit Che Guevara bei den GlobalisierungskritikerInnen – geworden.

Im Namen von *Anonymous* werden also immer mehr Personen aktiv, in alle Richtungen, aus unterschiedlichen Gründen und je nach Situation – aber mit einer gemeinsamen Grundlage, die in der US-amerikanischen Gegenkultur, in der zähen Verteidigung der Freiräume im Internet sowie den zeitgenössischen und globalen Forderungen der ›Empörten‹ wurzelt. *Anonymous* – und das ist ihr Anspruch – sammelt potenziell all diese Menschen, weil ihre ideologische Plattform sich auf die grundlegenden Freiheitsrechte beschränkt und weil die Eintrittsbedingung lediglich die Beherrschung einer populären und immer weiter verbreiteten Cyberkultur ist.

Ein frischer Wind weht über die Bevölkerungen; aber er bringt auch gefährliche Praktiken mit sich, die mitunter von Bürgerinitiativen verurteilt werden, wie z.B. die Veröffentlichung privater Daten.

In der Tat beeindruckt die Schlagkraft von *Anonymous*. Eine Webseite mittels DDoS-Attacken lahmzulegen, ist keine technische Meisterleistung. Aber Tausende von Personen in aller Welt dazu zu bringen, diese digitalen Demonstrationen nachzumachen und dafür mitunter eine Inhaftierung zu riskieren, verleiht diesen Organisationsformen – die von der Basis ausgehen und den Anspruch erheben, die Machthaber zu kritisieren – eine neue Dimension. Auf den IRC-Kanälen bleibt das Beispiel der ersten HackerInnen, für die der Informationsaustausch und das gemeinsame Vorankommen entscheidend waren, sehr präsent. Auf alle Fälle muss die Information frei zirkulieren.

Dies ist die erste Stärke von *Anonymous*: die Redefreiheit zu erteilen und einzufordern, egal in welcher Situation. Man kann das Internet nicht zum Schweigen bringen, da es niemals aufhört, Daten hervorzubringen und sich zu verändern, um sich auf andere Art zu organisieren, ohne jemals hierarchisch zu werden.

Diese unverfrorene Infragestellung der Mächtigen, die nur notdürftig hinter der Verteidigung der Grundrechte verborgen ist, ist das Markenzeichen von *Anonymous* ebenso wie von *WikiLeaks*. Das *Mem* von *Anonymous* bietet eine kulturelle Ausdrucksform für diese Bestrebungen. Ferner nimmt es einen Platz im kollektiven Vorstellungsvermögen ein und erneuert dadurch den Platz der HacktivistInnen in der Gesellschaft. Indem sie sich auf das Nervenzentrum unserer modernen Gesellschaft konzentriert, die Information, erschüttert *Anonymous* – und alles, was mit diesem Wort verbunden werden kann – die herrschenden Kräfte auf zahlreichen Ebenen.

Teil III
Welche Zukunft haben die ›Empörten des Web‹?

Das Phänomen *Anonymous* ist komplex und schwer zu analysieren, weil es gleichzeitig neu und aus einer noch verkannten Welt, dem Cyberspace, hervorgegangen ist. Die traditionellen Medien, und besonders das Fernsehen, verstehen es oft schlecht. Die politische Welt und allgemeiner die Zivilgesellschaft wissen auch nicht, wie sie es begreifen sollen. Ihr Diskurs über *Anonymous* schwankt zwischen einer Form der Herablassung für inkonsequente Jugendliche, dem Ausdruck einer Angst vor unkontrollierbaren Massenphänomenen – man erinnert sich an die ›Facebook-Aperitifs‹ [›apéro facebook‹: in den Jahren 2009/10 öffentliche Besäufnisveranstaltungen in franz. Städten, zu denen bei Facebook aufgerufen wurde, B.S.] – und dem Willen, ein rotes Tuch zu schwenken, um vor einer neuen Cyberkriminalität zu warnen.

Die Organisationsformen ebenso wie die Motive von *Anonymous* werden oft verzerrt dargestellt. Die Fernsehsendung *Complément d'enquête*[234] weckte z.B. den Zorn der französischen *Anonymous*-AktivistInnen, die in der Folge die Sendeanstalt *France Télévisions* beschuldigten, im Dienst der Regierung zu stehen und sie verzerrt darzustellen. Der Sender habe ihre pazifistischen Idealen und ihre Verteidigung der freien Meinungsäußerung absichtlich verschwiegen[235].

Dasselbe gilt für *France 4* und *Arte*, die im Jahr 2011 den ›HackerInnen‹ Reportagen widmeten, in denen die technische Dimension und jene des ›kriminellen Netzpiratenwesens‹ überbewertet und dramatisiert wurden. Die Vergleiche mit dem Ku-Klux-Klan, die Klischees über »pubertierende Bastler« und die grobe Unkenntnis bezüglich Informatik und Hackerwesen führten oft dazu, dass inkompetente oder nicht repräsentative Personen als angebliche ›Sprecher‹ von *Anonymous* vorgestellt wurden.

Alle Medienkommentare spielen ebenfalls systematisch die ethischen und politischen Aspekte der Aktionen herunter wie auch die mittlerweile systematische und wachsende Verbindung zwischen HacktivistInnenbewegungen und der realen Welt, der Straße und den ›nicht online stehenden‹ Bevölkerungsgruppen. Die *Indignados* und die *Occupy-Wall-Street*-Bewegung waren, rein zufällig natürlich, Opfer derselben Unterschätzung und

234 Sendung, die am 28. Februar 2011 ausgestrahlt wurde. [Es handelt sich um eine auf Enthüllungen spezialisierte Sendereihe im französischen Fernsehen. B.S.]

235 Siehe dazu das Pressekommuniqué vom 5. März 2011: *Droit de réponse à l'émission Complément d'Enquête diffusée sur France 2 Télévision* (»Richtigstellung zur Sendung ›Complément d'Enquête‹, die auf dem zweiten Kanal von *France Télévision* ausgestrahlt wurde«), bei YouTube.

desselben Unverständnisses, bevor sie Tausende Personen in der ganzen Welt mobilisierten. Manche HackerInnen haben es unterdessen vermocht, einem anderen Tonfall Gehör zu verschaffen, besonders in dem Magazin *2600: The Hacker Quarterly,* das seit 1984 eine der wichtigsten Zeitschriften der HackerInnenszene ist. Die Zeitung widmete z.B. *Anonymous* die Titelschlagzeile[236] ihrer Ausgabe vom Herbst 2011, behandelte darin das *Defacing* der Webseite der englischen Tageszeitung *The Sun* durch *Lulzsec* und erklärte der *Occupy-Wall-Street*-Bewegung ihre Unterstützung.

Die Staaten zeigen ebenfalls ein himmelschreiendes Unverständnis gegenüber den im Internet wirkenden Mechanismen, insbesondere gegenüber *Anonymous.* Als der für die digitale Ökonomie zuständige französische Minister Eric Besson sich zu Wort meldete, um von dem französischen Unternehmen OVH zu verlangen, die Plattform *WikiLeaks* nicht zu beherbergen, überschritt er nicht nur sein Zuständigkeitsgebiet, sondern löste auch vor allem die Empörung von zahlreichen InternetnutzerInnen aus, die auf die Neutralität des Internets Wert legen. Anstatt den Einfluss von *WikiLeaks* zu begrenzen, ließ die französische Regierung auf diese Art die Aufmerksamkeit der Öffentlichkeit für deren Existenz nur wachsen. Sie verhalf ihr zu größeren Sympathien und ermunterte die UserInnen nur zur ›Spiegelung‹ ihrer Server – der klassische ›Streisand-Effekt‹. Die systematische Kriminalisierung durch die Behörden ist ein klarer Beweis zumindest für das Unverständnis, aber sicherlich auch für die politische Ablehnung der Werte, die *Anonymous* befördert: Öffnung, Transparenz und direkte Demokratie.

In den Reihen von *Anonymous,* dieser ›Legion‹ von Personen ohne Gesicht – aber mitunter mit Avataren –, finden sich echte HackerInnen und HacktivistInnen aller Art. Aber auch ›anonyme‹ NichtinformatikerInnen, die dazu in der Lage sind, ein Video herzustellen, das die Polizeiübergriffe gegen die *Occupy-Wall-Street*-Bewegung anprangert, politische AktivistInnen, die die Guy-Fawkes-Maske übernehmen, oder auch einfache UnterstützerInnen – *Likers* – bei *Facebook.* Zwischen ihnen gibt es keine Verbindung außer diesem Konzept, *Anonymous.* Es gibt also keinerlei Interesse daran herauszubekommen, wer sich hinter den Masken von *V wie Vendetta* verbirgt; denn schlussendlich kann jede oder jeder Teil von *Anonymous* sein. Wie es auch als vergebliche Mühe erscheint, nach Chefs zu suchen, die es in dieser Organisation – die keine ist – nicht gibt.

---

236 Online einzusehen unter www.2600.com/cgi-bin/covers.pl

Anonymous: ein Konzept, ein Label, eine Kultur?

Die Mobilisierungen rund um *Anonymous* müssen sicherlich in den Kontext der weltweiten Realität, welcher die Bevölkerungen ausgesetzt sind, und der daraus entspringenden Empfindungen gestellt werden. *Anonymous* wächst, wenn die Bedrohungen, die auf den Bevölkerungen lasten, zunehmen. Die Wirtschaftskrise erzeugt Arbeitslosenraten, wie sie noch selten erreicht wurden, was für manche Bevölkerungsschichten dramatische Formen annimmt, insbesondere für die Jugend, und das, obwohl diese so viele Bildungsabschlüsse aufweist wie nie zuvor. Parallel dazu zeigt die Finanzwelt die Rekordprofite ihrer Rentenfonds an und weist eine kritische Instabilität auf, die jedoch nicht zur Auswirkung hat, dass das System reformiert oder die Kapitalströme besteuert würden. Vielmehr schießt man den Banken neues Kapital zu, damit alles beim Alten bleibt. Die politischen Verantwortlichen, die Parteien und Gewerkschaften ebenso wie die NGOs, scheinen keinerlei Lösung oder konkrete Antwort beizusteuern zu haben, es sei denn die Sparpolitik, die notwendigerweise zuerst die 99% der Bevölkerung trifft und nicht das wohlhabende eine Prozent.

Die Machtstrukturen auf internationaler Ebene und jene in den höchstentwickelten Ländern erscheinen undurchsichtig und hängen mit einer Elite zusammen, die nur am Geld interessiert ist und über starke Druckmittel gegenüber den politischen EntscheidungsträgerInnen und den Medien verfügt. Dagegen hat sich *WikiLeaks* erhoben, woraufhin *Anonymous* ihm im Dezember 2010 zu Hilfe eilte. Und es ist bestimmt eine Reaktion auf diese Herrschaftsstrukturen, dass *Anonymous* ein so positives Echo seitens der Öffentlichkeit erfährt. Letztere erblickt in ihr eine – sicherlich radikale, aber letztendlich der erlittenen Gewalt angemessene – Antwort. Und tatsächlich antwortet *Anonymous* – mit einer symbolischen, aber aktiven Gegenmacht – auf die Anonymität einer Hyper-Elite und einer Finanzmacht ohne Gesicht, die den Folgen ihres Tuns gleichgültig gegenübersteht, auf die Steuerparadiese und das *Shadow Banking*, die die Ökonomie zunehmend von den Arbeitskräften und KonsumentInnen unabhängig machen. *Anonymous* erlaubt es den InternetnutzerInnen, Akte des digitalen zivilen Ungehorsams durchzuführen. Das Ziel ist die Infragestellung der gegenwärtigen Machthaber, die von einem Großteil der Bevölkerung für unterdrückerisch gehalten werden, und zwar überall auf der Welt. Und am Ende des Weges steht die erhoffte Wiederaneignung des Internets als öffentlicher Raum und im Endeffekt des öffentlichen Raums an sich.

Die neue Form von Mobilisierung, welche *Anonymous* verkörpert, ist ein vom Internet und von der Cyberkultur nicht trennbares Phänomen. Im Internet – die ersten HackerInnen hatten es verstanden – nimmt der Begriff von Autorität total andere Formen an. Der freie Verkehr der Informationen verleiht den Möglichkeiten, sich von der Basis ausgehend zu organisieren, ohne hierarchische Strukturen zu durchlaufen, neue Dimensionen. Die Hacker-Ethik ist in diesem Sinne ein Individualismus, der den sich unterdrückt fühlenden Bevölkerungen einen Ausweg bietet. Wie sagte *The Mentor* in seinem Manifest? Dass er nicht von dieser Welt und die seinige viel freier sei. Unbestreitbar besteht ein starker Zusammenhang zwischen den gestiegenen Möglichkeiten bei der Informationsverbreitung sowie der Interaktionen zwischen den Individuen auf der einen Seite und der Infragestellung der gesellschaftlichen Strukturen, die sie nicht berücksichtigen, auf der anderen Seite.

Anonymous ist so ein komplexes Phänomen, das die politisierte, technikgläubige und libertäre Hackerkultur mit der Cyber-Populärkultur von *4chan*, wo Anonymität und *Lulz* herrschen, vermischt. Von den HackerInnen hat *Anonymous* die ideologische und leidenschaftliche Verteidigung der Freiheit des Internets und die horizontale Organisation beibehalten – die jene in den Mittelpunkt stellt, die etwas tun, die Bastler von Grafiken, Programmen oder Nachrichten, in dem unscharfen Rahmen dessen, was man als *Do-ocracy* bezeichnet.

Als Produkt all dieser Ideen kann *Anonymous* also als ein durch alle, die sich zu ihm bekennen, geteiltes Konzept verstanden werden. Konkret existiert nichts aus Sicht von *Anonymous* ohne eine Idee, die dazu bestimmt ist, die Leute guten Willens zum Anschluss zu bewegen. Auf den IRC-Kanälen hat eine Idee nur dann Bestand, wenn die anwesenden Personen mitmachen und eine Operation entstehen lassen. *Anonymous* ist ein Sammelpunkt, der uneinheitliche Meinungen und Bewegungen bündelt, deren gemeinsame Konsistenz dank der Ethik des ›Tuns‹ aufrechterhalten wird und die im Laufe der hier und dort in der Welt gestarteten Operationen zusammenkommen. Jeder spielt die Rolle, die er sich zutraut, und *Anonymous* achtet darauf, dass niemand die ganze Sache an sich zieht – ganz in der Tradition von *4chan* –; aber sie respektiert auch peinlich genau die

Vorstellung, wonach jede und jeder sich im Namen von *Anonymous* zu einer Handlung oder einer Wortmeldung bekennen kann.

Hinter *Anonymous* verbirgt sich also immer eine Möglichkeit zur digitalen Rebellion. Wie die Bauernaufstände im Mittelalter, bei ›Ned Ludd‹ in der englischen Industrie oder ›Luther Blissett‹ im künstlerischen Milieu können Kämpfe über die Identifikation mit demselben Namen – die es allen Einzelnen erlaubt, auf anonyme Weise teilzunehmen – entstehen und sich entfalten. Diese politische Dimension der Anonymität ist in unseren Demokratien nicht fremd, da sie schließlich auch beim Akt des Wählens praktiziert wird; aber mit *Anonymous* erweitert sie sich hin zu einer viel breiteren Palette von Aktivitäten und verleiht dadurch der Frage nach den Ausdrucksmöglichkeiten der Bevölkerung eine neue Dimension. Grundsätzlicher verkörpert *Anonymous* auch eine Reaktion auf eine Welt, in der die individuelle Identifikation mit Staaten oder Organisationen immer schwieriger geworden ist. Den mehrdimensionalen Individuen fällt die Zustimmung zu solchen eindimensionalen Strukturen schwer, da sie diese nicht in ihrer Gesamtheit respektieren. Die Anonymität ist eine identitätsstiftende Antwort auf dieses Problem, ebenso wie das Benutzen von Pseudonymen in Medien und sozialen Netzwerken.

Im Übrigen erlaubt das Internet die Umkehrung der Rollen und erleichtert die Überwachung der Behörden, die ihrerseits eine immer stärkere Kontrolle des Internets entwickeln. Als Nicolas Sarkozy davon sprach, »das Internet zu zivilisieren«[237], oder wenn die Regierungen die Installierung des [umstrittenen ›Abkommens gegen Produktpiraterie‹] ACTA planen, dann versuchen sie, einen Cyberspace wieder unter Kontrolle zu bekommen, der ihnen entgleitet. Diese ›Unterwachung‹ oder umgekehrte Überwachung [die ihrerseits staatliche Strukturen ins Visier nimmt, B.S.]) wird genau dadurch erlaubt, dass die Informationen zirkulieren und immer stärker zirkulieren werden. Auf der einen Seite scheint die Tendenz zur – gewollten oder ungewollten, Transparenz ungebremst – und auf der anderen Seite ist es immer einfacher, die Behörden anzufragen und wenn auch keine Antwort, so doch zumindest ein Medienecho zu erhalten, das eine Reaktion von ihrer Seite erzwingt. *Anonymous* verkörpert diese Möglichkeit und fordert sie in ihrer Botschaft ein: Sie sollen überall sein und auf jeden Unterdrückungsversuch lauern, um ihm ein Echo zu verleihen und ihn anzuprangern.

237 Erklärung des damaligen französischen Präsidenten anlässlich des ›e-G8‹ im Mai 2011.

Wenn *Anonymous* dann zu den Waffen greift, steht sie an der Grenze zur Legalität. Wie manche AktivistInnen, die nicht davor zurückschrecken, in den Sicherheitsbereich von Atomkraftwerken einzudringen, schleust *Anonymous* sich mitunter in digitale Räume ein, die ihr untersagt sind. In diesem Sinne läuft das *Defacing* einer Webseite in gewisser Weise auf dasselbe hinaus, wie das Anbringen eines Transparents mit der Aufschrift ›Ausstieg aus der Atomenergie‹ an einem Atomreaktor in Tricastin oder am EPR in Flammanville [dem in Bau befindlichen ›AKW der nächsten Generation‹, B.S.]. Denn letztendlich ist das Ziel das gleiche: die Aufmerksamkeit des Publikums zu wecken. Dazu bedient man sich eines Symbols, um es für andere Zwecke zu benutzen; notfalls um den Preis, einige Sicherheitsbarrieren digitaler oder anderer Art überwinden zu müssen. Der Hacktivismus von *Anonymous* beruht also auf dem Umlenken der Aufmerksamkeitsenergien. Nach dem Vorbild der *Yes Men* benutzt *Anonymous* die Fahrzeuge der Information, die Medien, um ihre Botschaften damit zu transportieren. Die Besonderheit von *Anonymous* besteht darin, selbst ein M*em* zu sein, oder eher ein Gegen-*Mem*, ein kultureller Virus, der dazu in der Lage ist, sich in der Informationsgesellschaft auszubreiten, die nicht mehr nur auf einigen Massenmedien beruht, sondern auf netzförmigen Strukturen, in denen die Information sich blitzschnell ausbreiten kann. Neben der Art der Botschaft ist auch die Anzahl ihrer TrägerInnen von Bedeutung. *Anonymous* muss notwendig ›Legion‹ sein, um die erhoffte Wirkung zu erreichen.

Die Frage nach der Bedeutung des Namens *Anonymous* zu stellen, beinhaltet, ihn als eine Art von Label zu betrachten, das auf unterschiedliche Dinge angewendet werden kann. Es handelt sich vielleicht um eine interessante Weise, um *Anonymous* zu charakterisieren: Gleichzeitig Super-Gewissen und ›Schirm‹, stellt *Anonymous* ein kulturelles Objekt und ein Anschlusssymbol für Aktionen dar. Man könnte sie letztlich als eine ›Marke‹ betrachten, die man frei benutzen – wie die *Open-Source*-Programme – und sogar verändern, verbessern oder sich aneignen kann, wie es die *Creative Commons*- oder *Copyleft*-Lizenzen erlauben. *Anonymous*, diese »Bande von Computerpiraten«, wie die Medien sie mitunter beschreiben, ist also eher eine lose Ansammlung von HackerInen und HacktivistInnen, die sich rund um eine gemeinsame Idee von zivilem Ungehorsam im Internet treffen und so in ihren jüngsten Ausformungen eine *Internet*-Variante zu Straßenmobilisierungen wie *Occupy Wall Street* beisteuern.

Die Grenzen des Phänomens *Anonymous*

Wenn *Anonymous* auch über ein gewisses Echo im Internet verfügt, so ist doch das dauerhafte Überleben des Phänomens nicht gesichert. Zunächst führt sein Gefallen am *Lulz*, diese pubertäre Schadenfreude und bewusste Inkonsequenz, mitunter zu lächerlichen oder wenig seriösen Aktionen, die von einem ethischen Standpunkt aus schwerlich gerechtfertigt werden können und oftmals der Glaubwürdigkeit und politischen Tragweite der Aktionen von *Anonymous* Schaden zufügen. Ihre Botschaften leiden notwendig unter denen, die sich in ihrem Namen zum Offenlegen von persönlichen Daten bekennen, wie es bei den österreichischen Polizisten oder den Angestellten von Sony der Fall war. Die ambivalente Natur von *Anonymous* bringt sie manchmal dazu, Eigentore zu schießen.

Solche Praktiken, die jedoch nicht von allen ausgehen, die *Anonymous* sein wollen, stehen klar im Widerspruch zum beanspruchten ethischen Erbe der Cyberkultur und der HackerInnen. Sie schmälern das Ansehen von *Anonymous* und verringern die Akzeptanz und Legitimität dieser Bewegung. Diese Vorgehensweisen sind umso schädlicher, als sie dazu beitragen, die echte hacktivistische und engagierte Dimension von *Anonymous* zu verdecken, obwohl diese seit der Entstehung der Bewegung grundlegend für sie ist und einen ihrer Wesensbestandteile bildet.

Das Problem der Praktiken wird auf noch entschiedenere Weise aufgeworfen, wenn sie sich der Cyberkriminalität annähern oder wenn bestimmte Instrumente und bestimmte Werkzeuge mit Mafiaaktivitäten in Verbindung stehen (zum Beispiel beim Handel mit Kreditkartennummern oder beim Spam-Betrug). Auch wenn klar ist, dass *Anonymous* keine Gruppe von ComputerpiratInnen ist, deren Ziel nur darin bestünde, sich zu bereichern oder Schaden anzurichten, so wurden doch manche Mitglieder von Gruppen in ihrem Umfeld – wie das *Team Poison*, ein HackerInnenkollektiv, das sich als Rivale von *LulzSec* darstellt – mitunter verdächtigt, zwei unterschiedliche Masken zu tragen und illegale Aktivitäten inmitten von scheinbar hacktivistischen oder politischen Aktionen wie dem Hacken der E-Mail-Adresse von Tony Blair zu verbergen.

Das *Cocain Team* zählt ebenfalls zu diesen HackerInnen, die – den Aussagen von anderen aktivistischen HackerInnen zufolge – nicht den Ehrenkodex und die Hacker-Ethik respektieren. Ein letztes Beispiel für diese trüben Gewässer bildet die *Z Company Hacking Crew*, die manchen

HackerInnen zufolge mit einer islamistischen Gruppe verbunden und vielleicht sogar von den pakistanischen Geheimdiensten gesteuert sein soll. Noch einmal, die Anonymität erlaubt es nicht, diese Zweifel zu beseitigen, aber dies liefert auf jeden Fall einen willkommenen Vorwand für Polizei- und Nachrichtendienste sowie für Staaten, um Verhaftungen vorzunehmen und *Anonymous* ein Etikett der Cyberkriminalität anzuheften.

Grundsätzlich werfen die Anonymität und der dezentrale Charakter der Aktionen ein anderes Problem auf: das der Koordinierung und der Effizienz von Operationen. Die *Do-ocracy* funktioniert, das Beispiel von *Telecomix* beweist es, und manche *Anonymous*-Gruppen beweisen es ebenfalls. Doch da die Ansprüche vielfältig sind, lassen die Ergebnisse mitunter auf sich warten und die ›Flops‹ sind zahlreich. Das Fehlen von als kompetent identifizierbaren Personen außerhalb des kleinen Milieus der IRC-Kanäle kann zur Verzettelung der Kräfte führen und wichtige Informationsweitergaben, die es erlauben würden, den Erfolg von Aktionen zu garantieren, verhindern. Es geht natürlich nicht darum, zu sagen, dass ein Chef nötig sei, was angesichts der Natur von *Anonymous* keinen Sinn ergäbe, und auch nicht von der Sache her erforderlich ist. Doch Bezugspersonen könnten dazu beitragen, die Verbindung zwischen *Anonymous* und der Zivilgesellschaft im weiteren Sinne herzustellen, und so auf natürliche Weise als vermittelnde Elemente agieren – wie es bei den Communitys rund um die freien Betriebssysteme, bei Wikipedia oder auch beim *Burning-Man-Festival* der Fall ist.

Es existieren bereits Untergruppen von *Anonymous* z.B. für historische Operationen wie *Chanology*; und die ›Ops‹, die die IRC-Kanäle verwalten, werden gleichzeitig kritisiert – sei es von antiautoritären Standpunkten aus oder auch aus verschwörungstheoretischen Motiven – und als notwendig für das gute Funktionieren der *Do-ocracy* betrachtet. In jüngerer Zeit haben auch andere *Anonymous*-AktivistInnen ihren Wunsch geltend gemacht, sich von der Hauptströmung zu unterscheiden. Zu der ›Operation Wisconsin‹, die im März 2011 gegen die konservative Politik des Gouverneurs dieses US-Bundesstaats gestartet wurde[238], bekannten sich die *Magnanimous*, deren Aktionen denen der Gewerkschaften näher kamen als der üblichen *4chan*-Haltung. An und für sich stellt dieser Unterschied kein Problem dar,

238 Vgl. den Artikel *Les Anonymous s'interrogent sur l'‹opération Wisconsin›* (»Anonymous stellt sich Fragen zur ›Operation Wisconsin‹«) vom 28.2.2011 in LeMonde.fr

doch könnte es den Sinngehalt des *Anonymous*-Konzepts verwässern, wenn alle Anliegen daran geknüpft würden, ohne die Symbole und das übliche Format der Forderungsaktionen anzunehmen.

Ebenso könnte man sich vorstellen, dass *Anonymous* durch seine sehr offene Natur eines Tages von Gruppen instrumentalisiert wird, die ihr Aktionspotenzial benutzen oder, schlimmer noch, ihre Glaubwürdigkeit ruinieren möchten.

Dieses Szenario wirft erneut die Frage nach den Personen auf, die sich rund um *Anonymous* zusammenfinden. Per Definition identifiziert sich *Anonymous* mit der Gesamtheit der Weltbevölkerung, an die sie sich wendet. Manche Botschaften gehen sogar so weit, zu sagen, dass das *Anonymous*-Konzept die Weltbevölkerung sei, dass es sich um einen Vogelzug handele, der sich schwarmförmig fortbewege und dem sich jedeR anschließen könne, wie auch jedeR ihn wieder verlassen könne, wenn er oder sie es beschließe. Wenn diese Idee auch anziehend erscheint, bedeutet sie doch nicht, dass alle InternetnutzerInnen sich allabendlich auf den IRC-Kanälen von *Anonops* treffen. Diese Räume, die theoretisch offen sind und in die man sich ohne größere technische Schwierigkeit begeben kann, entsprechen nicht mehr den zeitgenössischen Praktiken der Mehrheit im Internet. Die *Facebook*-Seiten, die Nachrichten von *Anonymous* weiterverbreiten, sind natürlich zugänglicher; aber die Orte, wo Entscheidungen getroffen werden, wo die *Do-ocracy* wirklich funktioniert und wo man sich an DDoS-Attacken beteiligen kann, bleiben unbekannter und also auch schwerer zugänglich.

Die Rekrutierung der *Anonymous*-AktivistInnen, jedenfalls in ihrer hacktivistischen Dimension, ist also nicht so universell, wie es scheinen könnte. Übrigens sind die *Anonymous*-AktivistInnen, wenn man das Internet verlässt, um sich in reale Demonstrationen zu begeben, nicht mehr so zahlreich. Die Demonstrationen gegen Scientology, die den ersten ›IRL‹-Ausflug[239] von *Anonymous* auslösten, haben nie mehr als einige Tausend Personen versammelt. Und während der Operation gegen Sony wurden zwar sehr wohl Aufrufe zu Sitzblockaden vor den Geschäften der Firma im Internet lanciert; doch niemand oder fast niemand fand sich am nämlichen Tag ein, um zu demonstrieren[240].

---

239 IRL: *In Real Life*, also im wirkliche Leben, im Gegensatz zum Leben online.

240 Vgl. den Artikel *Cuisant échec pour l'Opération Sony du collectif Anonymous* (»Schwere Niederlage für die Sony-Operation des Kollektivs Anonymous«) bei ultimateps3.fr

Natürlich tauchen viele Guy-Fawkes-Masken innerhalb der ›Empörten‹-Bewegungen auf, aber es handelt sich nicht um eine Massenbewegung, vergleichbar mit dem, was im Internet los ist. Der Hacktivismus im Allgemeinen hat es noch immer schwer, sich mit der Straße und den sozialen Bewegungen in der Praxis zu verbinden. Die logistische und technische Unterstützung der spanischen HackerInnen für die *Indignados* auf der Plaza del Sol in Madrid, die Versuche zur Liveberichterstattung über die Ereignisse rund um *Occupy Wall Street* und die Web-›Taskforces‹, die aktiv wurden, um die Demonstrationen des Arabischen Frühlings oder in Lateinamerika zu unterstützen, zeigen, dass bereits Spuren gelegt wurden. Doch den an ein Digital-Universum gewohnten HacktivistInnen scheint es noch schwerzufallen, außerhalb des Internets aktiv zu werden.

Grundsätzlicher ist also die Frage zu stellen, welche reale politische Auswirkungen *Anonymous* hat. Gewiss lenkt das Hacken von ›aufmerksamkeitsintensiven‹ Objekten Scheinwerferspots auf Situationen, die sonst im Schatten blieben. Auf dieselbe Weise erregt die ungewöhnliche, geschickte und in sich stimmige Kommunikation von *Anonymous* und die Auswahl ihrer Angriffsdrohungen die Neugier von Medien überall auf der Welt. Denn eine DDoS-Attacke gegen PayPal durchzuführen und einen Augenblick lang seinen Börsenkurs durcheinander zu bringen, bringt das Unternehmen zwangsläufig dazu, sich Fragen zu stellen. Dennoch hat PayPal sich seit dieser digitalen ›Abmahnung‹ nicht wirklich verändert, und nach den Angriffen von *Anonymous* wurden die Dinge schnell wieder ›normal‹. Selbst *WikiLeaks* und Julien Assange erweisen sich als machtlos gegenüber dem Boykott durch die Banken, dem sie ausgesetzt sind.

Trotz der Unterstützung durch *Anonymous* kündigte Assange Ende Oktober 2011 die Aussetzung der Veröffentlichungen auf *WikiLeaks* an, das »95% seiner finanziellen Ressourcen beraubt wurde«[241].

Auf dieselbe Weise ließen die widersprüchlichen Ankündigungen von *Anonymous* über eine Operation gegen *Facebook* einerseits und gegen die Webseiten der New Yorker Börse andererseits, die beide für den 5. November 2011 vorgesehen waren, viel Tinte fließen und alarmierten die auf Wirtschaftsspionage spezialisierten Unternehmen, die an jenem Tag

241 Julien Assange erklärte, dass aufgrund der Blockade durch die Banken, denen die Webseite ausgesetzt ist, die bei InternetnutzerInnen gesammelten Spenden im Jahr 2011 nur 6.000 bis 7.000 Dollar monatlich betrugen, gegenüber 100.000 Dollar pro Monat im Jahr 2010. Vgl. den Artikel *Wikileaks suspends publishing* vom 24.10.2011 in *The Guardian*, bei www.guardian.co.uk

einen Anstieg des Bedrohungslevels bezüglich der Computersicherheit befürchteten[242]. Schlussendlich haben die Operationen nicht stattgefunden, und *Anonymous* hat nicht ›den Boten getötet‹, den sie benutzen; sie schlugen sich eher auf die Seite der ›Empörten‹, die in den großen Städten der Welt mit der Bewegung *Occupy Wall Street* demonstrierten. *Facebook* blieb intakt, und die Guy-Fawkes-Masken waren eher auf der Straße anzutreffen.

Unbestreitbar erlauben es die Operationen von *Anonymous* also, öffentlich Fragen zu bestimmten Situationen zu stellen, und tragen zur Schaffung von sozialen Dynamiken bei. Aber die politisch Verantwortlichen, die aus der Zivilgesellschaft hervorgegangenen Bewegungen und die BürgerInnen werden nicht genügend auf diese AktivistInnen neuen Typs aufmerksam und trauen ihnen nicht genug zu. *Anonymous* muss erst noch ihre Stärke und ihre Handlungsfähigkeit unter Beweis stellen. Trotz zahlreicher interner Schwierigkeiten wird immer noch den NGOs und den Gewerkschaften eine stärkere Legitimität zugesprochen, da sie über fest etablierte Kommunikationsstrukturen mit der Staatsmacht und den Unternehmen verfügen, die ihnen ihre Rolle als Übermittler der Botschaften aus der Bevölkerung garantieren. Man kann die Außenwirkung und den unrevolutionären Charakter dieser Strukturen kritisieren und ihre Legitimität anzweifeln, doch im Moment hat es *Anonymous* nicht geschafft, den eigenen Standpunkt auf der politischen Agenda durchzusetzen, auch wenn das Phänomen weiterhin von sich reden macht.

»Man hält eine Idee nicht auf, und Anonymous ist sehr wohl eine Idee.« In diesem Sinne steht *Anonymous* nicht davor zu verschwinden. Dennoch wird diese Idee, sofern *Anonymous* vor allem um sich selbst kreist, wahrscheinlich verblassen. Die Tatsache, dass die *Anonymous*-Nachrichten immer auch den Aspekt der *Selffulfilling Prophecy* in sich tragen erlaubt es – in der Logik der HackerInnen – nicht, sich von ihren Ursprüngen zu entfernen, der Ethik des ›Tuns‹. Dies ist sicherlich die größte Herausforderung für *Anonymous*: konkrete Wege zur Umsetzung all dessen zu finden, was diese Bewegung in Bezug auf Hoffnung und Veränderungspotenzial verkörpert.

---

242 Vgl. den Artikel *Anonymous to attack Fox, Facebook, banks and drug cartel on November 5* bei rt.com/usa

Drei Szenarien für die Zukunft von *Anonymous*

Unser Versuch einer Beschreibung und Analyse von *Anonymous* hatte eine Bewegungsform, um den schnellen Entwicklungen dieses sozialen Phänomens folgen zu können. Auf mittlere Sicht halten wir drei Zukunftsszenarien in Bezug auf *Anonymous* für plausibel. Angesichts der Natur der Bewegung handelt es sich natürlich um Denkansätze, die sich nicht gegenseitig ausschließen, denn wir sind uns der zersplitterten, nicht einheitlichen und dezentralen Natur von *Anonymous* wohl bewusst.

Erste Möglichkeit: *Anonymous* entwickelt sich nicht weiter und bleibt in der Falle ihrer fehlenden Struktur sitzen

Anonymous in ihrem jetzigen Zustand riskiert ihre Auflösung in breitere und in der Praxis aktivere Bewegungen wie *Occupy Wall Street*. Sie wäre in dem Fall auf die Rolle eines Nachrichtenübermittlers beschränkt, während andere aktiv mit den Machthabern vor Ort verhandelten. Diese Situation könnte auf Dauer zu einem Verlust der Glaubwürdigkeit führen. *Anonymous* würde sicherlich ein Aushängeschild bleiben, aber nicht dazu in der Lage sein, die Welt umzuwälzen, wie es sich beispielsweise jene wünschen, die sich rund um *What Is The Plan* engagieren. Die *Anonymous*-AktivistInnen würde sich also in der Haut von Rebellen ohne Anliegen – *Rebels without a cause* – wiederfinden, die Ideen vorbringen, aber nicht in der Lage sind, sie mit den konkreten Aktivitäten in der Zivilgesellschaft zusammenzubringen. In diesem Sinne haben ihnen die HackerInnen, die beim letzten *Chaos Communication Camp* im August 2011 versammelt waren, eine warnende Predigt gehalten, die man mit jener des *Wise Beard Man* im Jahr 2008 vergleichen kann: Ohne Struktur oder zumindest eine Reflexion der durchgeführten Angriffe – die bisweilen gegen die Werte der Bewegung verstoßen – werde *Anonymous* nicht die geringste Wirkung entfalten. Daraufhin verglichen die deutschen HackerInnen sie mit »den jungen Cyberpunks, die LOIC benutzen, ohne zu wissen, was es ist«.

Eine andere Möglichkeit, die sich als Folge mangelnder Reflexion über die Möglichkeiten einer organisatorischen Einbindung der unterschiedlichen Bestandteile der Bewegung einstellen könnte, wäre die Zersplitterung der Bewegung. Ansätze von thematischer Spezialisierung existieren bereits, doch mit der Vervielfachung der Themen und der Erhöhung der

TeilnehmerInnenzahl könnten divergierende Standpunkte wirkliche Spaltungen hervorrufen, ja sogar interne Machtkämpfe, bei denen es darum geht einzufordern, wer wirklich *Anonymous* ist und wer nicht. Das war bereits der Fall bei *The Jester* gegen *LulzSec*. Die Webseite *Anonops* wurde von einem türkischen Hacker einem *Defacing* unterzogen, während *LulzSec* – bevor die Gruppe sich anschloss – beschuldigt wurde, *Anonymous* zu schaden, ihre Botschaft zu verwässern oder, im Gegenteil, effizienter zu sein. Was für *Anonymous* auf dem Spiel steht, ist also ihre Fähigkeit, mit diesem Spannungsverhältnis zwischen Zersplitterung und globaler Kohärenz umzugehen.

Von einem politischen Standpunkt her ist diese Problematik entscheidend, und sie rührt an die Idee, dass die transnationalen sozialen Bewegungen und die Formen internationaler Solidarität eine Antwort auf die Globalisierung der Erscheinungsformen von Unterdrückung und der kapitalistischen Organisationen (Unternehmen und Finanzmärkte) bilden können.

Könnte eine ›*Anonymous*-Internationale‹ auf Grundlage der Werte der Cyberkultur entstehen? Könnte sich *Anonymous* in eine Art von weltweiter Piratenpartei oder Internationaler Vereinigung für digitale Menschenrechte verwandeln? Oder auch in eine transnationale NGO nach dem Modell von *Oxfam*, *Care* oder *World Vision*?

Im gegenwärtigen Zustand scheint diese Möglichkeit fraglich. Zunächst bleiben die großen politischen Fragestellungen, aus Sicht der Bevölkerungen, stark mit den nationalstaatlichen Territorien verbunden. Auch in Europa musste man feststellen, dass eine Solidarität zwischen den Staaten schwerfällt. Selbst die Definitionen ideologischer Programme haben je nach Land nicht denselben Klang. Das Internet erlaubt, wie so oft, Brücken zu schlagen und Solidarität herzustellen; doch *Anonymous* scheint auf alle Fälle nicht dazu bestimmt, dass alle sich ihr anschließen. Was würde passieren, falls sie massiven Zuspruch ernten würde, sofern dies möglich ist?

Ihre Entfernung zur unmittelbar politischen Tagesordnung ist zu groß, als dass diese Möglichkeit überhaupt existieren könnte, und sie sind nicht ideologisch aufeinander abgestimmt – eineR US-amerikanischen *Anonymous*-AktivistIn etwas von Sozialismus oder Kommunismus zu erzählen, würde keinen Sinn ergeben. Das Konzept von *Anonymous* scheint also nicht für diese Möglichkeit geeignet, und der Individualismus, die elitäre Natur sowie der libertäre Charakter der Hacker-Wertvorstellungen lassen wenig Raum für Stimmigkeit, Koordinierung und das Kollektiv im üblichen Sinne.

Bei dieser fehlenden Strukturierung darf man im Übrigen ein Schlüsselelement nicht vergessen, das gleichzeitig einen Motor und eine Bremse darstellt: das *Lulz*. Dieses hämische Lachen und diese Boshaftigkeit, von denen sie sich offenkundig nicht trennen können, bleibt von wesentlicher Bedeutung für *Anonymous*. Das Einfügen pornographischer Bilder in Videos für Kinder auf YouTube im Jahr 2009, Attacken gegen schwache oder lächerlich erscheinende Figuren oder die Veröffentlichung von persönlichen Daten österreichischer Polizisten oder von Sony-Angestellten dienen den GegnerInnen von *Anonymous* als Beweismittel, um deren Verbot einzufordern. Die Respektlosigkeit sowie das subversive und schockierende Potenzial des *Lulz*, die Praktiken kultureller Sabotage und des symbolischen Terrorismus erlauben jedoch radikale Infragestellungen und stammen direkt von den Protestbewegungen ab, die das Erbe des Situationismus darstellen, wie die Psychogeographie, der Neoismus und die *Association des astronautes amateurs* (AAA, ›Vereinigung der Amateur-Astronauten‹).

Um das *Lulz* zu bewahren, hat *Anonymous* es nicht nötig, ihre Organisationsform zu ändern. Dieser Aspekt zählt sicherlich zu denen, die überdauern werden, in der einen oder anderen Form. Der Journalismus – der, in seiner traditionellen Form, auf dem Gegenpol zu *Anonymous* angesiedelt ist – könnte darin übrigens neue Inspirationsquellen finden.

Zweite Möglichkeit: *Anonymous*, die Hacker-Ethik sowie die Wertvorstellungen und Praktiken der Cyberkultur breiten sich aus und neue Interaktionen mit der Zivilgesellschaft werden möglich

Die Werte von *Anonymous* haben tiefreichende Wurzeln. Wir sind davon überzeugt, dass sie als Geburtshelfer für erneuerte Strukturen der Weltgesellschaft dienen können. Diese Veränderung ist tatsächlich bereits im Gange; die Existenz von *Anonymous* an sich, die vor nur fünf Jahren undenkbar war, beweist es. Die wachsende Macht des Internets, das jeden Tag unverzichtbarer und allgegenwärtiger wird, beinhaltet bereits eine wachsende Überbewertung der technischen Aspekte, und diese werden immer bestimmender werden.

Eine Schlacht findet derzeit auf der Ebene der Infrastrukturen des Internets statt, d.h. bezüglich des Materials, welches technisch das Netz stützt und die Art und Weise bestimmt, wie man ins Internet geht. Es werden Projekte entwickelt, die von HackerInnen und Stiftungen unterstützt werden, ja sogar von der US-Regierung, um ein absolut dezentralisiertes und auf Kurzstreckenübertragungen innerhalb eines sehr dichtmaschigen Netzes beruhendes Internet zu schaffen[243]. Solche Projekte könnten das Web und alles, was damit zusammenhängt, revolutionieren. Die Macht der Zugangsanbieter und der Industriellen würde stark zurückgehen, denn sie hätten keine beherrschende Machtstellung mehr im Internet und würden die Fähigkeit verlieren, den Zugang zu filtern oder zu sperren.

Der Wille zur Unabhängigkeit des Internets wird also immer mächtiger und konkreter, und dies geht einher mit einer stärkeren Politisierung der mit dem Netz zusammenhängenden Aspekte. Unsere Gesellschaft sieht, in der Folge des Kampfes der historischen Hacker wie Richard Stallman oder John Perry Barlow, die Fragen der Unabhängigkeit des Cyberspace – der sich auf globale Weise zu seiner Verteidigung organisiert – neu aufkommen. So wurden die virtuellen Währungen (als *Open-Source*-Güter wie *Bitcoin* oder *Namecoin* oder private Güter wie die *Facebook Credits*) geschaffen, um Projekte zu ermöglichen, bei denen es auf massenhafte Beteiligung und die Schaffung ökonomischer und politischer Infrastrukturen auf größerer Ebene ankommt. In anderen Worten, es handelt sich um das Pendant in Währungsform zur D*o-ocracy*, das zur ›Finanzierung der Revolution‹ dienen könnte[244].

Kann man also ins Auge fassen, dass *Anonymous* zu einer Art von NGO 2.0 werden könnte, die auf ihre Weise zu der von den HackerInnen erwarteten Cyber-Revolution beiträgt? Ihre Methoden werden sicherlich nicht so technisch anspruchsvoll sein, aber es ist sicher, dass *Anonymous* sich leicht in diese Bewegungen integrieren könnte – wie *Telecomix* es für Ägypten und Syrien getan hat. Ebenso könnte sie sich *Reporter ohne Grenzen* oder *Amnesty International* annähern. Der Schlüsselaspekt liegt bei der Anerkennung des digitalen zivilen Ungehorsams als legitime aktivistische Aktionsform, letztlich also, seiner Entkriminalisierung. Diese gesetzliche Anerkennung würde es erlauben, das Online-Demonstrationsrecht für DDoS-Attacken zu gewährleisten – eine offene Baustelle,

243 Diese Projekte heißen *Intermesh*, oder auch *Commotion* in der US-amerikanischen Version.

244 Vgl. den Beitrag von Jeffrey Paul: *Financing the Revolution* vom 8. Dezember 2011 anlässlich der Veranstaltung *Chaos Communication Camp 2011*, bei events.ccc.de/camp/2011/Fahrplan/events/

bei der traditionelle HackerInnen, HacktivistInnen und *Anonymous* an einem Strang ziehen könnten. So wäre es möglich, die Logiken der Mobilisierung zu überdenken, in denen fortan manche Praktiken der *Anonymous* ihren vollwertigen Platz finden könnten. Im November 2000 erklärte die Webmasterin von *Amnesty International*, Susan Forste, bezüglich dieser Problematik: »Ich bin sicher, dass Amnesty niemals auf den Hacktivismus zurückgreifen wird. Vor allem, wenn dies illegale Aktivitäten beinhaltet.«[245]

Im Übrigen wissen wir [die beiden Autoren, B.S.] aufgrund unserer täglichen Praxis mit den NGOs, die wir in Fragen der Öffentlichkeitsarbeit – insbesondere im Internet – beraten, ebenfalls, dass es eine geistige Mauer zwischen dem Hacktivismus und den NGOs gibt. Diese Situation ist schwer erklärbar; doch offensichtlich widerspricht es dem Selbstverständnis solcher Vereinigungen, DDoS-Attacken, *Defacing* und das Ausnutzen von Schwächen bei der Computersicherheit in ihre Aktionsformen zu integrieren, während andere – obwohl illegale – Aktivitäten von *Greenpeace*, PETA, den *Faucheurs volontaires d'OGM*, der *Disobbedienti*, von *Jeudi-Noir*, den *Enfants de Don Quichotte* oder von *Droit au Logement*[246] ihnen akzeptabel erscheinen. Nur sehr wenige NGOs, abgesehen von *Amnesty International*, *Human Rights Watch*, *Transparency International*, *Reporter ohne Grenzen* und *Greenpeace*, haben die Enthüllungen von *WikiLeaks* unterstützt und weiterverbreitet, obwohl diese für ihre Kämpfe zusätzliche Argumente liefern könnten und ihnen vielleicht Kontakt zu einer neuen Generation von AktivistInnen und SpenderInnen einbrächten.

Der Kampf gegen die Nutzer von Kinderpornographie – eine andere historische Gemeinsamkeit mit der breiten Öffentlichkeit, der Zivilgesellschaft und selbst den Behörden – steht seit seinen Anfängen im Kernbereich des Hacktivismus. Man sagt oft, dass *4chan* ein Hort von Kinderpornographie-Darstellern sei, und das stimmt auf gewisse Weise, da dort Fotos her-

---

245 Siehe die Kolumne *Hacking With a Conscience Is a New Trend* von Carrie Kirby vom 20.11.2000, bei SFGate.com

246 Die *faucheurs volontaires d'OGM* (wörtlich »freiwillige Schnitter von genveränderten Organismen«) sind eine französische Bewegung, die genmanipulierte Pflanzen in öffentlichkeitswirksamen Aktionen zerstört. *Jeudi-Noir* (wörtlich »Schwarzer Donnerstag«) ist eine französische Initiative, die gegen Wohnungsnot kämpft. Die *Enfants de Don Quichotte* (»Kinder des Don Quichotte«) sind eine Solidaritätsbewegung für Obdachlose. Und *Droit au logement*, (»Recht auf Wohnraum«, abgekürzt DAL) ist eine Initiative, die vor allem mit Besetzungen leerstehender Wohnungen arbeitet. Anm. B.S.

umwandern, und die *Mem*-Figur des *Pedobear* – des Kinderpornographie-Bären – Gegenstand zahlreicher Diskussionen ist. Aber starke und sehr wirkungsvolle Attacken gegen die Kinderpornographie-Ringe entstanden ebenfalls innerhalb der *Anonymous*-Gemeinde: seien es nun die Denunziationsaufrufe während der Operation ›#SaveKids‹, die das Abschalten von Tausenden *Facebook*-Profilen ermöglichte, oder die Tauchgänge in die Tiefen des *DarkNet* – dieses geheimen und unsichtbaren, ebenso wie undurchsichtigen Internets –, um über 1.000 Kinderpornographie-Nutzer zu enttarnen, die bei *Lolita City* oder *Hidden Wiki* angemeldet waren. Dennoch trugen diese Operationen, die wirksamer und ethisch vertretbarer sind als die Filtervorrichtungen[247] vom Typ Hadopi [Name eines 2011 verabschiedeten französischen Gesetzes zur Internetkontrolle und gleichnamige Behörde zur Kontrolle von illegalen Downloads; B.S.] oder ACTA den *Anonymous* nicht die Milde oder die Zusammenarbeit der Behörden ein, welche sie auch weiterhin als Computerkriminelle betrachten.

Die Bewegung der ›Empörten‹ und die *Occupy*-Aktionen bilden eine interessante Nahtstelle. Diese jüngeren Bewegungen können sich als fruchtbar erweisen, um *Anonymous*, traditionelle NGOs (*United for Peace and Justice* und die *Alliance for Global Justice* in den USA), 2.0-AktivistInnen (*Adbuster*, *Avaaz* oder *MoveOn*), Gewerkschaften (AFL-CIO), Bewegungen (wie Attac oder *Démocratie Réelle*) und politische Parteien endlich mit der Bevölkerung zu verbinden. Diese ›Brücken‹ zwischen der Straße und dem Internet werden durch den wirtschaftlichen und sozialen Kontext erleichtert, durch die Finanzkrise, die Sackgassen der politischen Repräsentation und durch die Unterstützung symbolträchtiger Persönlichkeiten: Naomi Klein, Michael Moore, Joseph Stiglitz, Slavoj Zizek, George Soros, Stéphane Hessel. Man konnte sogar Unternehmen die *Occupy-Wall-Street-Bewegung* unterstützen sehen – *Ben & Jerry* und *Starbucks* haben den Schritt gemacht –, aber nur wenige stellen sich direkt auf die Seite von *Anonymous*. Bis wann?

Dritte Möglichkeit: Eine harte Gangart der Behörden löst einen ›digitalen Bürgerkrieg‹ aus

Reden Sie von *Anonymous*, und die Firmen für Computersicherheit werden sich sicherlich mehr freuen, als dass sie Angst bekommen würden;

247 Die dafür eingesetzten neuen Technologien – wie die *deep packet inspection* – erlauben es, massenhaft alle Inhalte zu filtern, die im Internet kursieren.

genau wie die Nachrichtendienste und ihre Dienstleister aus dem Komplex der Militär- und Sicherheitsindustrie. Aus ihrer Sicht handelt es sich vor allem um einen neuen Markt, der sich auftut und es ihnen erlaubt, Antworten auf die neue Bedrohung in Gestalt von *Anonymous* anzubieten. Dennoch bleibt die Feststellung einer Verwundbarkeit der Webseiten großer Unternehmen offenkundig richtig, und es ist das Ziel der von HackerInnen mit großem Spaß durchgeführten *Full-Discloure*-Aktionen, die von ihnen angetroffenen Sicherheitsmängel offenzulegen. Dabei handelt es sich sicherlich nur um Schauaktivitäten, die nicht direkt den Kern der Wirtschaftstätigkeit berühren. Dennoch könnten grundlegende industrielle Infrastrukturen (Elektrizitätswerke, AKWs, Wasserwerke) oder die technische Basis des weltweiten Finanzsektors (der immer mehr auf dem Internet beruht, da die Transaktionen automatisiert werden[248]) eines Tages berührt werden. Auf alle Fälle hat *Anonymous* angesichts des globalen Sicherheitsniveaus und der Schwierigkeiten, DDoS-Attacken abzuwehren, noch eine Zukunft vor sich.

Grundsätzlicher wirft der Kampf um die Freiheit des Internets die Frage nach dem Stellenwert der Philosophie des Hackings und der Personen, die die Technologie beherrschen, in der Gesellschaft auf. Politische und juristische Weichenstellungen werden derzeit vorgenommen, insbesondere was die Reglementierung des Cyberspace betrifft. *Anonymous* steht an der Schnittstelle all dieser Problembereiche, und je nach Ausmaß der Akzeptanz der Cyberkultur in der Gesellschaft wird sie mehr oder weniger an den Rand gedrängt werden. Wenn wir auf dem derzeit von den Regierungen vorgezeichneten Weg weitergehen, wird die Kriminalisierung der HackerInnen und der HacktivistInnen bis zum bitteren Ende vorangetrieben, und dies wird nur dazu führen, dass sich die Positionen von *Anonymous* radikalisieren. Schließlich weiß man, dass sie auf solche Versuche empfindlich reagiert.

Auf dieser Ebene wird man sich des Risikos eines Cyberkriegs und sogar eines »digitalen Bürgerkriegs« gewahr, von dem Paul Jorion spricht und der aus einer Radikalisierung auf beiden Seiten resultieren würde. Die Szenerie lässt an Hexenjagden aus einer anderen Zeit denken: Auf der einen Seite stehen die entschlossenen VerteidigerInnen der Freiheit und der Neutralität des Internets, auf der anderen die Regierungen, die ohne Unterlass Leuten nachstellen, die sie als Kriminelle betrachten – weil

248 Man spricht in dem Zusammenhang von *high frequency trading*.

sie Gesetze übertreten, die auf der Grundlage eines Unverständnisses bezüglich der Natur des Internets und seiner Werte erlassen wurden. Der Einsatz privater Firmen, um diese Verfolgung durchzuführen, ist bereits in Erwägung gezogen worden. Die HacktivistInnen-Bewegungen prangerten dieses Vorhaben als »digitales Blackwater« [Blackwater = Name einer privaten Söldnerfirma aus den USA, B.S.] an – die Digitalversion einer Praxis, die bereits im Irak [zur Zeit seiner US-Besetzung, B.S.] und anderswo Anwendung fand: die Privatisierung der Streit- und Sicherheitskräfte.

Die als Waffe benutzte Technologie kann sich auf verschiedene Instrumente stützen, wie beispielsweise Computerviren. Zur Zeit gehört dies in keiner Weise zum Tätigkeitsfeld von *Anonymous*; doch ihre technischen Fähigkeiten und die Tatsache, dass diese Technik schon im Jahr 1989 gegen die NASA verwendet wurde – um gegen die Atomwaffenversuchte im Pazifik (WANK) zu protestieren –, könnten dazu führen, dass sie ihre Sichtweise diesbezüglich überdenken. Umso mehr, als Viren oder schädigende Programme vonseiten staatlicher Dienste (wie *Stuxnet* gegen den Iran) und Polizeibehörden (ein ›Trojanisches Pferd‹) benutzt wurden und sichtbare Ergebnisse hervorbrachten. Ferner wurden von mehreren Staaten (Vietnam, Russland, Georgien, Estland, China, Indien, Pakistan) Computerattacken (DDoS-Angriffe und das Eindringen in fremde Rechner) sowohl in inneren Konflikten gegen Oppositionelle wie in äußeren Konflikten eingesetzt.

Das Phänomen *Anonymous* in die Ecke der Computerkriminalität zu stellen oder sie als Staatsfeinde zu behandeln, anstatt die Hacker-Ethik und die neuen Formen von Aktivismus in den Kernbereich unserer politischen und sozialen Systeme eintreten zu lassen, bedeutet also, ein Risiko einzugehen. Eine weltweit koordinierte Verhaftungsaktion mit der Begründung, ein ›digitales Pearl Harbor‹ verhindern zu müssen, die auf den Kernbereich der HacktivistInnen zielen würde, könnte diesem neuen Typ sozialer Bewegung und diesen neuen Formen von Forderungsbewegung, Öffentlichkeitsarbeit und direkter Aktion einen definitiven Schlag versetzen. Ähnlich, wie sich in der Vergangenheit *Cointelpro* – das Spionageabwehrprogramm, das von 1956 bis 1971 das FBI gegen die *Black Panthers* und gegen den *Ku Klux Klan* mobilisierte – oder die Operation *Sundevil*, die ab Mai 1990 die HackerInnen ins Visier nahm, auswirkten.

Ein (notwendigerweise) unvollständiges Fazit: Kann *Anonymous* die Welt verändern?

Anonymous ist ein Phänomen, das das Terrain und die Ausdrucksmöglichkeiten der Zivilgesellschaft berührt, aber auch die politische Organisierung (die Piratenparteien existieren und haben sogar bei den Wahlen zum Berliner Abgeordnetenhaus einen Durchbruch erzielt), die Organisationsformen der Ökonomie (Währung, Handel, das Basarmodell der freien Betriebssysteme) und die Ethik. *Anonymous* ist von einer rein auf das Internet konzentrierten Logik – die Spaß und Verteidigung der digitalen Freiheitsrecht vermischte – zu Synchronisierungen mit der Straße, der sozialen Praxis und zu Koordinierungen mit NGOs, sozialen Bewegungen und politischen Aktionen übergegangen.

Weil *Anonymous* denen, die keine Stimme haben, eine Stimme verleiht – ohne sie Gefahren auszusetzen, dank der Maske, die sie ihnen liefert –, geht *Anonymous* weit über die Beschreibung hinaus, die am häufigsten von ihr gemacht wird. Sie ist also mehr als ›ein Hackerkollektiv‹ oder eine Gruppe von *Geeks* [computerbesessenen Einzelgängern, B.S.] und sogar mehr als eine ›Gruppe für digitalen zivilen Ungehorsam‹. *Anonymous* ist im Begriff, das zu werden, was sie von Anfang an mit ihrer Parole versprochen hat: »Wir sind Legion. Wir vergessen nicht. Wir vergeben nicht.« Die beste Art und Weise, *Anonymous* zu begreifen, besteht also darin, sie als eine Idee zu betrachten, die – wie alle Ideen – nicht nur unsterblich, sondern dazu in der Lage ist, die Welt zu verändern.

Die Frage ist also die folgende: Können die *Anonymous*-AktivistInnen als Individuen oder *Anonymous* als Konzept der Weltgesellschaft eine gewaltfreie Methode liefern, um das Kräfteverhältnis zwischen dem ›einen Prozent‹ und den ›99%‹ umzukehren?

Können sie möglich machen, was die GlobalisierungskritikerInnen seit Langem herbeiwünschen: die Kristallisierung der Aktion der »Multitude«, die Tony Negri und Michael Hardt beschrieben haben[249], um

249 Vgl. Tony Negri und Michael Hardt: *Empire*, Harvard University Press, 2011; *Multitude. Guerre et démocratie à l'âge de l'Empire* (»Multitude. Krieg und Demokratie im Zeitalter des Empire«), Reihe *Fait et cause*, Editions 10-18, Paris, 2006.

»die Welt zu verändern, ohne die Macht zu übernehmen«[250], wie John Holloway es dachte?

Die dafür erforderlichen Bedingungen scheinen unmöglich zu erfüllen. Dennoch kann niemand ausschließen, dass es so kommt, wie die Wachowski-Geschwister ihren Film *V wie Vendetta* enden lassen. Tatsächlich: Wer kann wissen, ob eines Tages ein oder mehrere Individuen – von günstigen historischen und aktuellen Umständen getragen – ohne Blutvergießen eine Situation auslösen könnten, die in der Bevölkerung zu einer Bewusstseinsbildung und einem massenhaften gleichzeitigen Tätigwerden führt, infolge dessen die Bevölkerungen auf der ganzen Welt, ob unter Masken oder nicht, eine neue Ära der Menschheitsgeschichte einleiten würden?

Sind nicht – jenseits von *Anonymous* – das Hackerwesen, der Hacktivismus und die Cyberkultur im Begriff, wie es Heather Brooke annimmt[251], ein für Veränderungen des Gesellschaftsmodells günstiges Klima zu schaffen, hin zu einer horizontaleren Organisierung der Gesellschaft und einer Wiederbelebung des öffentlichen Mitspracherechts?

Könnte *Anonymous*, die aus einem offenen und auf Zusammenarbeit basierenden Internet hervorging – so wie die Aufklärung aus der Erfindung des Buchdrucks hervorgegangen war und zur Französischen Revolution führte – die Speerspitze einer weltweiten Revolution sein?

Wenn dies nicht der Fall sein sollte, kann man sich immerhin – etwas bescheidener und ohne auf ein revolutionäres Wetterleuchten zu warten – sicher sein, dass *Anonymous* jeden Morgen neue Perspektiven eröffnet.

---

250 Vgl. John Holloway: *Changer le monde sans prendre le pouvoir. Le sens de la révolution aujourd'hui* (»Die Welt zu verändern, ohne die Macht zu übernehmen. Der Sinn der Revolution heute«), Reihe *Utopie Critique*, Editions Syllepse, 2008.

251 Vgl. Heather Brooke: *The Revolution Will Be Digitised. Dispatches from the information war*, Heinemann, 2011.